폭격의 역사

끝나지 않는 대량 학살

KUBAKU NO REKISHI

by Shinichi Arai

ⓒ 2008 by Shinichi Arai

First published 2008 by Iwanami Shoten, Publishers, Tokyo.

This Korean edition published 2015

by Amoonhaksa, Seoul

by arrangement with the proprietor c/o Iwanami Shoten, Publishers,

Tokyo.

A HISTORY OF BOMBING

폭격의 역사

끝나지 않는 대량 학살

아라이 신이치(荒井信一) 지음
윤현명 · 이승혁 옮김

어문학사

한국어판 서문 — 잊힌 전쟁과 폭격의 기억 —

미국 워싱턴 D.C.에 위치한 전몰자 묘지인 알링턴 국립묘지 건너편에는 포토맥 강을 사이에 두고 메모리얼 녹지가 있는데, 이곳에는 제2차 세계대전을 포함해 전쟁을 기념하는 건축물이 여러 개 세워져 있다. 여기에 베트남전쟁 전몰자 기념비가 세워진 것은 전쟁이 끝난 지 9년째가 되는 1982년이다. 백악관과 가까운 녹지에는 검은색 화강암으로 된 벽이 길게 이어져 있는데, 벽에는 미군 전사자 5만 8,718명의 이름이 새겨져 있어 유족 및 친구들이 죽은 혈육이나 친구의 이름을 찾곤 한다. 이곳은 국위선양보다는 전몰자 한 사람 한 사람과의 대화와 추모가 이루어지도록 꾸며져 있다. 기념비를 건국의 아버지인 워싱턴 기념탑과 노예제를 폐지한 링컨 기념관을 연결하는 광장에 세운 것은 미국의 민주주의 역사에서 전몰자의 죽음이 갖는 의미를 다시금 생각해보자는 이유에서인 듯하다.

또한 광장에는 한국전 참전 용사를 기리는 기념물도 세워졌다. 한국전쟁이 끝난 지 42년이 지난 1995년 7월 27일의 일이다. 삼각형으로 나눠진 부지에는 강철로 만들어진 19개의 입상(立像)이 배치되어 있다. 입상의 군인들은 미 공군·육군·해병대·해군 소속이며, 얼굴은 다양한 인종으로 표현되어 있다. 모습은 순찰 중인 것처럼 보이는데, 전장이 한반도라는 것은 직접적으로 쓰여 있지 않다. 단지 그들이 몸에 두르고 있는 판초(poncho)가 강한 바람 때문에 뒤집어져 있는데, 이것이 한국의 혹독한 기후를 나타내고 있다고 한다. 또한 부지는 화강암으로 만들어진 좁은 통로와 낮고 작은 수풀로 덮여 있는데, 이는 한반도의 거친 풍토를 상징한다고 한다. 하지만 전쟁터가 한반도였다는 것은 작게 암시되고 있을 뿐, 기념물의 전체적인 취지는 지구 반 바퀴나 떨어진 전장에서 자유라는 대의(大義)에 헌신한 미군을 칭송하는 데 있는 것 같다. 메모리얼 관리를 담당하는 국립공원국의 안내문에는 전쟁이 끝나고 150만 명의 군인이 귀국한 후, "국가에서는 한국전쟁이 기념할 만한 가치가 있다는 것을 인정하려 하지 않았다"고 쓰여 있다. 미국에서 한국전쟁은 오랫동안 '잊힌 전쟁'이었던 셈이다(Korean War Veterans Memorial〔National Park Service〕).

폭격의 경우도 그렇다. 제2차 세계대전 당시 일본이 받은 폭격과 비교해 한국전쟁의 폭격은 그다지 알려져 있지 않다. 그러나 미 공군은 80만 회 이상, 해군항공대는 25만 회 이상 폭격을 실시했다. 이 중 85%가 민간 시설을 목표로 이루어졌고 그 과정에서 폭탄 56만 4,436톤과 네이팜탄 3만 2,357톤이 투하되었다. 총 중량은 60만 톤 이상에 달해 제2차 세계대전 당시 일본에 투하한 16만 톤의 3.7배였다.

특히 미국은 38도선 이북을 B29 등의 전략폭격기를 동원해 철저하게 폭격했다. 그 모습은 일반인을 대상으로 한 개설서에도 다음과 같이 기술되어 있다.

전쟁 초기부터 제공권을 장악한 미군은 1950년 6월 29일부터 (1953년 7월 27일의) 휴전협정 발효 1분 전까지 끊임없이 폭격을 실시했다. 북한에 투하된 폭탄은 모두 47만 6,000톤이었다. 또한 미군은 폭격으로 북한의 도시 지역과 대부분의 산업시설을 파괴했다. 북한의 전력 공급을 담당하고 있던 평안북도 수풍발전소도 공격 목표가 되었다. 1952년 6월 23일에 감행된 폭격은 항공모함 4척과 500대 이상의 비행기가 동원된, 한국전쟁 최대 규모의 폭격이었다. 미군은 효과적인 공격을 위해 중국 영토를 침범했고 폭격기는 불과 몇 분 만에 900톤의 폭탄을 수풍댐에 떨어뜨렸다. 나아가 미군은 농업 시설에도 폭격을 감행했다. 그리고 휴전을 불과 2~3개월 앞둔 시점인 1953년 5월과 6월에도 북한의 주요 (관개용) 저수지를 대대적으로 폭격했다(金聖甫·奇光舒·李信澈著, 韓興鉄訳, 『写真と絵で見る北朝鮮現代史』, コモンズ, 2010).

개전 직후 일본의 기지, 즉 도쿄 부근의 요코타(横田) 기지와 오키나와(沖縄)의 가데나(嘉手納) 기지에서 출격했던 폭격기 집단은 3그룹으로 나뉘어졌다. 한 그룹은 철도 등 수송로를 매일 공격했다. 다른 두 그룹은 3일마다 산업시설을 공격했다. B29의 경우 1950년 7월 13일부터 10월 30일에 걸쳐, 한 달 평균 8,9회 출격해서 폭탄 3만 톤을 투하했다. 집중 폭격으로 인해 1950년에 이미 평양의 무기 공장·철도 노선의 70%, 흥남 화학공장의 85%, 원산 제유공장의 95%가 잿더미로 변했다.

특히 문제가 되었던 것은 북한 도시에 대한 대대적인 폭격이었다. 8월 하순, 미군은 북한의 11개 도시에 대량 폭격을 예고하는 전단지를 뿌렸다. 영국은 즉시 이에 항의해 도시를 겨냥한 대규모 폭격이 실시되면, "아시아 및 기타 지역에서 서방 측에 불리한 감정이 생겨날 것이다."라고 경고했다. 미 국무성도 정밀폭격을 요구했다. 국제연합(UN)에서는 소련 측 대표가 북한에 대한 폭격을 "평화로운 도시와 시민에 대한 무차별폭격"이라며 비난했는데 영국과 아시아에서는 이를 호의적으로 보도하기도 했다. 특히 인도의 네루(Nehru) 수상은 "미국의 폭격이 야기한 한반도의 참상을 눈앞에 두고 차마 평온하게 있을 수 없다"고 말했다(Conrad C. Crane, *American Airpower Strategy in Korea 1950–1953*, University Press of Kansas, 2000).

국제연합에서는 한국전쟁을 북한의 침략이라고 결의했고, 이 때문에 16개국이 참가한 UN군이 편성되었다. 하지만 어떤 면에서 전쟁은 내전과도 같았고 한반도 전체가 전쟁터가 되었다. 초기의 우세를 바탕으로 북한군은 부산 부근까지 내려와 UN군을 압박했다. 미군이 인천 상륙작전에 성공하자 이번에는 UN군이 38도선을 넘어 만주 국경 근처까지 북한을 압박했다. 그러자 이 시점에서 중국군이 의용군이란 이름으로 참전하자 UN군은 후퇴했고, 이후 양측 군은 38도선을 사이에 두고 일진일퇴를 거듭했다.

아직도 제2차 세계대전의 기억이 생생하게 남아 있던 당시 미 공군의 주류는 전면전쟁을 염두에 두고 있었다. 즉, 유럽을 무대로 하는 전면 핵전쟁으로 적국 소련과 결판을 낼 것이라는 이미지를 떠올리고 있었던 것이다. 따라서 지구 반대편에 있는 한반도에서의 전쟁은 목적과 수단이 제한된 제한전쟁(limited war)이 될 수밖에 없었다. 그 결과, 공군력은 적 및 미래에 적이 될지도 모르는 모든 자를 겨냥한 일종의 언어가 되었다. 이는 동시에 미국이 우군(友軍)의 불안을 해소시켜주는 언어이기도 했다. 한편으로는 굴복을 강요하는 언어, 또 한편으로는 우리 편이 있으니까 안심하라는 언어였던 셈이다. 한 공군 대령은 제한전쟁의 목적은 전면적인 파괴가 아니며, 하늘로부터의 설득을 통해 평화를 쟁취하는 데 있다고 말했다. 그가 모델로 삼은 것은 영국 왕립 공군이 식민지 통치를 위해 징벌과 위협을 교묘하게 사용한 방법이었다(Marilyn B. Young and Yuki Tanaka, *Bombing Civilians: A Twentieth-Century History*, The New Press, 2009).

38도선 이북에 대한 전략폭격과는 별도로 미 공군은 38도선 이남에서 지상부대를 지원하는 전술 공격을 실시했다. 공군은 소련과의 전면전쟁을 염두에 두고 훈련을 받아왔기 때문에 지상 작전을 지원하는 전술 공격에 익숙하지 않았다. 특히 숙달된 병력이 크게 부족했다.

그 결과는 종종 비참했다. 미군 조종사는 30대 이상의 한국 트럭을 공격해 200명의 한국군을 사살했다. 한국군 부대와 함께 활동하던 미군 장교는 하루에 무려 5번이나 '우군기'로부터 공격을 받았다. 항공기란 녀석은 그야말로 신이 난 것 같았다. 녀석들은 같은 편의 탄약고, 수원(水原)에 위치한 공항, 기차, 자동차 대열 및 한국군 사령부까지 공격했다. 한국군 부대에 보급을 제공하기 위해 북쪽으로 향하던 탄약

열차는 오스트레일리아(영 연방군의 일원으로 UN군에 참가)군 소속 비행기 4대의 공격으로 중요 기자재를 실은 채 화물 차량 9량이 파괴되었다(Callum A. MacDonald, *Korea : The War before Vietnam*, Macmillan Press, 1986).

이와 같은 초기의 혼란은 서서히 개선되었지만, 전면전쟁의 주역이라고 자부해 온 공군 주류는 한국전쟁에서 공군이 지상군의 부속품처럼 다루어졌다는 점 그 자체에 불만을 품게 되었다. 미 공군의 현지 부대인 극동공군 참모장이었던 제이콥 E. 스마트(Jacob E. Smart) 장군은 1952년 당시 "전쟁에서 승리할 책임은 제8군(미 육군)에 있으며 다른 군은 이를 보좌하는 역할이다."라는 주장에 대해 참을 수가 없었다고 회고했다.

제한전쟁은 훗날 베트남에서도 되풀이 되어 20세기 후반 전쟁의 특징이 된 듯하다. 한국전쟁이 이른바 승자 없이 교착상태로 끝났다는 점과 함께 미 공군의 주류가 전면전쟁이란 환상에 사로잡혀 있었기 때문에 한국전쟁의 교훈은 반영되지 못했고, 제한전쟁은 베트남에서 되풀이되었다. 미 공군의 핵 전략가들은 미국의 군사적 사고와 군사 기구를 독점하고 적 본토에 대한 전략폭격을 실행하는 것이야말로 미 공군의 존재 이유라고 생각했다. 한때 공군의 기본정책을 만들었던 데니스 드루(Dennis Drew)는 1950년대 미 공군의 기본정책에 대해 "동아시아에 분쟁은 존재하지 않으며 마치 한국전쟁도 벌어지지 않았던 것처럼 다루었던 것 같다"고 1996년에 회고했다. 미국에서 한국전쟁은 '잊힌 전쟁'이었던 것이다.

　그러나 이 전쟁으로 한국과 국제연합 측에서는 군인과 시민 약 500만 명이 사망했다. 대략 그 반 이상이 민간인이었는데, 이는 한국 인구의 약 10%에 해당하는 숫자였다. 북한 측에서는 약 60만 명의 민간인이 사망 또는 행방불명되었다고 한다. 국제적으로는 망각되고 희미해졌지만 남북한 사람들은 전쟁의 기억을 결코 잊지 못할 것이다.

머리말

나의 어린 시절은 공습이라는 악몽이 아른거리던 시기였다. 초등학교 시절, 학교에서는 여름방학 때 '방공(防空)사상의 보급'이라는 명목으로 교정에서 선전 영화를 틀어주곤 했는데, 영화에서는 이따금 소련 중(重)폭격기의 장중한 모습이 등장하기도 했다. 당시 육군은 국민들에게 소련과의 전쟁에 대비할 것을 주장하고 있었다. 사실 그때의 소련은 경제 건설이 진척됨에 따라 극동에서의 군비를 늘리고 있었다. 일본 육군이 만주와 조선에 배치한 항공 전력과 소련이 극동에 배치한 항공 전력의 비율은 1932년에는 각각 100대와 200대였지만, 1935년에는 이것이 200대와 950대로 크게 벌어졌다.

중일전쟁 2년째인 1938년에 나는 중학생이 되었다. 그때 도나리구미(隣組)가 발족했는데, 이것은 다음 해 가을까지 인구 600만 명이 넘는 도쿄(東京)에 무려 10만 개가 만들어졌다. 전쟁체제에 시민이 완전히 편입된 것이다. 처음 도나리구미의 업무는 화재와 도난으로부터의 '자위(自衛)'였는데, 이것은 얼마 지나지 않아 방공훈련의 참가, 고사포

헌납 운동에 대한 협력으로 확대되었다. 중학교 때는 교련 수업이 있었는데, 장비는 총, 검, 방독마스크(방독면)였다. 방공훈련을 할 때도 마스크는 필요했다. 독가스가 투하될 것이라고 교육을 받았기 때문이다. 나중에 물자가 부족해지자 빈 깡통에 작은 구멍을 잔뜩 뚫고, 목탄을 채워 넣은 뒤 입에 대는 간단한 방독면도 만들게 했다.

중학교 5학년 때는 미 항공모함(이하 항모라 함)에서 발진한 B25 폭격기가 도쿄를 공습하는 장면을 목격하게 되었다. 최초의 공습 체험이었는데, 소련의 중폭격기보다 작았던 B25기가 말벌처럼 날쌔고 사납게 보였다.

B29 중폭격기가 도쿄를 공습할 당시 나는 19세의 대학생이 되어 있었다. 1945년에는 4월 한 달 동안만 집에 있었을 뿐, 그 외에는 근로동원으로 가와사키(川崎)의 군수공장, 니가타(新潟)의 농촌에 있었으며, 나중에는 육군 이등병이 되어 군 생활을 했다. 가와사키 공장은 폭격을 당했지만, 니가타의 농촌까지는 B29기가 오지 않았다.

도쿄에 있는 우리 집은 불타지 않고 용케 남아 있었다. 직접적인 피해 없이, 집 근처까지만 불에 탔기 때문이다. 부모님은 매일 밤 공습을 견디면서 거의 맨손으로 정원에 방공호를 파기도 했고, 얼마 안 되는 가재도구를 짐수레로 날라서 근처 다른 현(縣)의 지인에게 맡기는 등 무척이나 고생을 하셨다. 그에 비하면 변변치 않기는 해도 동원처와 군대에서 보낸 내 생활은 그래도 편했던 것 같다.

우리 형은 학도 동원에 소집되어 해군 부사관이 되었다. 마리아나 제도에서 발진한 B29기의 공습이 시작되자 형은 어선을 징용한 감시

정(監視艇)으로 마리아나제도 중간까지 가게 되었다. 임무는 조악한 전파탐지기(레이더)와 육안으로 B29기를 탐지해서 방공군에 알리는 것이었다. 배의 무기라고는 목재로 된 모조 대포가 전부여서 적에게 발견되면 무조건 격침될 운명이었고, 실제로 형의 동기 3분의 2가 목숨을 잃었다. 형은 무사히 돌아왔으나 당시의 공포가 깊은 트라우마로 남아 전후 수십 년이 지난 후에도 정상적인 사회생활을 할 수 없었다.

현대의 총력전에서 폭격은 주요한 전쟁 수단이다. 그러나 우리 가족처럼 직접적인 피해를 입지 않은 경우에도 폭격은 생활에 심각한 어려움과 고통을 안겨준다. 하물며 집과 일터가 불타고 가족들이 죽거나 장애를 안고 살아야 했던 전재민(戰災民)들의 고통은 더 말할 것도 없다.

공습 피해가 전후 사람들의 생활에 커다란 영향을 끼치고 인생행로를 좌우한 예는 참으로 많다. 2008년 현재, 도쿄 대공습의 전재(戰災) 피해자들은 원고가 되어 국가를 상대로 사죄와 배상을 요구하고 있다. 원고단(原告團) 중 한 명은, 자신들이 나라에 요구하는 것은 "내 인생을 돌려달라"는 것이라고 말한다.

도쿄뿐만 아니라 전국 각지의 전재 피해자들은 40여 년 전부터 시민들과 협력하여 각 지역의 공습 피해를 조사·기록하고, 공습의 기억을 수집·보존·전달하는 등의 작업을 해왔다. 이것은 일본의 전후 민중사의 특징이다. 또한 수집된 방대한 피해 기록을 토대로 가해자 측 자료의 수집·분석도 덧붙여 일본 본토 공습의 전체상을 그려왔다. 전재 피해자, 연구자, 일반 시민이 협력해서 성과를 거두고 있다는 것은 평화를 위한 국민의 의욕이 그만큼 강하다는 것을 말해준다.

한편, 서구에서는 20세기의 사악한 유산, 즉 시민을 표적으로 한 전략폭격에 대해 비판적 관점의 연구가 활발하게 이루어지고 있다. 미국이 주도하는 '대테러 전쟁'이 '하늘로부터의 전쟁'이 되어 제3세계에 사는 다수의 주민을 살상하고 있는 것이 반영된 것일까? 그러므로 이제는 세계를 무대로 벌어진 폭격의 역사를 피해자의 시선으로 관통할 수 있게 되었다고 본다.

그래서 부족하지만 폭격의 역사를 정리했다. 중심 내용은 제2차 세계대전 시기이며, 폭격 사상과 차별적인 '제국 의식'과의 긴밀한 관계에 중점을 두었다.

■ 차례

▌제1장▐

20세기의 개막과 폭격의 등장

———— 폭격에 매료된 식민지주의

공중과 지상에서 행해진 칭다오(靑島) 요새 공략전을 보여주는 일본군 포스터. 중앙 상부에 일본군
비행기가 그려져 있다
출처: C.B.Burdick, *The Japanese Siege of Tsingtau: World War Ⅰ in Asia*, Archon Books, 1976

1. '문명'과 '미개'의 거리 – 폭격에 대한 과도한 기대

'제국주의 시대'와 폭격

미국의 라이트 형제가 비행기를 발명했던 1903년은 세계사에서 '제국주의 시대'라고 불리는 시기였다. 이때쯤에는 '세계 분할'이 상당히 진행되어 2개의 전통적인 제국, 즉 중국과 오스만(터키) 제국의 주변부가 분할의 마지막 대상으로 남아 있었다. 양쪽 다 과거의 위세는 찾아볼 수 없었다. 오히려 주변부의 여러 민족이 자립화하고 있어 서구 열강의 야심을 부추기고 있었다. 지역 분할을 둘러싼 국제적인 대립은 종종 국지전으로 발전했는데, 이러한 국지전에서 비행기가 등장하기 시작했다. 비행기가 무기로서 실전에 사용된 것은 오스만 제국의 주변부인 발칸반도·북부 아프리카에서의 식민지 전쟁 때부터다.

이탈리아는 터키령 리비아(트리폴리, 키레나이카)의 식민지화를 노리고 이탈리아·터키전쟁(1911-1912)[1]을 일으켰는데, 개전과 함께 리비아에 비행기 9대와 비행선 2대를 파견했다. 1911년 10월 26일, 이탈리아의 비행기는 적진에 수류탄을 떨어뜨렸다. 비행기를 이용한 최초의 폭격인 셈이다. 그 후 이탈리아의 비행기는 터키의 아랍 거점을 공중에서 86회에 걸쳐 공격했으며, 총 330발의 폭탄을 투하했다. 폭격의 성과에 대해 이탈리아군 참모본부는 "폭격은 아랍인에게 경이적인 심리적 효과를 올렸다(1911년 11월 6일)"고 보고했다.

오스만 제국의 옛 영토에 대한 쟁탈전으로 시작된 발칸전쟁(1차: 1912년, 2차: 1913년)[2]에서는 불가리아가 22파운드(약 10킬로그램)의 폭탄을 개발해 본격적인 도시 폭격에 나섰다. 각국은 비행기의 군사적 사용이 성과를 올린 것에 주목했다. 프랑스와 스페인은 1913년부터 북부 아프리카에서의 식민지 전쟁에 비행기를 도입했다(Michael Paris, "The First Air Wars: North Africa and the Balkans", *Journal of Contemporary History*〔이하 *JCH*로 표기〕, Vol.26, No.1, January 1991).

---

1 트리폴리전쟁이라고도 한다. 아프리카에 대규모의 식민지를 계획한 이탈리아가 터키의 쇠퇴, 국제관계의 긴장을 틈타 터키령 트리폴리와 키레나이카를 점령함으로써 전쟁이 시작되었다. 1911년 9월에 시작된 전쟁은 이탈리아의 공격과 터키군의 저항으로 계속되다가 열강의 조정으로 1912년 10월, 스위스 로잔에서 평화조약을 맺고 종결되었다. 조약은 터키가 이탈리아에 트리폴리와 키레나이카 등 리비아를 할양하는 형식으로 맺어졌다. 이 전쟁은 터키의 무력함을 세계에 폭로했고, 이것은 다시 터키령의 영토를 노리는 또 다른 전쟁인 발칸전쟁으로 이어졌다.

2 제1차 발칸전쟁은 러시아의 후원을 받은 발칸 지역 국가들이 연합해 터키와 벌인 전쟁이다. 발칸동맹을 결성한 세르비아·불가리아·그리스·몬테네그로는 터키와의 전쟁에서 승리하고 영토를 획득했다. 제2차 발칸전쟁은 터키로부터 할양받은 영토의 분배를 둘러싸고 일어났는데, 세르비아·그리스·몬테네그로·터키가 동맹을 맺고 불가리아와 전쟁을 벌였다. 전쟁은 불가리아의 패배로 끝났고, 결국 불가리아는 제1차 발칸전쟁 당시 획득했던 영토를 모두 잃게 되었다.

유럽 열강이 식민지 전쟁과 원주민 반란의 진압에 비행기를 사용한 것은 결코 우연이 아니었다. 19세기 말의 제국주의 시대에는 제2차 산업혁명으로 중공업(특히 기계·화학·전기공업)이 크게 발달했는데, 이것이 무기에 응용됨에 따라 유럽과 비(非)유럽 간의 군사 기술 격차가 결정적으로 벌어졌다. 유럽 중심의 인종주의적 세계관이 보급된 시기도 바로 이때였다. 그러한 군사 기술의 격차를 전제로 할 때 폭격은 식민지에서 가장 유효한 수단으로 인식되었고, 그 군사적 가치 또한 높게 평가받았다. '미개인들'의 대공(對空)전력이 제로에 가깝다는 것을 고려한다면 공격자 측의 인명 절약 효과도 무시할 수 없는 요소였다.

1919년 영국 공군의 참모장 휴 트렌차드(Hugh Trenchard, 1873-1956)[3]는 "식민지의 법과 질서는 기존의 수비대보다는 기동력이 뛰어난 공군에 의지하는 편이 싸게 먹히면서도 효과적이다(대략의 요지)."라고 하면서 식민지에서의 사용을 전제로 그 경제적 효과에 주목했다(M.Paris, "Air Power and Imperial Defence", *JCH*, Vol.24, No.2, April 1989).

공상과학소설 속에서의 폭격

당시의 공상과학소설은 '문명'과 '미개'의 거리에 주목하고, '미개' 민족에 대한 폭격의 심리적 효과를 과장해서 묘사했다. 해리 콜링우드(Harry Collingwood)의 『하늘을 나는 물고기호(號) 여행기(*The Log of the*

---

3 영국 공군 창설의 주역으로 초대 공군참모총장 역임했으며 영국 공군의 아버지로 불린다.

Flying Fish)』(1887)에서는 비행선의 출현을 신의 역사라고 믿은 나머지 '호전적'인 아프리카 부족이 항복한다. 또 허버트 스트랭(Herbert Strang) 의 『하늘의 왕(*King of the Air*)』(1907)에서는 모로코 산적에 유괴된 외교 관을 영국 청년이 비행기를 이용해 구해준다. 이 소설에서 스트랭이 자랑하는 비행기의 이점은 지상에서 구출할 때와 비교해 시간과 노력 을 절약할 수 있다는 것, 산에 있는 난공불락의 요새도 공중에서 간단 히 공격할 수 있다는 것, 폭격이 모로코인들을 혼란에 빠뜨릴 수 있다 는 것 등이다.

공상과학소설이 식민지에 주목했던 이유는 '문명'의 격차가 폭격 의 효과를 경이적으로 만들었고, 그 결과 폭격에 대한 과도한 기대와 환상이 독자들의 마음을 부풀게 했기 때문이다. 이에 대해 미국의 군 사사(軍事史) 연구자인 타미 데이비스 비들(Tami Davis Biddle)은 당시의 인기 소설에 묘사된 항공전이 "내셔널리즘과 호전주의에 물든 나머지 기술의 독점과 외국인 정복이라는 제국주의자의 환상과 결부되어 있 었다."라고 평가한다. 제국주의 시대에 형성된 폭격에 대한 과도한 기 대와 환상이 일반 주민에 대한 무차별 테러 폭격의 잔학성에 대한 '문 명국' 국민의 도덕관을 흐리게 하고, 인종적인 우월감을 강화시킨 것 이다(Tami Davis Biddle, *Rhetoric and Reality in Air Warfare: The Evolution of British and American Ideas about Strategic Bombing, 1914—1945*, Princeton University Press, 2002).

일본의 칭다오전쟁

또 하나의 전통적인 제국인 중국 주변부에서도 청일전쟁 이후 제국주의 열강의 '중국 분할'이 진행되었다. 1914년 7월 말에 제1차 세계 대전이 발발해 유럽 각국이 전쟁에 휘말리게 되자, 일본은 영일동맹을 이유로 독일에 선전포고를 했다(8월 23일). 참전 후 곧 일본군은 칭다오 (青島) 요새 등 독일의 권익이 집중되어 있는 산둥반도(山東半島)에 5만의 대군을 상륙시켜 칭다오전쟁(1914년 9월~11월)[4]을 개시했다.

칭다오전쟁은 중립을 선언한 중국의 영토에서 벌어졌다. 명목상으로는 독일·오스트리아군과 영국·일본군의 전쟁이었지만, 실제로는 독일로부터 산둥성(省)에서의 권익을 빼앗아 일본의 권익을 만주·몽골에서 화베이(華北) 지방으로 확대하기 위한 포석이었다. 다음 해인 1915년에 일본이 중국에 요구하게 되는 이른바 21개조 요구[5]의 전제 조건을 만들려는 식민지 전쟁이었던 셈이다.

칭다오전쟁에서 일본은 처음으로 비행기를 실전에 사용했다. 일본 군의 산둥반도 상륙작전은 9월 2일에 시작되었고, 9월 5일에는 해군의 비행기 3대가 칭다오 시가지를 폭격했다. 해군은 수상기모함(水上機母 艦)인 와카미야마루(若宮丸) 그리고 비행기 4대를 출동시켰는데, 일본군

---

4 일반적으로는 전투, 공격, 싸움 등으로 표기하지만, 본서에서는 저자의 표현을 그대로 번역 했다.

5 1915년에 일본이 중국에 제시한 권익 확대 요구 사항이다. 일본이 중국에서 방대한 이권을 획득 하고, 중국을 반(半)식민지로 만드는 내용으로 되어 있다. 유럽의 강대국들이 제1차 세계대전을 치르는 틈을 타 일본이 중국에서의 세력을 극대화하기 위해 시도한 것이다. 중국의 거센 반발과 열강의 견제로 1922년의 워싱턴회의에서 철회되었다.

에 의한 사상 최초의 폭격은 바로 이들에 의해 이루어진 것이다. 독일군의 각종 전투 보고를 종합하면 당일 시민들의 표정을 알 수 있는데 그것은 다음과 같다.

9월 5일 아침, 잠시 비가 멎었지만 낮게 깔린 검은 구름이 불길한 징조처럼 남아 있었다.

10시가 조금 넘었을 때, 비행기의 프로펠러 소리가 아침의 일상을 방해했다. 갑자기 비행기 한 대가 구름 위에서 폭탄을 투하한 것이다. 이것을 예상했던 사람은 아무도 없었다. 실제로 다들 비행기가 우아하게 날아다니는 모습을 넋을 잃고 바라보고 있었다. 망원경으로 지켜보고 있던 소수의 사람들만이 날개에 히노마루(日の丸, 일본 국기)가 그려져 있는 것을 볼 수 있었다. 그리고 비행기에서 반짝반짝 빛나는 물체 하나가 투하되었는데, "휴휴" 하는 소리와 함께 비스마르크 포대 옆에서 폭발해 지면에 작은 구멍(50cm×60cm)을 남겼다. 비행사는 여기에 2발의 폭탄을 더 떨어뜨렸지만 피해는 없었다. 수비대가 사격을 가했지만 비행기는 무사히 탈출했다.

그럼에도 3발의 폭탄은 포탄 자국보다 큰 심리적 타격을 수비대에 안겨주었다(C.B.Burdick, *The Japanese Siege of Tsingtau: World War Ⅰ in Asia*, Archon Books, 1976).

육군도 칭다오에 파견한 항공대를 출동시켰다. 육해군 둘 다 비행기의 주요 임무는 지상부대의 엄호, 특히 공중 정찰이었고 육군은 동승하는 정찰 장교로서 육군대학 출신의 엘리트 장교를 기용했다. 육군

최초의 실전 폭격은 9월 27일의 독일 함정에 대한 공격이었는데, 3대의 비행기가 폭탄을 투하했다. 폭탄이 명중하지는 않았지만 여기서도 심리적인 효과는 컸다. 독일 함정은 우왕좌왕하면서 함포 사격을 중지했고, 이는 일본군 지상부대의 진격을 용이하게 했다. 요새에 대한 공성전은 11월 초에 시작되었는데, 일본군의 맹공격을 견디지 못한 독일군은 7일에 항복했다. 일본 비행기가 사용한 폭탄은 기존의 포탄을 전용한 것이어서 요새의 견고한 보루를 뚫을 수가 없었다. 그러자 일본군은 '후방 교란'을 내세워 시가지를 무차별적으로 폭격했다.

이때의 시민, 특히 중국인의 피해에 대해서는 오늘날 제대로 확인되지 않고 있는데, 여기에는 나름의 이유가 있다. 최후의 공성전은 격렬한 포격이 폭격과 함께 이루어졌다. 예를 들어 시가지 중 가장 큰 피해를 입은 곳은 중국인 거리였는데, 탄막 속에서 적어도 100명의 중국인이 목숨을 잃었다는 기술도 있다. 그 대부분은 지상에서의 포격에 의한 것이었지만, 폭격도 공격의 일익을 담당한 것이 사실이다. 당시 중화민국 정부는 자국민의 보상 요구를 염두에 두고 칭다오전쟁 이후 그 피해를 상세하게 조사했다. 그러나 칭다오 시내에서 발생한 중국인 피해의 경우, 칭다오를 관할하고 있던 일본군의 현장 조사 거부로 기록이 발견되지 않고 있다.

중국 폭격에 대한 환상

칭다오 함락 2개월 후 1916년 1월, 일본은 위안스카이(袁世凱) 중화

민국 대총통(大總統)에게 중국의 실질적인 보호국화를 포함한 21개조의 수락을 요구했다. 중국과의 교섭은 난항을 거듭했고, 5월에 일본은 요구를 다소 삭감하는 대신 기한부 최후통첩을 발하며 수락을 강요했다. 중국이 최후통첩을 거부하면 즉시 무력을 발동하기 위해 일본군은 화베이(華北)에서 화난(華南)에 이르는 대규모 출병 계획을 세우고 있었다. 이때 주목되는 것이 해군의 창장 강(양쯔강) 제압 계획이다. 이것은 통상의 자유·거류민 보호를 명목으로 했지만, 사실은 양쯔강(揚子江) 하구(河口)에서 한커우(漢口)에 이르는 지역을 무력으로 제압하려는 계획이었으며, 그 계획에는 연안 포대의 점령도 포함되어 있었다. 또 이를 위해 육전대(陸戰隊)[6] 외에 '항공대 1개, 비행기 6대 및 소속 항공모함 와카미야마루'의 출동이 예정되어 있었다. 최후통첩을 보냄과 동시에 작전명령이 내려졌고, 당시 제2함대는 양쯔강 하구 근처까지 진출해 있었다(平間洋一,「対華二一ヶ条の要求と海軍」,『軍事史学』第23巻1号). 중국이 요구를 수용함에 따라 다행히 작전은 중단되었지만, 그렇지 않았다면 그 시점에서 난징 폭격이나 한커우 폭격이 이루어졌을지도 모른다(斎藤聖二,「日独青島戦争と中国人被害」,『シオン短期大学研究紀要』第37号).

칭다오전쟁은 신무기의 실험장이 되기도 했는데, 확실히 이 전쟁에서 일본군은 신무기로서 비행기의 효과를 충분히 인식할 수 있었다. 그리고 대전 후인 1919년에 육군 항공학교가 신설된 것을 시작으로 일본의 육해군은 항공 전력의 확충을 꾀하기 시작한다.

---

6 해군에 소속되어 있으며, 해병대와 같은 역할을 담당한다.

칭다오전쟁에서 비행기를 실전에 사용했던 일본군은 폭격의 심리적 영향력을 인식할 수 있었고, 이를 통해 폭격이 식민지 통치에 유효하다고 생각하게 되었다. 이미 일본의 식민지가 되어 주민 저항을 억누르며 통치가 강행되고 있던 타이완(臺灣)에서는 일찍이 산악 지대에 사는 '번인(番人, 선주민에 대한 멸칭)'을 진압하는 용도로 비행기를 사용하는 것에 기대가 모아졌다. 타이완총독부(1895년에 설치)는 육군 비행대에 '번지(番地) 위협 비행'을 요청했는데, 이는 '반도(反徒)'들이 "인적이 닿지 않는 천연의 험한 곳에 웅거해 있어 쉽게 이를 항복"시킬 수가 없기 때문에 "이에 대해 비행기로 공중에서 위협할" 수 있다면 큰 효과를 발휘할 수 있을 것이라는 이유에서였다(吉田敏浩, 『反空爆の思想』, NHKブックス, 2006).

2. 하늘로부터의 통치―표적이 된 주민들

폭격 사상의 원형 ― '두에 테제(Douhet These)'의 탄생

1899년 헤이그에서 열린 만국평화회의에서는 비행선이나 기구로부터의 폭탄 투하를 염두에 두고 폭격 금지 선언을 발표했다. 폭격이 일반 주민을 살상할 가능성이 크기 때문이었다. 일본이나 중국에서 '문명국의 법'이라고 불렸던 당시의 국제법은 '문명국' 간의 전쟁에서 주민들의 불필요한 희생을 피하기 위한 방책에 관심을 기울이고 있었다.

제1차 세계대전 후인 1921년, 이탈리아 장군인 줄리오 두에(Giulio Douhet, 1869-1930)[7]가 『제공권(Il Dominio dell Aria)』을 저술했다. 그는 제

---

7 이탈리아의 군인이며 항공 전략가다. 항공전의 중요성을 강조하며 공군의 독립과 공군 중심의 전력 증강, 전략폭격을 통한 전쟁 승리를 주장했다. 특히 그의 저서인 『제공권』은 명저로 꼽힌다.

1차 세계대전의 경험을 바탕으로 앞으로의 전쟁을 '더 이상 군인과 민간인을 구별하지 않는' 총력전으로 규정하는 한편, 민중들은 폭격으로 인해 공황 상태에 빠진 나머지 "자기 보존의 본능에 사로잡혀 전쟁을 끝내라고 요구하게 된다"고 주장했다. 그리고 주민의 전의를 꺾는 테러 효과를 강조하면서 무차별폭격론을 제창했다. 심지어 그는 "전시국가의 최소한의 기반인 민간인에게 결정적인 공격을 가하기 때문에 전쟁은 길어지지 않는다"고 주장하며, "장기적으로 보면 유혈을 줄이기 때문에 이와 같은 미래전은 훨씬 인도적이다."라고 말하기까지 했다.

두에는 인구 밀집지 주민에 대한 공격 수단으로 고성능 폭탄, 소이탄(燒夷彈)[8], 독가스탄 이렇게 3개를 들었다. 이 3종류의 폭탄별 기능을 극한까지 높여 일체화한 것이 훗날의 원자폭탄(이하 원폭이라 함)이라고 할 수 있다. 대형 태풍을 훨씬 뛰어넘는 충격파의 파괴력, 인공 태양이라 불리는 열선(熱線)이 일으키는 소이력(燒夷力), 방사능의 독소력(毒素力)이 바로 그 위력이다. 미국은 지금까지도 원폭이 전쟁 종결을 앞당겨 많은 인명을 구했다며 원폭 투하를 정당화하고 있다. '두에 테제'의 현대판인 셈이다.

두에는 폭격의 인명 절약 효과를 강조했는데, 그 이유는 제1차 세계대전이 참호전(塹壕戰) 위주의 전투가 되어 전쟁이 장기화되었을 뿐만 아니라 전장에서 엄청나게 많은 사람이 목숨을 잃었기 때문이다. 대전의 기억이 생생한 전쟁 직후에 발표된 두에의 인명 절약론이 설득

---

8 사람, 시설, 지역을 불태우기 위한 폭탄.

력을 가졌던 것에는 바로 이러한 배경이 있었다. 하지만 이와 함께 폭격의 심리적 효과를 과대평가하는 식민지주의적인 정서가 작용한 것도 사실이다. 두에의 항공전 이론의 기원은 리비아에서의 식민지 전쟁 체험이다. 그는 1911년 리비아에 파견된 이탈리아군 비행대의 일원이었다. 리비아전 이후 두에는 각계에 폭격 전용기의 필요성을 주장하는 한편, 설계자와 협력해 이탈리아 최초의 3발식 폭격기 개발에 성공하기도 했다. 폭격(폭격기)에 대한 그의 강한 확신은 리비아에서의 항공전 체험에서 비롯된 것이라 할 수 있다.

제1차 세계대전 이전의 식민지 전쟁에서 비행기를 사용한 공격은 '미개' 지역에서 놀랄 만한 심리적, 정신적 효과가 있음을 보여주었다. 1912년 영국 국방성의 보고 「이탈리아 공군에 관한 보고―이탈리아·터키전쟁에서의 비행기」는 "(비행기가) 최신 무기로서 식민지 전쟁에 많은 가능성"의 길을 열어 놓았다고 언급하면서 비행기가 제국의 방위에 의미가 있다는 것을 인정했다.

제1차 세계대전 당시 영국의 항공 작전이 가장 효과를 발휘한 것은 중근동 지역이었다. 제1차 세계대전으로 옛 터키령 이라크(메소포타미아)는 영국의 위임통치령이 되었는데, 영국은 1921년에 「왕립 공군에 의한 메소포타미아 지배 계획」을 채택하며 비행기가 식민지주의적인 질서 유지에 불가결한 것이라고 간주하고 있었다. 이는 하늘에서의 관리가 식민지주의의 항구적인 도구가 된 것을 의미하며, 오늘날에도 중근동 국가들은 강대국의 폭격 위협에 노출되어 있다.

왕립 공군(RAF)의 독립

실전에서 비행기의 역할이 주목받으면서, 각국에서는 해군과 공군 중 어느 쪽이 더 전력으로 유효한지에 대해 논쟁이 벌어졌다. 영국 해군장관 윈스턴 처칠(Winston Churchill)은 칭다오전쟁에서 해군력의 효과를 알아보기 위해 중국에 파견한 전함 트라이엄프(Triumph)의 함장에게 칭다오 요새 포격에 대한 데이터를 요구했다. 하지만 함장의 대답은 전함을 부당하게 위험에 노출시키지 않으면서 적의 포격을 격파하는 것은 곤란하다는 것이었다. 영국의 관전무관(觀戰武官) 휴버트 브랜트(Hubert Brant) 대령의 보고는 가장 솔직한 것이었다. 브랜트의 보고(1914년 11월 6일 자)에 따르면 "해군은 쓸모가 없었다. 함포로 현대의 항구적인 요새에 중대한 타격을 줄 수는 없다. 2문의 요새포(要塞砲)를 무력화하기 위해 1,118발의 포탄을 사용해야 했다. 그러나 대구경 함포의 존재는 겨우 적군의 전의에 영향을 미쳤을 뿐, 그 이상 함포사격을 해야 할 만한 이유는 없었다"는 것이었다.

이후 영국은 공군을 독립시켜 1918년에 왕립 공군(Royal Air Force, RAF)을 창설했다. 그 계기는 전년도에 독일 체펠린(Zeppelin) 비행선이 실시한 런던 공습이 정부, 군뿐만 아니라 국민에게도 강한 심리적 충격을 준 것이었다. 여론은 적의 인구 밀집지에 대한 보복 폭격을 기대했다. 그러한 국민적인 기대에 부응하기 위해 독일에 대한 폭격을 주임무로 하는 RAF가 독립한 것이다. RAF의 참모장에 취임한 휴 트렌차드는 두에와 비슷한 생각을 갖고 있었다. 그는 독립된 폭격기 집단

(Bomber Command)의 필요성을 각계에 호소했다. 다음 전쟁에서 살아남기 위해 영국에 필요한 것은 "적의 후방을 파괴하기 위한 강력한 폭격기 집단, 적국 주민의 전의와 전쟁 지속 의지를 떨어뜨리기 위한 폭격기 공격"이라는 것이 그의 주장이었다.

'하늘로부터의 통치'와 '징벌 작전'

제1차 세계대전으로 아랍 지역인 시리아·레바논은 프랑스의 위임통치하에 놓였고, 이라크·요르단·팔레스타인은 영국의 위임통치령이 되었다(1920년). 명목상으로는 국제연맹으로부터 통치를 위임받은 영국과 프랑스가 독립할 때까지 돌봐주는 것이었지만, 실제로는 식민지와 다를 바가 없었다.

특히 이라크는 실질적으로 부족국가였을 뿐만 아니라 시아파 지역·수니파 지역·쿠르드족 지역(쿠르디스탄)으로 나뉘어, 종파 간·부족 간의 대립과 항쟁이 끊임없이 일어나고 있었다. 더욱이 제1차 세계대전을 계기로 아랍의 민족자결을 요구하는 움직임도 활발해졌다. 전승국이 약속했던 민족자결은 아랍의 내셔널리즘뿐만 아니라 독립을 향한 쿠르드인들의 희망도 불러일으켰다. 그러나 1920년 위임통치 결정이 전해지자 쿠르디스탄에서 반란이 일어나 이라크 전역으로 번졌고, 이는 수개월에 걸친 대규모 반란이 되었다. 아랍과 쿠르드의 반란군은 강력했다. 영국은 본국과 인도에서 3만 명의 증원군을 파견해 가까스로 반란을 진압했지만 전사 및 행방불명이 1,040명, 부상 1,228명이라는 희생을 치러야 했다. 반란군 측 사망자는 8,450명이었다고 한다.

이라크 반란이 직접적인 계기가 되어 1921년 3월 당시 식민지 장관이었던 처칠의 주도로 카이로 회의가 열렸다. 회의에서 트렌차드(영국 공군 원수)는 RAF가 이라크에서의 군사작전을 총괄할 것, 작전군의 주력을 공군으로 할 것을 정식으로 제안했다.

RAF가 4개 비행중대를 파견해 반란 진압에 공헌한 것은 사실이다. 그러나 트렌차드의 제안이 환영받았던 더 큰 이유는 '하늘로부터의 통치(air control)'가 비용을 절약할 수 있다고 여겨졌기 때문이다. 그의 제안은 정식으로 채택되었고, 1922년 10월 1일 이라크에서의 군권은 정식으로 RAF에 넘겨졌다. 영국 육군은 철수하고 대신에 RAF에 속한 8개의 항공 부대와 4개의 장갑차 연대가 수비군이 된 것이다.

영국 정부는 이렇게 함으로써 납세자의 부담이 크게 줄 것이라고 선전했지만, 여기에는 꼼수가 있었다. 첫째는 현지 병사의 징집을 통한 병역 떠넘기기다. 병력의 3분의 1에 해당하는 5,000명은 영국에서 장비를 제공받고, 영국에 의한 지휘와 훈련을 받았다. 그 비용은 이라크 각 주(州)의 수입으로 충당되었다. 둘째는 인도군에서 파견된 지상 부대의 존재다. 인도군은 1932년 이라크가 형식적으로 '독립'할 때까지 주둔하게 되었는데, 이 비용은 인도 측이 지불했다. 영국 정부는 이라크인, 인도인에게 비용을 떠넘겼던 것이다.

트렌차드는 후에 케냐, 우간다 등 아프리카 식민지에서도 RAF가 방위를 맡을 것을 제안했다. 이러한 '하늘로부터의 통치'는 동아프리카에서 인도, 버마(미얀마의 옛 이름)에 이르기까지 영국 식민지 지배의 항구적인 도구가 되었다. 납세 거부와 같은 사소한 행위도 식민지 지배에 대한 비협조로 간주되면 공군이 출동해 '징벌 작전'을 실시했다. 이라크에서의 '징벌 작전'에 대해 한 비행중대장은 다음과 같이 적고 있다.

공군은 징벌 실시를 요구받으면, 전력을 다해 적절한 방법으로 실행해야 한다. 먼저 하나의 목표를 선정해야 한다. 징벌이 필요한 부족 중 가장 유명하고 가장 접근하기 어려운 마을에 사는 쪽이 바람직하다. 이용 가능한 비행기 모두를 집중시켜야 할 것이다. 그리고 폭탄과 기관총에 의한 공격을 가옥·주민·수확·가축에 대해 가차 없이 집요하게, 밤낮을 가리지 않고 지속해야 한다. 잔혹하게 들릴 수 있다는 것은 알고 있다. 하지만 먼저 잔혹하게 시작해야 한다. 적절한 교훈을 주려면 장래를 위한 위협만이 효과가 있다(Wing Commander J. A. Chamier, "The Use of Air Power for Replacing Military Garrisons", *RUSI Journal* 66, 1921).

제1차 세계대전 후 이후 아랍 세계에서 팔레스타인 문제는 심각했다. 특히 1933년 독일에 나치스 정권이 들어서자 유대인의 팔레스타인 이주가 급격히 증가했고, 이에 따라 현지 아랍인과의 마찰도 격화되었다. 유대인들이 시오니즘(Zionism)을 근거로 유대인 국가 건설을 주창했기 때문에 현지 팔레스타인 주민이 크게 반발한 것이다. 그리고 1936년부터 1939년에 걸쳐 팔레스타인들의 대규모 봉기가 일어났다. 영국은 지상부대를 집중시켜 진압에 나섰고, 거의 내전에 가까운 상태가 지속되었다. 지상전에 대한 희생은 컸는데, 1938년만 해도 486명의 아랍 주민, 292명의 유대인, 69명의 영국인, 1,138명의 봉기 참가자가 사망했다.

당시 RAF 현지 지휘관은 아서 해리스(Sir Arthur Travers Harris, 1892-1984)[9] 준장으로, 그가 내놓은 해결책은 다음과 같았다. "불온한 언동을 하는 마을을 250파운드(약 110킬로그램) 또는 500파운드(약 220킬로그램)의 폭탄으로 각개 격파하라. 아랍이 이해하는 것은 단 한 가지, 준엄한 행동뿐이다." 이것은 실행되지 않았지만 해리스는 뒤에 언급하듯이 제2차 세계대전에서 독일을 대상으로 한 지역폭격(융단폭격)의 지휘관이 되어 '도살자'란 별명을 얻게 된다. 지역폭격과 식민지주의의 상관관계를 시사하는 에피소드가 아닌가 싶다(James S. Corum & Wray R. Jonson, *Airpower in Small Wars: Fighting Insurgents and Terrorists*, University Press of Kansas, 2003).

인종차별과 계급차별

1920년대 영국 공군의 주요 활동무대는 식민지였다. 그래서 독일이라는 주적이 소멸된 후에도 RAF의 존속은 보장되었다. 비행기를 식민지 통치의 주요 군사 수단으로 사용해 본 경험이 있기에 공군 관

---

9 제2차 세계대전 당시 영국 공군 장교로 1942년 폭격기 사령부의 지휘관이 된 후, 독일 본토에 대한 무차별폭격을 지휘했다. 엄청난 인명을 앗아간 대규모 폭격을 주도했기 때문에 '폭탄 해리스', '도살자'란 별명이 붙었다.

계자들은 징벌적인 폭격의 테러 효과와 인종주의적인 항공전 테제를 더욱 신봉하게 되었다.

아프가니스탄은 1919년에 영국과의 짧은 전쟁을 거쳐 독립했다. 그러나 아프가니스탄인(주로 파슈툰인)이 다수를 차지했던 인도의 북서부는 인위적인 국경으로 분단되어 그대로 영국의 통치하에 머물렀다. 당시 인도 북서 변경주(邊境州)라 불린 이 지역은 현재 파키스탄에 속해 있지만, 실제로는 부족적인 지배가 강력하고 이슬람 원리주의 세력의 근거지가 되고 있는 곳이다. 1920~1930년대에도 이 지역은 영국의 입장에서 통치가 곤란한 지역이었고, 반란도 종종 발생해 '하늘로부터의 통치'의 중요한 대상이 되었다. 아프가니스탄인 반란 진압에 출동한 영국의 인도 공군 사령부는 전쟁 규제에 대한 의견을 요청받았을 때 "문명화된 전쟁의 룰에 맞지 않은 야만 종족에 대해서"는 국제법의 룰은 적용되지 않으며, "특히 여성의 가치가 낮기 때문에 아프간 여성을 죽이는 것은 유럽 문명국에서 여성을 죽이는 것과 같지 않다"고 답했다고 한다(1922년).

여기서 흥미로운 것은 식민지 전쟁에서의 인종차별과 본국에서의 계급차별·배외 의식이 서로 영향을 주고받으며, 항공전 사상의 기반을 형성해 갔다는 점이다. 영국의 군사사(軍事史) 연

▬ 아프가니스탄의 카불 요새를 폭격하는 영국 공군(by Achille Beltrame)

출처: Ian Patterson, *Guernica and Total War*, Harvard Unviersity Press, 2007

구자 존 풀러(John Frederick Charles Fuller, 1878-1966) 대령은 "제1차 세계대전 폭격 당시 런던의 이스트엔드(노동자 지역)에서 혼란에 빠졌던 이들은 유대계였다. 다음 전쟁에서도 그럴 것이다."라고 예언했다. 또한 트렌차드도 1923년에 "만약 영국과 프랑스가 서로 폭격을 가한다면 먼저 비명을 지르는 쪽은 프랑스인이다."라고 말했고, 다른 참모 요원은 "(폭격 시) 프랑스의 유약한 노동자들은 서둘러 도망가거나 숨을 게 뻔하다."라고 단정 지었다.

사실 군사 전문가들이 두려워한 것은 노동자들의 결근·생산성 저하·대중들의 혼란보다도, 정부가 굴복하여 평화를 애걸하는 상황이었다. 폭격기 중심의 공군력 강화를 추진하는 공군론자에 의해 과장된 점이 있긴 하지만, 편견과 결합된 대중에 대한 불신은 두에의 주장을 더욱 설득력 있게 만들었다(Malkolm Smith, "The Royal Air Force, Air Power and British Foreign Policy", *JCH,* Vol.12, No.1).

미국의 폭격 테제 – 두에 이론과 미첼

미국에서도 해군파와 공군 독립파 간에 격렬한 대립이 있었다. 가장 유명한 것이 1921년 7월에 윌리엄 미첼(William Lendrum Mitchell, 1879-1936)[10] 장군이 실시한 공개 실험이다. 이것은 패전국 독일에서 노

---

10 미 공군의 아버지, 항공계의 개척자다. 항공기의 중요성을 강조하며 공군의 독립과 증강을 주장했으며 일본의 진주만 기습을 예견하기도 했다. 그러나 그의 주장은 상부의 반대에 부딪혔고, 그는 자신의 주장이 실현되는 것을 보지 못하고 눈을 감아야 했다. 일본의 진주만 기습 이후, 그의 견해는 사실로 받아들여졌고 그가 주장했던 것들도 실행에 옮겨졌다.

획한 전함 오스트프리스란드(Ostfriesland), 순양함 프랑크푸르트 등의 군함을 표적으로 한 폭격 실험이었다. 특히 오스트프리스란드는 독일이 자랑하는 '불침전함(不沈戰艦)'이었는데, 마틴의 MB2 폭격기 편대가 투하한 900킬로그램 폭탄 6발에 의해 불과 21분 만에 어이없이 침몰했다(Alfred F. Hurley, *Billy Mitchell: Crusader for Air Power*, Indiana University Press, 1975).

제1차 세계대전 전에는 해상 패권이 대구경 대포를 장착하고 고속으로 달리는 거대한 전함 간의 결전에서 결정된다고 여겨졌다(대함거포주의). 오스트프리스란드 호는 이 사상에 근거해 독일이 만든 전함이었다. 대함거포주의의 상징이었던 이 전함이 거의 눈 깜짝할 사이에 격침된 것은 여론에 큰 충격을 주었다. 지금 생각해보면 이 공개 실험은 미 태평양함대의 전함이 일본군의 폭격에 의해 연이어 격침·격파된 진주만 공격이나, 치열한 항공기 공격에 의해 가라앉은 최후의 거대전함 '야마토(大和)'의 운명을 예고했다는 생각이 든다.

육군 장교로서 미첼의 경력은 육군통신대(Army Signal Service)에서 시작된다. 제1차 세계대전에 미국이 참전하면서 통신대도 유럽원정군에 참여하게 되었는데, 이때 항공반이 설치되어 정찰·정보 전달 등을 통해 지상부대를 지원하게 되었다. 비행기의 역할이 커짐에 따라 육군통신대에서 항공반이 분리되어 육군항공대(Army Air Service)가 되었고 미첼은 제1군 육군항공대장에 임명되었다. 그리고 유럽에 체류 중이었던 영국의 트렌차드와 교류하며, 미첼은 미래전에서의 비행기, 특히 폭격기의 중요성을 확신함과 동시에 군용항공, 민간항공, 상업항공

을 총괄하는 항공성의 창설을 주장했다. 군사부문에서 항공성은 육군성, 해군성과 동격이어야만 한다는 미첼의 주장은 전통주의적인 육해군 수뇌부의 격렬한 반발을 샀으며, 결국 미첼은 '미 공군사의 이단아'로 비극적인 생애를 보내게 된다(生井英考, 『空の帝国アメリカの20世紀』, 講談社, 2006).

미첼은 1926년에 퇴역하게 되지만, 그가 폭격에 대해 진정한 자기주장을 펼치기 시작한 것은 바로 그때부터다. 그의 항공전 이론은 두에와 공통점이 많다. 전통적인 군사이론은 적국 육군의 파괴를 승리의 관건으로 보았는데, 제1차 세계대전은 막대한 손해를 각오하지 않고서는 적의 지상전력을 파괴할 수 없음을 보여주었다. 하지만 비행기는 적의 지상병력을 뛰어넘어 적의 '항전 의지'를 꺾는 것을 가능하게 만들었다. 그러므로 이제는 적국의 중심부를 교란시켜 주민들의 전쟁 수행, 평화로운 생활을 파괴해야만 전쟁 목적을 달성할 수 있다는 것이 미첼의 주장이다.

1920~30년대의 비행장교 양성교육을 통해 미첼, 두에의 사상은 미 육군항공대의 지휘관이나 작전가들의 생각에 직간접적으로 영향을 끼쳤다. 제2차 세계대전기의 미 공군 지휘관의 대부분이 육군항공대 전술학교(ACTS)에서 강의를 들었는데, 이 학교는 1923년에 두에가 집필한 『제공권』의 가장 중요한 제1장을 영어로 번역해 복사본 4부를 만들기도 했다. 또 이후에도 두에 저작의 발췌·요약본이 만들어졌는데, 그중 하나는 1933년에 '항공전 원리에 대한 몇 가지 뛰어난 설명'으로서 하원 군사위원회 의장에게 보내졌다. 훗날 미 태평양 방면 전략공군사

령관으로서 원폭 투하를 지휘하게 되는 칼 스파츠(Carl Andrew Spaatz, 1891-1974) 장군 역시 1925년 ACTS에 재학했는데, 동급생 중 다수가 『제공권』을 읽었다고 회상했다. 또한 훗날 B29의 일본 본토 공습을 지휘하게 되는 헤이우드 S. 한셀(Haywood Shepherd Hansell Jr., 1903-1988) 준장은 당시 ACTS의 교관으로서, 두에를 '전략적인 공습의 진정한 개념'을 수립한 사람이라고 평가하며 두에의 사상에 대해 "오늘날에는 기본 원리로 받아들여지고 있다"고 말했다. 두에의 이론은 1926년부터 1930년대에 걸쳐 ACTS의 매뉴얼로 채택되었다(Ronald Schaffer, *Wings of Judgement: American Bombing in World War II*, Oxford University Press, 1985).

선택폭격론으로의 경도

그런데 1930년대 후반에는 ACTS 내부에서도 주민의 전의를 꺾는 테러 폭격이 아닌 목표를 선택적으로 폭격하는 선택폭격론으로 기울기 시작한다. 그 이유 중 하나는 이 시기에 주민을 표적으로 하는 폭격이 에티오피아, 스페인(내전), 중국에서 실제로 이루어졌지만, 결과가 두에의 예상과 달랐기 때문이다. 부장교관(部長敎官)이며, 항공전 전략·전술 담당인 무어 S. 페어차일드(Mure S. Fairchild)는 1940년 6월 1일의 강의「공군―국민경제 조직」에서 일본의 중국 도시 폭격은 실제로는 중국 국민의 전의를 고양시켜 오히려 일반 주민을 결속시켰다고 설명했다. 지역폭격은 일반 주민이 거주하는 도시 등에 대한 불법적인 공격이었는데, 그 효과가 의심받게 되자 ACTS는 적의 국민경제 조직을 선택적으로 폭격하는 선택폭격론으로 기울게 된 것이다.

또 ACTS가 인구 밀집지보다도 국가 경제의 근간을 파괴하는 폭격론으로 기울어진 이유로는 1929년에 발생한 세계공황이라는 요인도 있다. 공황의 심각한 영향은 국민 생활에서 다시금 경제의 중요성을 일깨워 주었다. 더욱이 공황 중에 탄생한 프랭클린 루스벨트(Franklin Roosevelt) 정권하에서 인민주의, 반전주의, 고립주의 풍조가 높아져 주민을 표적으로 하는 지역폭격론의 비인도성이 비판을 받게 되었다. 1939년 대일(對日) 폭격을 상정한 ACTS 내부의 검토회의는 주민에 대한 직접 공격은 아무리 전의를 꺾는 데 효율적이라 할지라도 '인도주의적인 배려'를 위해 받아들일 수 없다는 결론을 내렸다.

제2차 세계대전 중의 미 공군사는 보통 정밀폭격에서 지역폭격으로의 전환을 중심으로 서술된다. 그러나 페어차일드 부장교관은 1939년 3월 28일의 강의 「공군 — 전쟁의 목적」에서 "모든 군사작전의 궁극적인 목적은 각종 국가정책의 원천인 적의 전의를 본국에서 꺾는 데 있으며, 일반 주민의 전의를 잃게 하는 것이야 말로 전장에서 군대를 패배시키는 것보다 훨씬 영향이 크다. 궁극적인 목적을 달성하기 위해서는 공군이야말로 즉각적인 도움이 된다. 이들은 직접 적국 주민의 전의를 꺾을 수 있다"고 진술했다. 강의에서는 주민의 전의 파괴를 목적으로 하는 지역폭격과 산업적·경제적 목표에 대한 폭격(정밀폭격)의 관계를 다음과 같이 설명하고 있다(Schaffer, 1985).

우리는 인민 모두를 살상하지 않으며, 그럴 의도가 없다는 점 또한 명백하다. 그러므로 (국가 경제 시스템에 대한) 이 공격 방법을 결정한 목적은 비전투원인 적국 주민의 전의를 공포, 즉 자신과 사랑하는 사람이 죽고 다치는 것에 대한 공포를 통해 크게 약화시키고, 그들이 전쟁의 지속이 아니라 우리 쪽 강화조건을 수락하며 자국 정부에 항복을 촉구하도록 압박하는 것이다.

결국, 이것 또한 두에와 마찬가지로 주민에 대한 테러 효과를 기대하는 것이었다. 선택폭격론이 고도의 산업사회·도시사회의 현실을 반영하고 있는 것은 사실이다. 하지만 위의 진술을 살펴보면 선택폭격론 또한 지역폭격론과 같은 뿌리에서 생겨났으며, 폭격에 대한 과도한 기대와 환상을 기초로 하고 있다는 점을 알 수 있다.

시민 생활 파괴가 폭격의 목적

도시에 대한 선택폭격은 어떻게 주민의 전의 붕괴를 가져오는가? 페어차일드는 1939년 4월 6일의 강의 「공군—뉴욕 공업지역」에서 "전형적인 대도시" 뉴욕을 예로 들어 다음과 같이 설명하고 있다.

공격 목표는 3가지다. 먼저 물 공급을 가능하게 하는 송수 설비다. 위생 상태를 악화시키고 물 부족을 야기해 화재 위험을 높여서, 그 결과 거의 대부분의 사람들을 떠나게 만드는 것이다. 철도교 파괴는 각 곳의 식량 배급을 곤란하게 한다. 거대한 수도권을 먹여 살리는 것은 지역 내의 철도가 쉬지 않고 움직이는 것에 의해 좌우된다. 조금이라도 이것이 방해를 받는다면 거의 즉시 각종 식품이 부족하게 될 것이다. 그 지역은 거주가 불가능하게 되고 주민은 퇴거하지 않을 수 없게 된다. 또한 전력 시설을 폭격하면 펌프가 멈추어 수도 공급이 반감되고 냉장식품은 부패하며 가정에는 전기가 통하지 않게 된다(대략의 요지, Schaffer, 1985).

여기에서 언급하고 있는 것은 도시생활에 필요한 기간 시설을 파괴함으로써 주민의 거주와 생활을 불가능하게 만드는 폭격이다. 산업적·경제적 목표의 폭격이라 해도 군사물자 제조 능력의 파괴, 병참선의 교란 등 전장에 있는 군 작전과 관련해서는 거의 언급하고 있지 않다. 대신에 폭격이 국민경제를 파괴하고 주민들에게 많은 불편을 야기하기 때문에, 그들은 적의 요구를 수용하도록 정부에 요구하게 될 것이라고 논하고 있는 것이다. 비군사적인 기간 시설을 파괴함으로써 간접적으로 주민의 전의를 무너뜨리는 것이 목적인 셈이다.

독일과 소련의 전쟁이 시작되고 미국과 일본의 전쟁이 임박한 1941년 8월에는 루스벨트 대통령의 요구에 따라, 앞으로 있을 세계전쟁에서의 공군의 역할에 대해 고찰한 계획으로서 AWPD-1[11] 「잠재적 적국을 패배시키기 위한 미 공군 군비의 필요」가 작성되었다. 이것은 제2차 세계대전 당시 미국 전략폭격 계획의 기본이 된 것으로, ACTS

---

11 정식 명칭은 「Air War Plans Division—Plan No.1」이다. 제2차 세계대전 이전에 두에 사상을 구체화한 전략폭격론의 원칙이다.

의 교의가 응축된 것이며 그 작성에 ACTS의 교관들이 협력했다고 한다. 이 계획은 국민경제·사회조직을 폭격함으로써 적의 전쟁 능력을 파괴하는 것을 전략폭격의 목적으로 했는데, 특히 전력·수송·석유 공급에 대한 공격을 중시했다.

일반 주민에 대한 공격에 대해서는 타이밍의 문제를 가장 중요하게 여기면서 "독일 민중이 계속되는 궁핍과 피해에 진저리를 치고 군의 최종적인 승리를 믿지 않게 될 때, 도시를 지속적으로 폭격하면 그들의 전의를 완전히 잃게 만들 수 있다"고 평가했다. 심리적으로 정확한 타이밍을 골라 폭격의 초점을 민중의 전의에 맞춘다면 전쟁은 조기에 끝날 것으로 본 것이다. 또한 시의적절한 때에 베를린 시민에 대해 대규모, 전면적인 공격을 가하면 "매우 큰 이익을 얻을 수 있다"고 하면서 최종적으로는 테러 효과에 의해 전쟁을 끝내려는 두에·미첼의 전망을 언급하고 있다.

3. 국제법의 '예외' — 식민지와 하늘로부터의 독가스전

국제법의 예외—식민지 전쟁

제1차 세계대전에서는 전선에서 떨어진 요지에 대한 전략폭격도 이루어졌다. 독일의 체펠린 비행선에 의한 런던 공습이 유명하지만, 영국 공군(RAF)도 전쟁 마지막 해에는 독일의 공업 중심지를 폭격했으며 총 300톤의 폭탄을 투하했다. 그 결과 전의(戰意) 약화, 군수 생산의 감퇴, 통신 혼란, 주민 소개(疏開) 등이 일어났고, 독일의 군사당국은 전선에서 20개 이상의 편대를 철수시켜 도시 방어로 돌려야 했다.

제1차 세계대전 이후에는 항공전의 법적 규제가 문제시되어 새롭게 「공전에 관한 규칙」[12]이 만들어졌다. 여기서는 폭격에 대해 군사목

---

12 1922년 워싱턴군축회의에서 같은 해 12월에 설치된 헤이그 법률가위원회(미국, 영국, 프랑스, 이

표주의를 채택해 주민에 대한 무차별폭격을 금지했다. 또한 1925년에는 「독가스 금지에 관한 의정서(제네바의정서)」[13]가 성립되어 독가스 및 세균 무기를 전쟁에 사용하는 것이 금지되었고, 1928년에는 전쟁 자체를 위법으로 하는 부전(不戰)조약이 성립되었다. 부전조약이 성립한 그해, 두에는 『미래전의 양상(*The Probable Aspects of the War of the Future*)』이라는 저술을 내는 한편, "평시에 만들어진 모든 규제, 모든 협정은 전쟁이라는 바람이 불면 마른 나뭇잎처럼 날아가 버린다"고 단언했다. 그는 전쟁 수단이 인간적이라거나 비인간적이라고 할 수는 없으며, 제1차 세계대전은 '인간적·문명적이라고 인정되는 수단'으로 수행되었지만, 수백만 명이 죽고 수백만 명이 손발을 잃었다고 주장했다. 또 전쟁 방식의 도덕적 규제는 '국제적이고 악마적인 위선'이며, 미래전에 대해 "비인간적이며 잔학한 전쟁이 될 것이다. 아무리 비인간적이고 잔학하다고 여겨져도, 누구도 무시무시한 공격을 주저하지 않을 것이다."라고 예언했다(Biddle, 2002).

놀랍게도 1930년에 만들어진 ACTS의 매뉴얼은 적국 주민에 대한 폭격을 해설하면서, 폭격기는 도시 주민에 대해 직접적으로는 고성능폭탄·독가스 살포·가스탄 공격, 간접적으로는 수도 공급과 전력 시스템의 파괴를 실행할 수 있으며, 또한 식량 배급의 혼란을 통해 비전투

탈리아, 일본, 네덜란드 6개국의 대표로 이루어진 전문위원회)가 1923년 2월에 채택한 규칙이다. 조약으로 발효되지는 않았지만, 폭격에 관한 규칙으로서 오늘날까지 영향을 미치고 있다.

13 1925년 6월에 국제연맹이사회가 초청한 제네바회의에서 작성되어, 1928년 2월에 발효되었다. 정식 명칭은 「질식성·독성 또는 기타 가스 및 세균학적 수단의 전시 사용 금지에 관한 의정서」다.

원에게 무시무시한 피해를 줄 수도 있다고 밝히고 있다. 제네바의정서를 비롯한 국제법을 전혀 개의치 않는 태도인 셈이다. 제네바의정서 전문(前文)에는 독가스 등의 사용을 금지하면서 그 이유로 독가스 사용이 "문명 세계의 여론에 의해 정당한 비난을 받고 있다"는 점을 들고 있다. 그러나 현장에서 활동하는 '문명 세계'의 항공전 전문가들 사이에서는 이러한 규제를 무시하거나 경시하는 분위기가 강했던 것이다.

1930년대 이후에는 이탈리아·일본 등을 제외하고 국제법적으로 금지된 무기가 전쟁에 사용되지 않았는데, 그 이유는 대등한 '문명국' 간의 전쟁에서 금지 무기를 사용하면 상대국도 같은 수단으로 보복할 것을 두려워했기 때문이었다. 그래서 제네바의정서의 비준 당시 많은 조인 국가들이 선제공격에 대해 같은 수단으로 보복할 권리를 유보했다. 그러나 상대가 대등한 보복 수단을 갖지 못한 '비문명국'인 경우에는 금지된 무기를 공공연하게 사용해 사실상 국제법의 규제를 무력화시켰다. 그 좋은 예가 스페인과 이탈리아의 식민지 전쟁이었다.

최초의 '하늘로부터의 화학전'

북아프리카의 모로코 남부는 1912년에 스페인의 보호령이 되었지만, 리프(Rif)족 등 유력한 부족은 끈질기게 저항을 계속했다. 최초의 폭격은 1913년 12월 스페인군 쌍발기가 중심 도시인 테투안(Tetuan) 남쪽 촌락에 독일제 유산탄(榴霰彈)[14]을 투하한 것이었다. 제1차 세계대

---

14 공중에서 폭발해 작은 탄자를 지상에 퍼붓는 폭탄.

전이 끝난 후 스페인은 내륙부 정복을 시도하다 유력한 부족의 저항에 부딪혔고, 이것은 식민지 전쟁으로 발전했다(리프전쟁). 스페인군은 폭격을 되풀이하면서 대량의 독가스를 사용했다. 1925년 9월 테투안의 독일 영사관은 "모로코 반란자들은 국가의 심장부에서 징벌을 받고 있다"고 하면서, 스페인군이 집들을 날려 버리고 농작물을 불태우며 머스터드가스로 마을들을 공격하고 있다고 보고했다(Sven Lindqvist [translated by Linda Haveerty Rugg], *A History of Bombing*, The New Press, 2001).

육군 문서를 통해 세계 역사상 최초의 '하늘로부터의 독가스전'의 실태를 규명한 스페인사 연구자 후카자와 야스히로(深沢安博)는 "리프전쟁에서의 폭격과 독가스전은 전투원(이라 해도 보호령=사실상의 식민지 주민)뿐만 아니라 주민·거주지·시장·사역용 가축·생산물 등의 철저한 파괴를 노리고 실행된 것으로, 폭격과 독가스전 둘 다 규모와 의미에 있어서 역사상 최초의 것"이라고 요약했다. 후카자와는 리프전쟁의 약 4년간 400톤 또는 510톤 이상의 독가스가 사용되었다고 추정하고 있다(深沢安博,「リーフ戦争におけるスペイン軍の空爆と毒ガス戦―'空からの化学戦'による生存破壊戦略の初の展開か」, 茨城大学人文学部紀要,『人文コミュニケーション学科論集』第1号). 그러나 '문명 세계'에서는 이를 거의 문제 삼지 않았다.

스페인의 독가스전에 필요한 자재, 원조를 제공한 것은 독일이었다. 국방군의 양해를 얻어 독일 기업은 독가스, 독가스 물질, 제조 기술을 제공했다. 1925년에 "특별히 항공전에서의 독가스 사용에 관한 경

험을 쌓기 위해" 스페인으로 초빙된 독일군 장교들(그중 한 명인 한스 예
쇼네크(Hans Jeschonnek)는 훗날 독일 공군의 참모장이 됨)은 "스페인은 주로
조직적인 폭격의 성과와 독가스의 파괴적인 효과에 의존하고 있다"고
보고하기도 했다. 그러나 그들이 내린 결론은 주민에 대한 폭격이 전
쟁 종결에 결정적인 역할을 하지 못했다는 것이다.

'조직적인 폭격의 성과'로서 가장 심각했던 것은 1925년에 행해진
무방비 도시 쉐프샤우엔(Chefchaouen)에 대한 공습이었다. 무기를 지닌
남자가 전장에 나간 사이 폭격이 행해졌고, 무방비 상태인 여자와 어
린이가 다수 사망하고 부상당했다. 모로코의 역사가 캔비브는 리프전
쟁 중의 독가스탄 투하는 리프인에 대한 '게르니카'였다고 언급한 다
음, "실제로 리프전쟁의 생존 파괴 전략은 양적·질적으로 게르니카 폭
격을 훨씬 능가하는 것이었다"고 지적한다. 모로코의 독가스전에서 행
해진 독일과 스페인의 협력은 나중에 스페인 내전에서 프랑코(Francisco
Franco y Bahamonde, 1892-1975) 장군과 독일 콘도르 군단(Legion Condor)
의 협력으로 발전했고, 이로 인해 쉐프샤우엔의 비극은 게르니카에서
재현된다.

2007년 도쿄에서 열린 심포지엄에서 후카자와는 리프전쟁과 스페
인 내전의 연속성에 대해 3가지를 지적했다(東京大空襲·戦災資料センター
戦争災害研究室主催「シンポジウム無差別爆撃の源流—ゲルニカ·中国都市爆撃を
検証する」報告書, 2008年2月20日).

첫째는 폭격 전략의 연속성이다. 식민지 모로코를 지배하기 위해
움직인 스페인의 공군력은 "리프전쟁에서 결정적인 전력임이 드러났

고 …… 더구나 저항하는 주민과 그 기반을 철저히 파괴하는 폭격 전략은 …… 다음 전쟁인 스페인 내전에서도 사용되었다"고 한다.

둘째는 폭격을 수행한 군인 집단의 연속성이다. "폭격을 수행한 항공대의 군인들은 스페인 내전 당시 거의 그대로 양쪽 파의 공군 지도부를 구성했고 …… (육해군) 항공대의 다수는 공화국 정부에 충실했다. 그러나 반란군 측으로 돌아선 항공대(후일의 공군) 사령부는 리프전쟁 당시 공군력을 비약적으로 높여 폭격을 수행했던 군인들로 구성되어 있었다."

셋째는 독일 군부와의 관계에서의 연속성이다. "(내전) 초기 위태로운 상태에 빠졌던 반란 군인들은 즉시 독일군에 지원을 요청했고, 또한 독일군도 즉시 반란군을 원조했다. 이것은 리프전쟁 이래 형성된 스페인 군인(특히 아프리카파)과 독일 군인들의 커넥션에 의해 가능했다."

▌제2장 ▌

'파시즘의 시대'와 폭격

———————— 무차별폭격을 허용하는 '문명 세계'

충칭(重慶)을 폭격하는 일본 육군기(1939년 8월)
사진 제공: 교도통신사(共同通信社)

1. '인도적 제국'의 비인도와 게르니카 실험

최초의 반폭격 기념비

런던 교외의 웨섹스(wessex) 주(州) 우드포드 그린(Woodford Green)
에는 세계 역사상 처음으로 만들어진 반(反)폭격 기념비(Anti-Air War
Memorial)가 있다. 피라미드의 정점에 석조 폭탄이 박혀 있는 형태의
이 기념비는 1936년 5월 5일에 건조가 공지되었고, 6월 21일에 제막식
이 거행되었다. 당시 워릭(Warwick) 후작 부인은 기념비 건립의 의의를
다음과 같이 기록했다.

어떤 마을과 촌락에도 죽은 자를 위한 기념비가 수천 개 있다. 그러
나 미래전의 위험을 상기시키는 것은 하나도 없다. 정부에 폭격의 비
(非)합법화를 호소하기 위해 모든 나라의 평화 애호자는 단결해야 한

다. 우리는 이런 잔학성, 즉 짓이겨진 육체, 튀어나온 내장, 날아가 버린 머리, 팔, 다리, 반쯤 없어진 얼굴, 피와 인간의 잔해가 대지를 더럽히는 것을 용서할 수 없다. 우리는 남자, 여자, 어린이, 동물에 대한 무자비한 살육에 반대한다.

기념비를 발안(發案)하고 부지까지 제공한 사람은 실비아 팽크허스트(Sylvia Pankhurst, 1882-1960)였다. 그녀의 어머니 에멀린(Emmeline Pankhurst, 1858-1928)은 영국 여성참정권 운동의 창시자로 유명하다. 1919년에 이탈리아 유학을 떠났던 실비아는 볼로냐에서 파시스트의 폭행을 목격한 것을 계기로 파시즘에 반대하기로 결심을 굳혔다. 1922년 이탈리아에서는 파시스트당의 무솔리니(Benito Mussolini)가 총통으로 취임했다. 이후 독재체제가 굳어지자 이탈리아는 1935년 10월에 에티오피아전쟁[1]을 시작했다. 실비아는 에티오피아의 지원을 결의하고 애인인 실비오 콜리오와 함께 영자 신문 『*New Times and Ethiopian News(NTEN)*』를 런던에서 간행하고 잔학한 식민지 정복 전쟁의 실태를 세계에 전했다(岡倉登志, 「イタリア占領前半期のエチオピアーある報道を通して」, 『駿台史学』 第80号, 1990年10月).

사실 반폭격 기념비의 제막식은 두 차례 거행되었다. 첫 번째는 에티오피아전쟁 발발 직후였는데, 얼마 되지 않아 석조 폭탄 부분이 도

---

[1] 제2차 이탈리아·에티오피아전쟁이다. 1935년 10월 이탈리아의 무솔리니가 일으킨 침략전쟁으로 1936년 3월에 이탈리아군이 아디스아바바(Addis Ababa)를 점령해 이탈리아의 승리로 끝났다. 1936년 5월 이탈리아는 에티오피아를 합병했으며, 이후 이탈리아 국왕이 에티오피아 황제를 겸하게 되었다.

━ 영국 웨섹스 주 우드포드 그린에 건립된
최초의 '반폭격 기념비'
촬영: 하타 나가미(波田永実)

난당했다. 훔친 사람은 파시즘 운동의 동
조자로 짐작된다. 폭탄 부분은 새로 만들
어졌고, 이듬해 6월에 두 번째 제막식이
거행되었다.

　기념비 정면에는 짓궂은 헌사가 새겨
져 있다. 그것은 "1932년 폭격기를 사용
할 권리를 옹호한 사람들에게" 바친다고
되어 있다. 1932년은 제네바군축회의[2]가
개최된 해다. 공군 문제와 관련해 제네바
군축회의에서는 일반위원회 결의로서 "일반 시민에 대한 모든 폭격을
엄금한다"는 내용이 제안되었다. 그러나 이에 대해 영국에서는 반대가
많았는데, 전(前)수상인 스탠리 볼드윈(Stanley Baldwin)의 연설이 유명
하다. "폭격기는 언제든지 날아오를 것이다. 유일한 방어는 공격이다.
여러분이 자신을 구하고자 한다면 적보다도 더 많은 여성들을 더 빨리
죽이지 않으면 안 된다." 이와 같이 폭격을 옹호하는 사람들에게 기념
비는 바쳐졌다. 그리고 비의 왼쪽 측면에 "이 기념비는 항공전에 대한
항의로 건립되었다"고 새겨 본래의 목적을 분명히 했다.

---

2 스위스 제네바에서 1932년 2월에 열린 국제연맹 주최의 군축회의다. 59개국이 소집되었고 연맹
가맹국 외에 미국·소련도 참석하였다. 군비 평등을 요구하는 독일과 안전보장을 주장하는 프랑
스의 대립으로 회의는 진전되지 못했다. 게다가 1933년 3월 일본이 국제연맹을 탈퇴하고, 같은
해 10월에 나치스 독일도 국제연맹을 탈퇴함으로써 제네바군축회의는 아무런 성과 없이 1934년
5월에 막을 내렸다.

에티오피아전쟁과 '하늘로부터의 독가스전'

에티오피아는 동아프리카의 독립 왕국으로, 19세기 말에 이탈리아의 침략을 받았지만 아도와(Adwa) 전투에서 격퇴한 역사가 있다. 무솔리니는 '문명국'이 '미개국'에 패한 아도와의 복수를 명분으로 1935년 10월 3일 에티오피아 침략을 개시해 이듬해 5월 5일에는 수도 아디스아바바(Addis Ababa)를 점령했다.

무솔리니는 수도를 점령하고 에티오피아 합병을 선언했지만, 에티오피아인은 저항을 계속해 독립을 회복하려고 했다. 저항은 제2차 세계대전이 발발하고 영국군이 1940년에 에티오피아를 재점령할 때까지 계속되었다. 에티오피아전쟁이 일어난 5년간 에티오피아 측 사망자는 73만 명(40만 명이라는 말도 있음)이었는데, 이 중 30만 명은 아사자였고 3만 5천 명은 강제수용소에서 죽었다고 한다. 이러한 사망자 숫자는 이탈리아가 얼마나 잔학하게 전쟁을 수행했는지를 잘 말해준다. 이탈리아는 전쟁 중에도, 점령기에도 에티오피아 각지에서 무차별폭격과 독가스 공격을 감행해 주민들을 무자비하게 죽였다. 당시 이탈리아군의 에티오피아 폭격에 대해서는 1936년 1월 30일 국제연맹에서 에티오피아 황제 하일레 셀라시에 1세(Haile Selassie I, 1892-1975)가 직접 행한 연설에 생생하게 묘사되어 있다.

이탈리아군은 주로 전선에서 멀리 떨어져 살고 있는 사람들을 공포로 몰아넣고 전멸시키기 위해 공격을 집중했다. 그들의 비행기에는 머스터드가스 분무기가 장착되어 있어서 미세하고 치사성이 있는 독가스를 광범위하게 살포할 수 있었다. 1936년 1월부터 군인, 여자, 어린이, 가축, 강, 호수와 들판이 끝없이 쏟아지는 이 액체로 흠뻑 젖었다. 살아 있는 것을 전멸시키고 수로와 목초지를 완전히 파괴하기 위해, 이탈리아군 사령관은 끊임없이 비행기를 날려 보냈다.

이 무서운 전술은 성공했다. 인간도 동물도 전멸했다. 죽음의 비를 맞은 사람들은 모두 도망쳐 버렸고 고통스러운 비명을 질렀다. 독이 든 물을 마시고 오염된 음식을 먹은 사람은 모두 고통스러워하며 죽었다.

에티오피아전쟁은 식민지의 일반 주민을 상대로 대규모 독가스 사용과 무차별폭격이 이루어졌다는 점에서 리프전쟁과 유사하다. 총사령관 피에트로 바돌리오(Pietro Badoglio)는 주저 없이 독가스를 사용했던 것이다. 또한 아디스아바바 점령 후 에티오피아 부왕(副王)에 임명된 로돌포 그라치아니(Rodolfo Graziani)는 그 잔혹함으로 유명했다. 그는 1936년 2월에 그의 암살미수 사건이 일어나자 파시스트당의 의용군 조직, 검은셔츠단에게 3일간 마음껏 에티오피아인을 죽여도 좋다는 명령을 내렸다. 실비아 팽크허스트의 『NTEN』지(3월 13일 자)는 "검은셔츠단의 한 무리가 라이플총, 피스톨, 폭탄, 나이프, 곤봉 등을 사용해 마음 내키는 대로 일을 벌였다. 이번 학살의 희생자 수는 약 6,000명이라고 한다"고 보도했다. 무솔리니는 "에티오피아의 운명은 다하고 마침내 이탈리아는 제국을 획득했다. 그것은 문명의 제국이며 에티오피아 전 인민에 대한 인도(人道)적인 제국이다."라고 연설하며 합병을 과시했다. 이와 같이 '문명'과 '인도'라는 이름으로 잔학 행위는 되풀이되었고, 침략전쟁은 정당화되었다.

이시다 겐(石田憲)은 합병 후 에티오피아인의 저항운동에 대한 진압에 대해 저서에서 다음과 같이 서술하고 있다. "무솔리니는 1936년 6월부터 7월에 걸쳐 훈령 전보(訓令電報)를 통해 반란군 포로의 사살을 명령하고 반란 소탕에 독가스 사용을 장려했다. 그리고 반란자의 '근절'을 위해 이탈리아인 희생자 1명당 10명의 처형을 지시하였다. 그렇게 '문명'의 이름으로 일반 주민을 겨냥한 무차별폭격과 독가스탄 투하가 이루어졌지만, 에티오피아전쟁에 반대해 이탈리아에 경제제재를 가하고 있던 국제연맹 이사회에서도 (에티오피아) 주민에 대한 무차별폭격 그 자체를 문제 삼은 적은 거의 없었다(石田憲, 『地中海ローマ帝国への道—ファシスト·イタリアの対外政策 1935-39』, 東京大学出版会, 1994)." 국제연맹은 가맹국 중 하나인 에티오피아에 대한 이탈리아의 침략을 불법적인 무력행사로 규정하고 경제제재를 가했다. 그러나 프랑스 국방장관 물랭(Moulin) 장군은 1936년 1월 29일 자 프랑스 수상에게 보내는 편지에서 "이탈리아의 패배는 모든 식민지 영유국의 패배로 받아들여질 것이다. 식민지 지배국은 언젠가 흑인 국가가 유럽 강국에 승리하는 것을 보고 싶어 하지 않을 것이다."라고 적으며, 솔직하게 식민지주의적인 소감을 밝혔다(E. M. Robertson, "Race as a Factor in Mussolini's Policy in Africa and Europe", *JCH*, Vol.23, No.1).

영국의 고위 관리 사이에서도 에티오피아의 승리를 '위험하다'고 보는 분위기가 있었다. 그래서 무솔리니는 문명과 인도란 이름으로 무차별폭격과 독가스전을 정당화했고 국제연맹도 이를 묵인하게 된다. 연맹이사회는 이탈리아가 에티오피아에서 적십자를 폭격한 점을 문제 삼았지만, 이는 유럽 국가의 적십자 구조대가 폭격을 받은 경우에만 그러했다. 당시에는 전쟁 수단을 규제하는 뚜렷한 이중 잣대가 존재했다. 이러한 부조리를 '문명 세계'가 의식하지 못했던 이유는 그들이 가진 고유한 식민지주의, 인종주의 때문이었다.

스페인 내전과 이탈리아

이탈리아가 에티오피아 합병을 선언하고 2개월이 지난 7월 17일에 스페인의 프랑코 장군이 모로코에서 현지 주민 정규군과 외인부대를 동원해 반란을 일으켜 스페인 내전이 시작되었다. 이탈리아는 스페인에 지상부대와 함께 항공군단(Aviazione Legionaria)을 파견하고 내전에 개입했다. 이탈리아는 에티오피아전쟁에서 대량의 독가스를 사용했는데, 그 총량은 317톤 이상이라고 한다. 또한 점령기에도 에티오피아인의 '반란' 소탕, 즉 '평정(平定)' 작전을 위해 독가스 사용을 포함한 대량 학살이 공공연하게 이루어져 1939년까지 적어도 500톤 이상의 독제(毒劑)가 투하되었다(デル・ボカ編, 関口英子他訳, 『ムッソリーニの毒ガス―植民地戦争におけるイタリアの化学戦』, 大月書店, 2000). 독제의 약 6할이 스페인 내전과 같은 시기(1936-1939)에 에티오피아인의 '반란군' 토벌을 위해 사용된 셈이다.

스페인에 파견된 이탈리아 군사정보부는 스페인에서도 화학무기의 실전 실험을 하려고 했다. 그래서 독극물이나 전염병의 병원체를 살포하려는 계획이 있었던 것으로 보인다. 계획은 실행되지 않았지만 스페인을 집단적 인체 실험의 장으로 삼으려는 의도가 있었던 것은 분명하다. 의도가 있어도 실행하지 않았던 이유는 스페인이 유럽의 '문명국'이기 때문이었을 것이다.

게르니카 폭격과 콘도르 군단

제2차 세계대전 전야의 일반 주민을 표적으로 한 도시폭격 중 가장 유명한 것은 스페인 북부 도시 게르니카에 대한 폭격(1937년 4월 26일)이다. 게르니카는 바스크 지방의 고도(古都)로서, 오래전부터 도시의 의사당에 보존되어 있는 오크(Oak) 나무는 바스크 지방의 자치를 상징하는 것으로 유명했다. 지금도 바스크의 대통령은 취임할 때, 이 나무 앞에서 선서하는 관례가 있다. 역사적으로 바스크인의 자치 의식은 매우 높고 현재도 바스크 분리 독립운동은 스페인 정치의 최대 난제가 되고 있다. 내전 당시 바스크는 공화국 정부의 북쪽 거점이었다.

스페인에서는 1936년 7월 프랑코 장군이 반란을 일으킨 이후로 내전이 계속되었는데, 1937년 4월에는 내전의 주 무대가 바스크로 옮겨졌다. 게르니카를 폭격한 것은 이탈리아 항공기와 독일이 파견한 항공부대 콘도르 군단이었다. 프랑코 공군의 역할은 알려지지 않았다.

게르니카는 상주인구가 5,000명인 지방도시지만 4월 26일은 시(市)가 개방되는 날이어서 근교 농촌에서도 많은 사람이 시내로 모였다. 또한 전선을 떠나는 난민이나 병사의 퇴로이기도 했기 때문에 마을은 몹시 붐볐다. 이날 시내에 있던 인구는 7,000명에서 1만 명으로 보인다. 폭격은 오후 4시 반부터 시작되어 3시간 이상 수차례 계속되었다.

게르니카 폭격 70주년에 해당하는 2007년 4월 26일 바스크 지방의 방송 채널 '바스크 뉴스 정보 채널(Canal Vasco de noticias e informacion)'은 게르니카 폭격 특집 프로그램을 편성해 폭격 장면을 영상으로 방영했다. 프로그램에서는 공표된 최신 데이터를 토대로 폭격기의 기종과 숫자, 투하된 폭탄의 종류와 양을 보도했다. 폭격기 외에 호위 전투기가 있어서 지상에 기총소사를 가했다. 필자는 예전에 게르니카에 투하된 폭탄을 20톤에서 30톤 정도로 추정했는데, 이 프로그램에서 제시하는 숫자도 이 범위 내에 있다. 따라서 현시점에서는 20톤에서 30톤 정도가 가장 사실에 가까운 숫자라고 생각한다(표 2-1).

표 2-1에서 1킬로그램이라고 표시한 폭탄은 소이탄이다. 게르니카의 상주인구에 거의 필적하는 수의 소이탄이 투하되었다는 것을 알 수 있다. 폭격으로 게르니카 시가지의 건물 중 25%가 파괴되었지만, 최종적으로는 시가지의 70%(74%라는 수치도 있음)가 불탔다. 이러한 피해 상황은 소이탄으로 시가지를 불태워 없애려는 것이 폭격의 목적이었음을 보여주고 있다.

폭격 당일 밤, 일찌감치 게르니카에 들어온 외국인 특파원은 『런던 데일리 몰(London Daily mall)』의 노엘 몽크스(Noel Monks) 기자였다. 그가 처음으로 목격한 것은 불타는 야경과 불에 타버린 다수의 시체였다.

나는 게르니카에 최초로 들어온 특파원이었지만, 곧 바스크 군인들에게 내몰려서, 불길에 휩싸여 까맣게 탄 시체를 수습하는 일을 해야만 했다. 군인들 중에는 어린아이처럼 흐느껴 우는 사람도 있었다. 남은 것은 불과 연기, 잿가루뿐이었고 시체 타는 냄새로 토할 것만 같았다. 집들은 지옥 같은 광경 속에서 무너져 내렸다(Noel Monks, *Eyewitness*, Muller, 1955).

【표 2-1】 게르니카 폭격에 사용된 폭격기와 폭탄의 종류 및 중량

폭격기 / 폭탄 종류	융커 52 19대		사보이아 79 3대		하인켈 111 2대 도르니에르 17 1대		합계	
250킬로그램	28개	7.0톤			11개	2.75톤	39개	9.75톤
50킬로그램	192개	9.6톤	36개	1.8톤	32개	1.6톤	262개	13톤
1킬로그램	5,472개	5.47톤					5,472개	5.47톤
합계	22.07톤		1.8톤		4.35톤		28.22톤	

출처: Canal Vasco, 2007.04.26

건축양식과 소이탄의 효과

게르니카 폭격은 소이탄을 대량으로 사용한 최초의 무차별폭격이었다. 그런 의미에서 도쿄 대공습(1945년 3월 10일)과 직결되는 요소가 있다. 표 2-1에 나타나듯이 소이탄 다음으로 50킬로그램 폭탄이 많이 사용됐는데, 이는 다른 서유럽, 중유럽 국가들과 달리 목재를 많이 사용한 스페인 가옥의 건축양식을 고려한 결과였다.

스페인에서는 기와 건축이라도 지붕의 조립, 벽의 뼈대 등에 많은 목재가 사용되지만, 실내에는 가구와 같은 타기 쉬운 물건이 별로 없

고 창문에도 불이 붙기 쉬운 커튼이 없다. 그래서 소이탄으로 시가지 일대를 태우는 화염 지옥을 연출하기 위해서는 불에 타기 쉽도록 주변 가옥을 파괴해 둘 필요가 있다. 견고한 석조건물을 손상시키지 못하는 경량의 50킬로그램 폭탄도 평평한 가옥이 밀집한 스페인 도시에서는 소이탄과의 병용을 통해 효과를 발휘할 수 있었다. 콘도르 군단은 미리 '스페인 시가지에 대한 폭탄의 효과'를 조사하기 위해 스페인 도시 건축 전문가와의 회담을 계획하기도 했다. 이러한 조사 결과 50킬로그램 폭탄이 다량으로 사용되었던 것이다.

성공적인 시가지 불태우기

그 외에 250킬로그램 폭탄 39개가 투하되었는데 그 효과로 기대한 것은 무엇이었을까?

군단의 실험에서는 250킬로그램 폭탄으로 인해 폭심(爆心)[3]으로부터 반경 16미터 이내에서는 벽돌 건축이 완전히 파괴되거나 복구 불능 상태가 되었다. 250킬로그램 폭탄은 소이탄과 병행하기에는 너무나도 강력했고, 폭격기의 탄창에 많이 적재할 수도 없었다. 가령 콘도르 군단 폭격기의 경우, 비행기 1대 탄창의 수용 능력이 6발 내지는 8발에 불과하다. 소이탄이라면 250킬로그램 1발분의 공간에 4개의 용기·144발을 수납할 수 있었다(荒井信一, 『ゲルニカ物語—ピカソと現代史』, 岩波新書, 1991).

---

3 폭발의 중심점.

2003년에 독일의 『슈피겔(Der Spiegel)』지(2003년 제3호)는 콘도르 군단의 기술 장교인 요아힘 리히트호펜(콘도르 군단의 참모장과 같은 이름이기에 보고서에는 R2라 서명함)이 게르니카 폭격 1개월 후에 작성한 비밀 보고서를 입수해 그 내용을 공표했다. 독일의 스페인 내전 개입이 "현실적인 조건하에 근대적인 전쟁 자재, 전술을 시험하기 위해서였다"는 것을 증명하는 자료다. 그는 내전에 사용된 독일, 이탈리아, 스페인(프랑코 반란군)의 폭탄 효과에 대해 콘도르 군단에 보고하고 향후의 운용 개선에 대해서 언급했다. 보고서는 게르니카 폭격에 대해 "먼저 소이탄을 투하해 많은 가옥의 지붕에 불을 붙인다. 그 후 소화(消火)를 방해하기 위해 250킬로그램의 고성능 폭탄을 투하해 수도관을 파괴한다"는 사전 계획(실제 순서는 그 반대였음)이 있었음을 밝히고 있다. 게르니카의 경우, 강력한 250킬로그램 폭탄은 수도관을 파괴하고 소방 활동을 방해해 화재를 확대시킬 목적으로 투하된 것이었다. 이것은 게르니카 폭격의 주된 목적이 화재로 인한 시가지 파괴였다는 것을 나타내고 있다.

콘도르 군단 참모장 볼프람 폰 리히트호펜(Wolfram von Richthofen)은 폭격 4일 뒤 시내의 참상을 시찰했다. 마을은 이미 반란군의 수중에 떨어져 있었다. 리히트호펜은 일기(4월 30일 자)에서 게르니카의 참상을 적었다.

인구 5,000명의 마을, 게르니카는 대지(大地)로 변했다. 공격은 250킬로그램 (폭탄)과 소이탄으로 이루어졌고 그중 소이탄의 양은 약

3분의 1이었다. 융커 제1비행중대가 도착했을 때는 이미 곳곳에 검은 연기가 피어올라 있었다. 3대의 비행기를 동원한 VB 부대에 의한 것이었다. 더 이상 도로, 다리, 성 바깥의 목표를 발견할 수 없어서 시내에 폭탄을 투하했다. 250킬로그램 폭탄은 몇 채의 집을 붕괴시키고 수도를 파괴했다. 소이탄이 마구 뿌려져 효과를 발휘할 시간은 충분했다. 도시의 가옥 건축물, 즉 기와지붕, 목조 회랑, 목조건축은 완전히 괴멸됐다. …… 그것은 정말로 우리 250킬로그램과 E·C·B·I가 거둔 기술적 승리였다.

━━ 현재의 렌테리아 다리. 게르니카 폭격의 표적이 되었다
촬영: 야마모토 고지(山本耕二)

여기서 E·C·B·I는 독일의 대표적인 화학 기업인 이게파르벤(IG Farben)이 개발한 1킬로그램 일렉트론 소이탄을 가리킨다. 리히트호펜의 일기는 도로, 다리, 성 바깥의 목표(무기 공장) 등을 군사목표로 언급하고 있지만, 실제로 다리(렌테리아 다리)와 무기 공장은 전혀 피해를 입

지 않고 무사했다. 군사목표주의라는 관점에서 보면 폭격은 실패였다. 그럼에도 불구하고 리히트호펜은 250킬로그램 폭탄에 의한 수도관 파괴, 가옥 건축물의 완전한 파괴 등을 언급하면서 폭격이 사전에 계획한 대로 진행되어 성공을 거두었다고 자랑하고 있다. 일기 마지막에 있는 "그것은 바로 우리 250킬로그램 폭탄과 E·C·B·I가 거둔 기술적 승리"라는 표현은 실험이 성공했다는 우렁찬 함성처럼 느껴진다.

게르니카 폭격과 도쿄 대공습

게르니카 폭격의 주역은 소이탄이었다. 또한 폭격의 목적은 목조 건축물이 많은 도시의 특성에 맞추어 도시를 파괴하는 것이었다. 이로부터 8년 후인 1945년 3월 10일 도쿄의 서민 거주지가 미국 B29 중폭격기의 폭격을 받아 파괴되었다. 건축양식의 공통점을 생각하면 게르니카 폭격과 도쿄 대공습의 폭격 수법이 서로 비슷하다는 것을 알 수 있다.

우선 첫 번째로 시가지 불태우기를 목적으로 삼고, 이를 위해 대규모 소이탄을 사용했다. 이런 의미에서 주민은 직접적인 표적이 되었다. 당일 게르니카 시내 인구를 가장 많이 추산한 것은 『런던타임스』의 스티어(George Steer) 기자로, "7,000명의 주민과 3,000명 피난민"이라고 적었기 때문에 이 숫자를 적용해 보더라도 투하된 소이탄은 1.8명당 1발이 된다. 게르니카는 소이탄의 대량 투하를 통해 무차별폭격의 효과를 처음으로 실험한 경우라 할 수 있다.

또한 방법에 있어서도 비슷한 면이 있다. 게르니카에서는 되도록 널리 소이탄을 뿌리려는 목적으로 1개의 용기에 36발을 묶은 클러스터 소이탄이 사용되었다. 또한 소이탄에 의한 연소 효율을 높이기 위해 50킬로그램 폭탄이 사용되었고, 소방 활동을 방해하기 위해서 250킬로그램 폭탄이 투하되었다. 한편, 도쿄 대공습의 경우에는 이러한 다양한 기능이 하나로 모아졌다. 예를 들어 선도기(先導機)가 투하한 M47A2 50킬로그램 유지소이탄(油脂燒夷彈, 네이팜탄)[4]에는 폭발 시 네이팜을 퍼트리기 위한 폭약이 장착되어 있었다. 그래서 폭풍의 파괴 효과는 물론, 그렇게 크지 않은 목조 가옥이라면 한순간에 집 전체를 불태우는 효과도 있었다(奥住喜重·早乙女勝元共著, 『東京を爆撃せよ : 米軍作戦任務報告書は語る』, 三省堂, 2007). 이것은 게르니카에서의 50킬로그램 폭탄의 파괴 효과와 소이탄의 소이 효과를 결합한 것이라고 볼 수 있다. 결국 게르니카 폭격이 기술적으로 진화한 형태가 도쿄 대공습이라고 할 수도 있는 것이다.

은폐되어 온 피해

폭격으로 인해 게르니카 시가지의 건물 25%가 피해를 입었고, 그 중 70%가 불에 탔다. 당시 바스크 정부가 발표한 공식 숫자는 사망자

---

4 알루미늄·비누·팜유(油)·휘발유 등을 섞어 젤리 모양으로 만든 네이팜(napalm)을 연료로 하는 유지 소이탄이다. 3,000℃의 고열을 내면서 반지름 30m 이내를 불바다로 만들어 주변을 초토화시킨다.

1,654명, 부상자 889명이지만, 사망자 200명 이상(영국의 역사가 휴 토머스〔Hugh Thomas〕), 1,000명 이상(1999년 4월 24일, 독일 의회 결의)이라는 보고도 있어 정확한 숫자는 알 수 없다. 현재 바스크의 언론에서는 기록 등에서 확인되는 경우는 대부분 대피소로 피한 뒤 생매장된 사망자라고 하면서 그 수를 250명으로 추정한다. 그 이외의 사망자가 어느 정도인지는 확인할 길이 없다.

　게르니카는 폭격 3일 뒤 프랑코군에 점령되었고, 1939년 스페인에서는 프랑코를 총통으로 하는 독재정권이 탄생했다. 이후 40년 이상에 걸쳐 스페인 정부는 마을이 파괴된 것은 바스크 측의 방화에 의한 것이라며 진상을 은폐했다. 또한 관청이나 교회의 기록을 찾아 피해를 추정하려는 시도는 처음부터 거부되었다. 폭격이 독일 측 항공기에 의한 것이란 점을 프랑코 정부가 처음 인정한 것도 1970년이 되어서야 이루어졌다. 같은 해 1월 30일 프랑코파 신문 『아리바(Arriba)』가 발표한 게르니카의 사망자 수는 불과 12명이었다.

　게르니카 폭격 후 8개월 뒤에 일어난 일본군의 난징대학살(南京大虐殺)의 경우에도 사건의 부정과 진상 은폐가 계속되었다. 사건이 일찍이 세계에 알려진 것은 저널리스트의 보도와 난징에 머물렀던 외국인들에 의해서였다. 게르니카 폭격의 경우도 마찬가지로 스티어 기자 등 저널리스트의 보도와 각국을 순회한 피카소의 그림 「게르니카」에 의해 사건의 충격이 빠르게 세계로 퍼져 나갔다.

　제2차 세계대전 후 뉘른베르크 전범재판에서 당시 독일 공군장관 헤르만 괴링(Hermann Göring)은 프랑코를 지원한 이유에 대해 "이 기회에 여러 가지 기술적 문제에 대해 미숙한 나의 공군을 시험하기 위해서."라고 증언했다. 그리고 "히틀러의 허가를 받아 나는 수송기 집단의 대부분과 다수의 실험용 전투기 부대·폭격기 및 대공포를 보냈다. 이런 식으로 실전에서 임무를 완수할 능력이 있는지를 확인했다. 승무원들이 경험을 쌓게 하기 위하여 끊임없이 신입 대원을 보내고 경험자를 복귀시켰다"고 말했다(괴링의 증언, 1946년 3월 16일).

앞에서 인용한 리히트호펜의 일기에 있는 VB 부대는 실험 폭격기 부대의 약칭이다. 실험 폭격기 부대에는 갓 개발된 쌍발 중폭격기 하인켈 111, '하늘을 나는 연필'이란 별명이 붙은 도르니에르 17 등의 신예기가 배치되어 있었다. 전투기 부대에도 독일의 대표적인 전투기라 불렸던 메서슈미트(Messerschmitt) 109가 6대 배치되어 처음으로 실전을 경험했다.

제1차 세계대전에서 패전한 뒤 공군을 보유할 수 없게 된 독일은 1935년에 재군비를 선언하고 공군을 재건하기 시작했다. 스페인의 내전은 전후 공백을 메우는 한편, 새롭게 개발된 군용기와 폭탄의 효과, 운용 방법 등을 시험하는 훌륭한 실험장이었다. 한 독일 장군은 이를 "2년간의 실전 경험은 평시 훈련 10년 치 이상의 도움이 되었다"는 말로 요약했다. 실험으로서 폭격 피해를 입은 일반 시민의 입장에서는 자신들이 집단으로 인체 실험의 대상이 된 셈이다. 게르니카 폭격의 배후에는 자기 민족(인종) 이외의 모두를 열등한 민족으로 간주하는 나치즘의 인종주의가 존재했던 것이다.

N

렌테리아 다리

시청
산타 마리아 거리

산타 마리아 교회

게르니카
떡갈나무

의사당

산타클라라
수도원

시장

역

C. 우리알테가 작성한
그림(1970년)을 토대로
폭격으로 완전히 파괴
된 지역을 짙게 표시함.

0   100   200 m

━━ 게르니카 시가지 약도

　독일에서 게르니카 폭격 책임이 다시금 논의된 것은 통일 이후인
1990년대였다. 1997년 로만 헤어초크(Roman Herzog) 대통령은 애매한
말투이기는 했지만 독일 국민과 국가를 대신해 게르니카 피해자에게
사죄 편지를 쓰고, 모든 독일 국민의 이름으로 '화해와 우호의 손'을 내
밀었다. 이듬해 독일 의회는 독일의 군사기지에서 구(舊)콘도르 군단
단원의 이름을 삭제하는 법을 제정했다. 그리고 2007년 게르니카에서
는 히로시마(広島), 드레스덴(Dresden), 바르샤바(Warsaw), 오시비엥침

(Oświęcim, 아우슈비치)[5] 등에서 온 참가자가 포함된 가운데 국제적인 평화집회가 열렸고, 이때 게르니카는 '평화를 위한 세계 수도'로 선포되었다.

바르샤바 폭격

콘도르 군단은 마침내 제2차 세계대전의 독일 공군으로 진화해 대전 초기에는 폴란드와 서유럽에서 본격적인 활동을 개시했다. 독일 공군은 급강하 폭격으로 적의 전선부대를 교란시켜 지상부대의 신속한 진격을 도왔는데, 이것은 '전격전(電擊戰)'[6]으로 불리며 세계의 이목을 집중시켰다.

스페인에서의 '실험'에 관한 R2 비밀보고서는 그 실험을 건축양식이 다른 중유럽이나 서유럽 상황에 응용할 경우, 50킬로그램 폭탄 공격으로는 건물의 지속적인 진동조차 일으키지 못한다고 평가했다. 그래서 중유럽·서유럽에서의 도시 폭격을 준비하기 위해 '100킬로그램에서 150킬로그램의 중형 폭탄 개발'을 주장했다. 중형 폭탄은 특별하게 민들어진 방공시설이 없으면 막을 방법이 없기 때문에 주민의 전의

---

5 독일어로는 아우슈비츠(Auschwitz), 폴란드어로는 오시비엥침(Oświęcim)이다.
6 신속한 기동과 기습으로 일거에 적진을 돌파하는 기동작전이다. 공군의 지원하에 전차가 주축이 된 기계화부대로 적의 제1선을 급속히 돌파하여 후방 깊숙이 진격함으로써 적을 분단시키고, 분단된 적 부대는 후속 보병부대로 하여금 각개 격파하도록 한다. 압도적인 화력으로 신속하게 밀어붙여 적을 격멸하는 것을 목적으로 한다. 제2차 세계대전 초기 나치스 독일군이 채택·사용함으로써 유명해졌다.

(戰意)에 미치는 영향이 매우 크다는 것이다. 그래서 보고서는 석조건축이 많은 중유럽·서유럽 도시의 폭격에는 소이탄과 병행하는 폭탄으로서 중형 폭탄이 유효하다고 보고 있었다.

제2차 세계대전은 폴란드에 침입한 독일군에 대항해 1939년 9월 2일 영국과 프랑스가 선전포고를 함으로써 시작된다. 전쟁 시작과 함께 독일군은 폴란드의 수도 바르샤바를 향해 진격해, 9월 27일에는 수도를 함락하고 폴란드를 항복시켰다.

바르샤바 전투에서 독일군은 5차례에 걸쳐 항복을 권고했지만, 시민과 일체가 된 폴란드군은 이를 거부했다. 9월 25일부터 3일간 독일 공군은 항복을 강요하기 위해 맹렬한 폭격을 실시했다. 폭격이 가장 격렬했던 25일에는 하루 동안 487톤의 파쇄폭탄과 72톤의 소이탄이 투하되었다. 바르샤바 폭격은 이제까지 어떤 도시도 경험하지 못했던 테러 폭격이었다. 폭격기가 부족한 독일군은 융커 52 수송기를 동원했다. 폭탄 투하에 필요한 설비가 없는 민간 항공기였기 때문에 대량의 소이탄을 석탄용 삽으로 떠서 바르샤바 상공에 뿌렸다.

폴란드 항복 2개월 후 독일 공군은 폭격, 특히 소이탄의 작용에 대해서 총괄했고, 다음과 같은 보고가 이루어졌다. "바르샤바에서의 대성공 이후 대도시 주택 지역에 대한 소이탄 효과에 대해서는 의문의 여지가 없다. …… 동시다발적으로 최대한의 화재를 발생시키기 위한 소이탄 대량 투하 …… 여기에 파쇄폭탄을 이용한 파상공격의 감행은 주민을 대피소에 갇히게 했고, 각각의 불길은 서로 합쳐져 거대한 불덩어리를 만들어냈다."

2. 중국 민중의 '항전 의지'에 대한 공격

중일전쟁과 폭격

게르니카 폭격으로부터 100일 후 동아시아에서는 중일전쟁이 시작되었다. 중일전쟁의 계기는 베이징(北京) 교외의 루거우차오(盧溝橋) 부근에서 발생한 중일 양군의 충돌 사건이었다(루거우차오 사건, 1937년 7월 7일). 7월 11일 고노에 후미마로(近衛文麿, 1891-1945)[7] 내각은 화베이 파병에 대한 성명을 발표했고, 사건은 확대되어 중일 전면전쟁으로 발

---

[7] 일본의 유서 깊은 가문인 고노에가(家) 출신이다. 1933년 귀족원 의장을 지냈고, 1937년 수상에 취임했다. 정당정치에 대한 회의가 커져가고 국제관계에서의 돌파구가 필요한 상황에서 정당과 군부 양 세력의 지지와 여론의 기대를 모으며 취임했다. 그러나 고노에가 취한 루거우차오(盧溝橋) 사건에 대한 강경 대응은 군사 충돌이 중일 전면전쟁으로 확대되는 요인이 되었다. 중국과의 전면전쟁은 일본이 태평양전쟁으로 가는 과정이었다는 점에서도 중요하다. 결국 전후에 고노에는 A급 전범으로 지정되었고, 구인되기 직전 음독자살했다.

전했다. 7월 12일 해군군령부(海軍軍令部)[8]가 책정한 작전계획에서는 전쟁이 화베이 이외로 확대되는 경우 "공습 부대의 대략적인 일제 급습"으로 작전행동을 개시하게 되어 있었다. 도시 폭격의 목표로 거론된 것은 항저우(杭州), 난창(南昌), 난징(南京)이었는데, 수도 난징에 대한 폭격이 전쟁 초기에 이미 계획되어 있었던 것을 알 수 있다(笠原十九司, 『日中全面戰爭と海軍』, 靑木書店, 1997).

이미 일본 육군은 1931년 만주사변(滿洲事變) 당시 진저우(錦州) 폭격을 실시한 바 있었다. 같은 해 10월 8일에는 25킬로그램 소형 폭탄 75발을 투하했지만 피해는 경미했다. 그러나 이것은 제1차 세계대전 이후 첫 도시 폭격으로 선전되어 세계에 충격을 주었고, 일본에 대한 국제연맹의 태도를 강경하게 만들었다. 그래서 결과적으로는 일본이 국제연맹을 탈퇴하는 원인이 되기도 했다.

중일전쟁에서 도시 폭격의 주역은 해군항공대였다. 루거우차오 사건 후인 8월에는 전쟁이 상하이로 확대되어 본격적인 전투가 시작되었다. 8월 15일 고노에 수상은 '폭지응징(暴支應懲, 난폭한 중국을 응징하다)'을 위해 '단호한 조치'를 취한다는 성명을 발표해 전쟁 확대 방침을 분명히 했다. 동시에 해군항공대의 신예 96식 육상공격기 20대가 타이완, 나가사키(長崎) 기지에서 바다를 건너 난징을 폭격했다(도양폭격〔渡洋爆擊〕). 난징 폭격은 12월 13일 난징이 함락될 때까지 계속되었다. 관계자인 해군항공본부 교육부장 오니시 다키지로(大西瀧治郎, 1891-1945)[9]

---

8 일본 해군을 지휘하는 총사령부에 해당하는 기관.
9 일본 해군의 항공 전력 육성에 힘쓴 인물로 태평양전쟁 당시 가미카제(神風) 특공대를 창안한 인물로 유명하다.

는 "폭격 횟수는 36회, 출격 비행기는 600대, 투하 폭탄은 약 300톤"이라고 했지만 실제로는 100회가 넘는 폭격이 실시되었다.

8월 26일에는 난징에 주재하는 미국, 영국, 독일, 프랑스, 이탈리아 각국의 외교 대표들이 일본 정부에 폭격을 중지할 것을 요청했다. 선전포고를 하지 않은 나라의 수도를 폭격한 것, 그리고 "군사목표에 대한 폭격을 내세웠음에도 현실적으로는 폭격이 교육이나 재산의 무차별적인 파괴 및 민간인의 사상, 고통, 죽음으로 이어지고 있다"는 것에 항의한 것이다.

한편 9월의 국제연맹총회도 난징 폭격을 '무방비 도시의 공중폭격 문제'로 거론하면서 다음과 같이 결의했다. "관련 폭격의 결과로 다수의 어린이를 포함한 무고한 인민에게 가해진 생명의 손실에 대해 심심한 조의를 표하며, 전 세계에 공포와 의분의 마음을 갖게 한 이와 같은 행동은 어떠한 변명의 여지도 없는 것이라고 선언하며 이상의 행동을 엄숙히 비난한다."

항전 의지의 파괴

난징 폭격은 바르샤바 폭격과 마찬가지로 민중의 전의를 붕괴시키고 조기 항복을 유도하기 위한 폭격이었다. 이것은 난징 공습부대 지휘관인 미쓰나미 데이조(三並貞三) 대좌(大佐)[10]가 공습으로 "난징 시내에 있는 군사, 정치, 경제의 모든 기관을 파괴하고 중앙정부가 진정

---

10 대령에 해당.

으로 굴복하며 민중이 진정으로 패전을 인정할 때까지는 공격을 늦출 생각이 없다"고 훈시했다는 점에서도 확실하다. 뿐만 아니라 제2연합항공대 참모도 "폭격은 꼭 목표에 직격할 필요는 없으며 적의 인심(人心)에 공포를 야기하는 데 주안점을 두고 있다"며 같은 취지의 발언을 했다.

역사학자 가사하라 도쿠시(笠原十九司)는 전투상보(戰鬪詳報)[11]를 검토하면서, 중국과의 전쟁을 위해 설치된 제2연합항공대가 중국에서의 작전을 통해 소이탄의 효용에 주목했다는 점을 지적하고 있다. 제2연합항공대는 통상의 대형 폭탄으로 견고한 중국 가옥을 파괴한 다음 소이탄으로 화재를 발생시킨 사례를 들면서, "미래전에서는 먼저 대도시·큰 부락과 같은 적의 중요 거점을 파괴하고, 다음으로 소이탄 기능이 있는 각종 포탄을 사용할 필요가 있다"고 제안했다(笠原, 앞의 책).

【표 2-2】 항일전쟁 중 중국에 대한 일본군의 폭격

연도	횟수	항공기 수	투하 폭탄 수(소이탄)
1937	1,269	2,254	10,740
1938	2,335	12,512	36,124(13,623)
1939	2,603	14,138	58,412(1,762)
1940	2,069	12,767	47,566(2,552)
1941	1,858	12,211	43,308
1942	828	3,279	12,435
1943	664	3,543	12,349(1,293)
1944	917	2,071	16,652(614)
1945	49	131	3,718
총계	12,592	62,906	241,304(19,844)

출처: 「항전 기간 적기공습 손해 통계표」 국민정부 항공위원회 방공총감부 작성.

---

11 군대 내에서 전투·작전 후 전투의 구체적인 형편이나 상황에 대해 상부에 제출하는 보고서.

일본군은 난징 이외에도 중국의 여러 도시를 폭격했다. 표 2-2는 항일전쟁 중 일본군의 중국에 대한 폭격 규모를 나타내고 있다.

폭격으로 얼마만큼의 사람들이 희생되었을까? 필자가 사용한 자료에서는 2가지 수치가 보고되고 있다.

① 사망자 33만 6,000명, 부상자 42만 6,000명(「全国空襲傷亡損失估計」, 韓啓桐編著, 『中国対日戦事損失之估計』, 中華書局, 1946)

② 사망자 9만 4,522명, 부상자 11만 4,506명. 이 수치는 후방 각 도시의 피해로 전쟁터 및 그 부근의 손해는 포함하지 않는다(国民政府航空委員会防空総監部作成,「抗戦期間敵機空襲損害統計表」, 1944. 시·현(縣) 단위로 통일된 「人命死傷調査票」를 이용해서 전시(戦時)에 전국적으로 행한 조사임).

①, ②둘 다 전시 또는 전쟁 직후의 수치지만 귀중한 데이터다.

대중 전략의 전환과 '정전략폭격'

난징 함락 후 일본 정부는 국민정부에 대해서 화평공작을 실시했는데, 국민정부의 항전결의가 강하다는 것을 알자 "국민정부를 상대하지 않는다"는 성명을 내고 전선을 더욱 확대시켰다. 일본군은 1938년 가을에 광둥(廣東), 우한(武漢)을 공략했지만 국민정부는 수도를 양쯔강 상류의 충칭(重慶)으로 옮겨 끝까지 항전을 계속했다. 그런데 여기까지가 일본군 전력의 한계였다. 충칭이 소재한 쓰촨성(四川省)은 지상 작전권의 바깥에 있었고, 임시수도인 충칭은 최전선으로부터 600킬로미터나 떨어져 있었다. 따라서 항공기를 이용한 작전 외에는 이를 공략할 방법이 없었고, 일본군은 대(對)중국 전략을 전환하지 않을 수 없었다.

그러나 새로운 일본군의 전략은 오히려 수세를 자인하는 것이었다. 신(新)전략은 국민정부를 무너뜨리려는 정치·모략 공작과 점령 지역의 확보(치안 확보, 외부에 대한 제한적인 작전)에 중점을 두었는데, 그것만으로는 전쟁을 끝낼 수가 없었다. 그래서 공세전략으로 강조되었던 것이 '정전략적 요지(政戰略的要地) 폭격의 강화'였다. 지상 작전을 대신해 정치적인 전략폭격을 승리를 획득하는 결정타로서 기대한 것이다.

여기서 일본군의 전략폭격 사상에 대해 살펴보자. 중일 개전 직후인 1936년에 작성된 육군항공본부의 『항공부대용법(航空部隊用法)』에는 '정략공격(政略攻擊)'이란 항목이 있어서 "정치, 경제, 산업을 파괴하고 또는 그 주민을 공습해 적 국민에게 커다란 공포심을 심어 주어 전쟁을 계속할 의사(意思)를 좌절시키는 것"이라고 해설하고 있다. 이는 폭격으로 국민경제가 파괴되고, 주민들이 혼란을 일으켜 전쟁 종결을 요구할 것이라는 두에 이론에 따른 것이다.

전략폭격의 대상으로 상정한 것은 "주로 시베리아철도 연선 요지, 루손 섬의 요충"으로 대소전(對蘇戰)과 대미(對美)전에 중점을 두었고, 중국 방면에 대해서는 '복안(腹案)'이 존재하는 정도였다. 또한 전략폭격을 위해 행동반경 1,200킬로미터의 초중폭격기(超重爆擊機)에 대한 연구 개발이 시작되었지만, 당시 일본의 기술력, 산업생산력으로는 그 실현 여부가 불투명했다.

한편 해군에서는 1937년 7월 항공본부의 의견으로서 책자 「항공군비에 관한 연구」가 관계자에게 배포되었다. 기안자는 당시 항공본부 교육부장으로 후일 특공작전의 기안자가 되는 오니시 다키지로 대좌였는데, 육군과 해군의 작전에 협력하는 것 외에 전략폭격을 실시하는 독자적인 전력으로서 공군(육해군에 예속되지 않은 순수한 공군)의 독립을 주장했다. 그는 "순수한 공군으로서 항공 병력의 용도는 육상 방면에서는 정략적 견지에서 적국 정치·경제의 중추 도시를, 전략적 견지에서 군수공업의 중추를, 그리고 항공 전술적 견지에서 적의 공군기지를 공습하는 등 공군의 독특한 작전을 실시하는 것 외에, 필요한 경우에는 적 육군의 후방 병참선, 중요 시설, 항공기지를 공격해 육군의 작전에 협력하는 데 있다"고 말하면서 '순정 공군식 전비(戰備)'의 정비가 급선무라고 주장했다(防衛庁防衛研修所戦史室編, 『海軍航空概史』).

공교롭게도 거의 같은 시기에 육군과 해군에서는 각각 전략폭격을 위한 공군 정비의 필요성이 재기되었다. 아마도 그 배후에는 육해군을 넘어선 전략폭격론자의 결속 같은 것이 존재했던 것 같다. 그 이유는 해군대학교 교관인 가쿠 도메오(加来止男)와 육군대학교 교관인 아오키 다카시(青木喬)가 공동으로 「독립 공군 건설에 관한 의견서(1936년 5월 육군대학교·해군대학교 학장 앞)」를 제출하며 "적의 굴복을 목적으로 준(準)공군으로서 사용할 수 있는" 순수한 공군 제도를 건의했기 때문이다. 그러나 해군에서는 해당 책자가 부내의 통제를 혼란하게 만들었다며 회수를 명령했다. 당시 해군 주류의 관심사가 '해상 결전의 중심인 주력함(主力艦)을 전함으로 하느냐 또는 항공모함으로 하느냐.'라는 시대착오적인 논쟁에 있었기 때문일 것이다. 육군은 독일이 재군비선언(1935년)과 함께 공군을 재건했다는 점, 소련의 중폭격기가 시베리아 방면에 출현했다는 점에 민감하게 반응했다.

중일전쟁이 교착상태로 굳어지자 일본군은 공세의 중점을 정전략 폭격으로 옮겼고, 그 결과 대본영(大本營)[12]의 신(新)전략이 등장했다. 1938년 12월 2일 대본영은 중지나(中支那)[13] 파견군 사령관에게 "주로 중국 중부, 중국 북부의 항공 진공(進攻)작전을 수행하고, 특히 적의 전략 및 정략 중추를 제압·교란시키면서 해군과 밀접하게 협력"할 것을 명령했다(大陸命 第241号). 동시에 내려진 지시(大陸指 第345号)는 "호기를 틈타 전력을 집중시키며, 특히 적의 최고통수(最高統帥) 및 최고 정치기관의 포착·격멸에 힘쓸 필요가 있다"며 군·정부의 최고 중추의 격멸을 목적으로 하고 더불어 독가스탄의 사용을 허가했다. 사용할 때는 시가지, 특히 '제3국인' 거주 지역을 피하고 가급적 연기와 섞어 은밀히 사용하고, 흔적을 남기지 않도록 주의하라는 단서가 붙어 있었다. 전쟁을 계속하려는 중국의 의지를 꺾기 위해 무차별폭격을 허가한 것이다.

신전략의 확정으로 충칭, 청두(成都) 등 오지(奧地)에 대한 폭격이 강화됐지만, 육군은 보유한 비행기가 턱없이 부족했기 때문에 해군항공대에 의지할 수밖에 없었다. 공격을 중시한 일본 해군은 함상공격기

---

12 근대 일본에서 전시 또는 사변 시 설치되었던 천황 직속의 통수 기관으로 전쟁의 최고사령부 역할을 했다. 청일전쟁과 러일전쟁 때 설치된 바 있고, 그 후 중일전쟁을 위해 1937년에 설치된 뒤 제2차 세계대전이 끝날 때까지 유지되었다.

13 지나(支那)는 당시의 일본이 중국을 낮추어 부르는 명칭이다. 오늘날에는 거의 쓰이지 않는다.

(艦上攻擊機)뿐만 아니라 육상기지에서 발진하는 항속력이 충분한 육상 공격기(폭격기)를 개발하고 있었다. 해군은 육군의 요청에 따라 항공대 주력을 중국 방면 함대의 지휘를 받도록 소속을 이동시켜 제1·제2연 합항공대(사령부는 한커우에 소재)에 배속시켰다. 해군 제일의 전략폭격 론자인 오니시 다키지로는 1939년 말 제2연합항공대 사령관에 임명되 어 오지 폭격을 강화하고 있었다. 이듬해인 1940년 4월 10일 자로 각 함대의 사령관 등에게 배부된 『해군요무령(海軍要務令)』은 '요지(要地) 공격'을 "군사·정치·경제의 중추기관, 중요 자원, 주요 교통선 등 적 국 요지에 대한 공중 공격"이라고 정의하고 있다. 작전 실시 요령의 골 자는 1937년에 오니시가 기안하고 '괴문서'라며 몰수된 책자의 내용 그대로였다. '요지 공격'의 최대 목표로서 충칭 폭격이 본격화된 것은 1939년 5월부터였다.

충칭 폭격(重慶爆擊)

자링강(嘉陵江)과 양쯔강의 합류점인 쓰촨성의 충칭은 중국 역사 를 통해 교통·통상의 요충지로서 발전해 왔다. 1938년 당시 인구는 50만~100만 명 정도로 약 600킬로미터 하류에는 쓰촨의 입구라고 하 는 이창(宜昌)이 있었다. 일본군은 이창까지는 점령했지만 3면이 험지 (險地)인 충칭의 경우, 강을 거슬러 올라가 작전을 수행하는 것이 불가 능했다. 국민정부의 충칭 이전이 발표된 것은 난징 함락 직전이었지만 1938년 12월에는 장제스(蔣介石)가 군사위원회와 함께 이곳으로 옮겨 와 충칭은 말 그대로 항전 중국의 임시수도가 되었다.

국민정부의 각 기관, 당, 군의 중요 기관, 외국 공관뿐만 아니라 대학 등의 교육기관도 일본군의 점령을 피해 쓰촨성 등의 '대후방(大後方)'으로 이동했다. 이와 함께 성시(城市)의 근대화도 급속하게 진행되어 충칭은 정치, 군사, 문화의 중심이 되었을 뿐만 아니라 경제적으로도 항전 중국의 중요한 위치를 차지하게 되었다. 항전 중에 일본군의 점령을 피해서 오지로 옮겨 온 광공업 기업의 3분의 1이 충칭에 집중되었고, 이것이 기폭제가 되어 공업지구가 형성되어 "항전 시기 중국의 대후방 중 가장 중요하고 집중도가 높으며 각 부문·종류가 정비된 유일한 종합공업지구가 되었다"고 한다(周勇編, 『重慶抗戰史 1931-1945』, 重慶出版社, 2005).

따라서 충칭은 여러 가지 의미에서 중국 항전의 중추부가 되었다. 1941년 12월 일본의 진주만 공격을 계기로 태평양전쟁이 시작되자 장제스가 연합군 중국 전구(戰區) 총사령관에 임명되었다. 중국 전구에는 앞으로 태국과 인도차이나가 포함될 예정이었고, 총사령관 휘하에는 미·영·중 3국이 임명한 참모가 주어져 통합적인 작전지도가 이루어지게 되었다. 이로써 충칭은 연합국의 대일전 수행에서도 큰 역할을 담당하는 국제도시가 되었다.

충칭 폭격은 중국의 항전에서도, 연합

━충칭 시내의 돌계단에 널브러진 시민의 유해(1941년 6월)
사진 제공: 교도통신사

국의 대일전 수행에서도 중요한 의미를 갖는 정치적 폭격이었다. 폭격은 1938년 2월 18일부터 1943년 8월 23일까지 5년 반 동안 216회에 걸쳐 실시되었다. 또 충칭과 그 주변뿐만 아니라 쓰촨성 각지에 대한 오지 폭격도 함께 이루어졌다. 대(大)폭격이라는 호칭은 이 모두를 포함한 용어다. 폭격으로 인한 사상자는 6만 1,390명으로 추정된다. 대폭격이 일반 주민을 표적으로 하는 무차별폭격이었다는 것은 이미 마에다 데쓰오(前田哲男) 등의 연구를 통해 밝혀졌으므로 상세한 내용은 생략한다.

그럼 충칭 대폭격은 과연 어떠한 효과를 거두었을까? 특히 1940년에 실시된 101호 작전은 5월 18일에 시작되어 9월 4일까지 112일간 72회에 이르는 것이었는데, 쓰촨성 오지에 대한 장기적이고 연속적인 폭격이었다. 이 중 충칭의 시가지 및 공장 지역에 대한 폭격은 5월 26일에서 8월 23일 사이에 이루어졌고, 공격 일수는 32일이었다. 일본군은 충칭 시가지를 A에서 H까지 8지구로 나누고 각 지구를 순서대로 융단폭격 하는 방식으로 철저하게 폭격했다. 9월에는 한커우의 기지에서 0식 함상전투기(零式艦上戰鬪機, 일명 제로센)의 호위를 받아 일본의 제공권이 확보된 상황에서 폭격이 이루어졌다.

그러나 폭격은 '전쟁 계속 의지의 좌절'이라는 초기 목적을 달성하지 못하고 실패로 끝났다. 1941년 8월 30일 제3비행단장 엔도 사부로(遠藤三郎) 소장은 정찰기로 충칭 폭격의 상황을 시찰했다. 그리고 "그 소견에 대한 종합적인 결론은 충칭은 아직 죽음의 마을이 아니며 중국처럼 문화가 낮은 민족을 폭격만으로 굴복시키려고 하는 것은 무리라는 것이다. 항공 격멸전을 위해 오지(奧地)로의 진공(進攻)은 필요하지만, 지상군의 공격을 동반하지 않는 요지(要地) 폭격은 전쟁의 승패에 결정적인 영향을 줄 수 없다."라고 결론지었다(防衛庁防衛研修所戦史室編, 『陸軍航空の軍備と運用 (2)』). 엔도는 9월 4일 충칭 폭격 무용론이라는 의견을 올렸고 3일 후 오지 공격은 중지되었다. 그리고 해군항공대는 머지않아 시작되는 태평양전쟁을 준비하게 되었다.

하늘로부터의 독가스전, 세균전

일본군이 난징 공략을 위해 총공격을 시작하기 직전인 1937년 11월 30일에 주력부대인 제10군 참모장이 육군차관에게 의견을 상신(上申)했다. 난징을 급습해 탈취하지 못하는 경우에는, "주로 난징 시가를 철저하게 폭격하고 폭격 시에는 '이페리트(Yperite)'[14] 및 소이탄을 사용한 폭격을 약 1주간 연속적으로 실행하여 난징 시가를 폐허로 만들어야" 한다는 의견이었다. 이페리트는 미란성(糜爛性)가스로서, 심한 경우 사람을 호흡곤란에 빠뜨려 죽음에 이르게 하는 물질이다. 나아가 참모장은 의견에서 "본 공격에서는 철저하게 독가스를 사용하는 것이 매우 중요하다"고 하면서, 그러면 상하이(上海)전투[15]처럼 많은 희생을

---

14 제1차 세계대전에서 독일이 벨기에의 이프르(ypres)에서 처음 사용했으며 일명 머스터드가스로 불린다.

15 중일전쟁 초기인 1937년 8월부터 11월까지 벌어졌던 일본군과 중국군 간의 전투다. 중국군의 방어로 일본 해군의 육전대(陸戰隊, 오늘날의 해병대에 해당함)는 고전을 면치 못했고, 급기야 일본 해군은 육군에 증파를 요청하기에 이르렀다. 결국 일본군은 3개월간의 치열한 전투 끝에 상하이를 점령할 수 있었다.

치르지 않아도 될 것이라고 말했다(第10軍参謀部第1課,「第10軍作戦指導に関する参考資料 其2」).

난징이 2주일도 지나지 않아 함락되었기 때문에 이 계획은 실행되지 않았지만 일본군은 중국 각지를 폭격하는 것은 물론 독가스전, 세균전까지 실시했다. 독가스는 주로 지상전투에서 사용되었지만 하늘에서 독제(毒劑) 폭탄을 투하하거나 독약을 지상에 살포한 경우도 많았다. 불완전한 통계이기는 하지만 국민당 군정부(軍政部)가 작성한 통계에서는 일본군의 화학무기 공격으로 판명된 1,182회 중 7%, 79회가 하늘로부터의 화학전이었다(紀学仁編, 村田忠禧訳, 『中国戦線における毒ガス戦』, 大月書店, 1996).

본격적인 세균전은 1940년 9월 이후 저장성(浙江省), 후난성(湖南省) 등 여러 도시를 표적으로 실시되었는데, 특히 페스트균을 배양한 벼룩을 특수 폭탄에 가득 채운 다음 떨어뜨리는 방법이 유효하다고 여겨졌다. 1941년 11월에 페스트 벼룩 폭탄으로 공격을 받은 후난성 창더(常德)에서는 5년에 걸쳐 페스트 벼룩으로 인한 감염과 발병이 나타났다. 전시하에서 사람의 이동이라는 요인 한 가지를 보아도 생물무기로 인한 전염병 피해 조사는 교통, 유통 등의 광역적인 고찰이 필요하며 인간관계의 사회적 해명도 필요하다(聶莉莉, 『中国民衆の戦争の記憶─日本軍による戦争の傷跡』, 明石書店, 2006).

창더(常德)에서는 1996년에 민간 조사 조직으로 '세균전수해조사위원회(細菌戦受害調査委員會)'가 만들어졌다. 7년에 걸친 조사 결과 2002년에 7,643명의 사망자를 확정했다. 이 중 창더현(常德縣) 성내(城

內) 사망자로 파악된 사람은 334명이지만, 이 이외에 600명의 사망에 대한 기록이 별도로 있으므로 실제 사망자는 1,000명 전후로 추정되고 있다. 한편 7,643명의 사망자는 성내 이외의 13개 현, 70개의 향진(鄕鎭), 486개 촌락에 분포하고 있는데, 실제 피해 범위는 이보다 훨씬 클 것으로 생각된다(陳致遠, 『1941年日軍常德細菌戰対常德城区和平居民的加害』, 戦争遺留問題中日関係国際学術研究会提出論文, 北京, 2004年 9月).

▬독가스탄 투하에 대비해 방독마스크를 쓰고 행진하는 도쿄의 여학생(1936년 7월)
사진 제공: 교도통신사

그러나 일본군이 실시한 독가스전, 세균전의 경우에도 이중 잣대가 적용되었다. 명백한 국제법 위반인 범죄였음에도 불구하고 전후 도쿄재판(극동국제군사재판)[16]은 일본군의 독가스전도, 세균전도 심판하지 않았던 것이다.

최초의 원폭이 히로시마에 투하된 직후 중국의 『신화일보(新華日報)』(1945년 8월 9일 자)는 「시평 ─ 원자폭탄을 생각한다」를 게재했다. 『신화일보』는 중국 공산당이 충칭에서 발행하는 일간지였다. 「시평」

---

16 전쟁 당시 일본의 주요 지도자였던 A급 전범 28명을 대상으로 제2차 세계대전을 일으킨 책임을 물어 1946년 5월부터 1948년 11월까지 도쿄에서 열린 재판이다. 승전국인 미국 등 연합국 측의 11개국이 참여했으며 실질적으로는 미국이 주도하였다. 침략전쟁의 책임을 '개인'에게 물어 처벌했다는 점에서 커다란 의의를 갖는다.

은 원폭이 평화유지의 유력한 도구가 될 수도 있고 또한 침략의 무기도 될 수 있다고 하면서 그 사용을 국제연합의 관리하에 두어야 한다고 주장했다. 또 다음과 같은 말로 원폭 투하의 잔학성을 비판했다.

> 과학자가 부지런히 노력하고 있는 일의 성과가 로켓이 되고 대형 폭탄이 되고 세균탄이 되고 마침내 원자폭탄이 되어 한순간에 수많은 어린이, 남편, 아버지를 살상하고 만다. 그것이 인민들의 마음속에 무서운 사실로 비칠 수 있다는 것은 의심할 여지가 없다(高橋碩一,「資料紹介『新華日報』1945年8月9日 時評 "原子爆弾に思う"」,『歴史学研究』第315号).

충칭은 5년 반에 걸쳐 일본군에 의해 최대의 폭격 피해를 입었다. 바로 그곳에서 발행되는 『신화일보』의 「시평」이 지상에서 폭격 피해를 받는 인간의 입장에서 현대과학을 비판한 것이다. 전쟁과 과학기술 발달의 상관관계는 인류사적 입장에서 이미 정리되어 있지만, 「시평」이 대량 살육 수단의 진화를 '대형폭탄 → 세균폭탄 → 원자폭탄'으로 파악하고 있는 것은 주목할 만하다.

필자의 서술에 따라 이제까지의 전략폭격의 진화를 그려본다면 그 흐름은 '모로코 → 에티오피아 → 창더 → 충칭 → 히로시마'가 된다. 필자는 이 흐름으로 폭격의 역사를 재검토할 필요가 있다고 생각한다. 그 이유는 '문명 세계'의 이중 잣대가 인도, 인권, 국제법이 비'문명 세계'에 적용되는 것을 구조적으로 막고 있고, 식민지주의의 유산이 현재까지도 폭격에 대한 올바른 의식을 훼손하며 '문명국' 시민의 도덕의식, 윤리관을 흐리게 하고 있기 때문이다.

스웨덴의 역사가 스벤 린드크비스트(Sven Lindqvist)는 "폭격의 역사의 전환점은 유럽인이 처음으로 자신의 대륙에서 무서운 파괴와 대량 살육을 목격한 게르니카가 아니라, 1920년대에 스페인이 모로코인에게 행한 쉐프샤우엔 폭격이었다. 원래는 공중에서 무방비 상태인 시민을 몰살하는 것이 터부시 되어 왔었지만, 이때부터 유럽의 전술가들은 폭격이 일반 주민의 전쟁 수행 능력에 어떠한 역할을 하는지를 완전히 이해하게 되었다(요약)"고 기술했다. 또한 그는 제2차 세계대전 중에 실시된 유명한 여러 폭격에 대해 그러한 것들은 식민지에서 수입된 전술을 실행한 것이며, 제국주의적인 인종 살해의 소산이라고 평가했다(Lindqvist, 2001).

폭격에 대한 민중의 반응

앞에서 언급한 것처럼 미 육군항공대 전술학교(ACTS)의 작전가들은 1930년 후반의 폭격 실전 교훈에서 두에의 테제에 의구심을 갖고 폭격 이론을 수정했다. 일본군의 충칭 폭격에 대한 심리적 영향을 고찰한 한 타이완 연구자는 폭격 후 공포에 이어 증오의 감정이 생겨난다고 하면서 나아가 다양한 지역의 민중이 동일한 고난을 겪은 결과로서 '근대적인 국가 관념'이 생겨났다고 지적했다. 폭격에 의해 민중은 공포에 노출되었지만, 이는 전의(戰意) 붕괴로 이어지지 않고 오히려

항전력(抗戰力)을 강화시키는 방향으로 작용했던 것이다(張瑞德, 湯川真樹江訳, 「抗日戦争期大爆撃の影響下における重慶市民の心理反応」, 『軍事史学』第171号·第172号, 2008年3月).

　스페인 내전 중에 폭격을 체험한 바르셀로나대학의 에밀리오 미라(Emilio Mira)는 폭격의 결과로 바르셀로나 시내에 현저한 정신병리학적인 문제는 발생하지 않았다고 지적하며 "주민의 대부분은 폭격이 진행되는 동안 '정상적인 불안감'을 가졌지만 정신병학적인 배려는 필요하지 않았다"고 설명했다(미라, 「스페인전쟁 중의 정신병학적 경험」, *British Medical Journal*, January 1939).

　일반적으로 미국과 영국의 전문가들은 스페인과 중국에서 나타난 항공전 교훈이 영국과 독일 같은 강대국에는 해당되지 않는다고 생각했다. 영국의 통합정보위원회 스페인 소(小)위원회 의장인 고다드(R. V. Goddard)는 내전 중인 1937년 2월 반란군에 초청되어 스페인을 시찰했다. 그는 스페인 동부 사군토(Sagunto)의 제철공장에 대한 폭격에 대해 다음과 같이 보고했다. 공장은 여러 차례 폭격을 받았지만 생산은 저하되지 않았다. 3,000명 중 150명 사망이라는 피해를 입었지만 공장 노동자들은 놀라울 정도로 건강했으며 탈주한 자는 2명뿐이었다. 고다드는 그 원인에 대해 다음과 같이 보고했다. "10일 중 9일간 햇볕이 쨍쨍 내리쬐는 스페인에서 쾌활한 기질의 사람들은 비관적으로 사물을 보는 일이 거의 없기 때문이다. 비가 많고 음산한 셰필드(영국 철공업의 중심도시)라면 파괴된 철강공장이 사람들의 마음을 크게 상심시키겠지만 스페인에서는 그렇지 않았다(「스페인에 관한 일반 보고」, 1938년 3월 11일)."

한편 영국대사관 무관인 공군 중령 페리는 일본군의 중국 폭격에 대해, 폭격 대부분이 인구 밀집의 중심부를 노린 '대량 무차별폭격'이었지만 이것은 오히려 중국인의 반항심을 강화시켰다고 1938년에 보고했다. 또 이를 뒷받침하는 것으로 독일의 저널리스트(이름은 불명)의 보도를 인용했다. 인용된 보도는 다음과 같다. "(일본의 폭격은) 수 주간 계속됐을 때조차, 전선에서도 후방에서도 항전 의지에 실질적인 영향을 주지 못했고 혼란을 일으키지도 못했다. 단지 강한 증오감을 생기게 해서 간접적으로 방위력에 기여했을 뿐이다(1938년 9월 17일)."

하지만 흥미로운 점은 이들 보고에 대한 영국 공군성의 반응이다. 공군성은 보고의 결론을 진지하게 받아들이지 않았다. 아마도 페리의 견해에 동조했기 때문일 것이다. 페리는 자신의 보고에서 반항심으로 보인 것은 단지 인종적 특징이며 "중국인은 서양 민족과 비교해 훨씬 더 운명론적이며 상상력도 빈약하다"고 서술하면서 혼란이 일어나지 않은 것은 중국인의 둔감성 때문이라고 주장했다(공군성, 「중일전쟁 중의 항공 작전」, 1938년 11월).

영국 공군이 가졌던 인종주의라는 색안경은 전쟁의 실상을 왜곡하고, 두에의 폭격관 극복을 방해했다. 그렇게 두에의 폭격관은 영국 공군에 온전히 남았다. 일본군의 경우도 마찬가지였다. 그 예로 충칭 폭격을 쓸모없다고 언급한 엔도 사부로와 같은 인물조차 중국인이 폭격에 굴복하지 않은 이유를 민족적으로 '수준 낮은 문화'에서 찾았다. 민족적 편견이 전략폭격에 대한 비판적 시각을 흐리게 하고 있던 것이다.

▌제3장 ▌

총력전의 주역은 항공전

──────── 유명무실해진 군사목표주의

"영국 공군은 나치스 산업의 중추를 두들기고 있다."
1943년 8월까지 폭격한 독일 도시의 이름과 폭격 횟수를 보여주는 포스터
출처: Sven Lindqvist, *A History of Bombing*, The New Press, 2001

1. 폭격에 승부수를 건 전쟁의 향방

되살아난 폭격의 기억

독일의 주간지 『슈피겔』은 2003년 초두에 '폭격' 특집을 연재했다. 표제는 "이런 게 바로 지옥일 것이다"였다. 그리고 "금년 여름은 독일 시민에 대한 연합군의 폭격 60주년을 맞이한다. 연합군의 지역폭격은 60만 명을 죽음으로 몰아넣었다. 이 중 8만 명이 어린아이였다"고 기술하면서 새로이 폭격 문제를 거론하는 이유를 설명했다.

제2차 세계대전의 두드러진 특징은 전쟁에서 폭격의 비중이 컸다는 점이다. 그러나 독일(서독)에서는 특정한 폭격을 제외한다면, 그 피해에 대해 일반적인 언급을 넘어 깊이 파고드는 것을 오랫동안 터부시해왔다. 독일의 작가 피터 슈나이더(Peter Schneider)는 "이 문제를 거의 대부분 회피했던 이유는 명백하다. 전후 독일의 비판적인 작가들은 세계 전쟁의 장본인인 독일인을 전쟁 희생자로 묘사하는 것이 도덕적·미적으로 불가능하다고 생각했던 것이다. 독일의 작가나 역사가들이 이제껏 터부시 되었던 문제를 겨우 다루기 시작한 것은 3년 전부터다."라고 설명했다(『뉴욕타임스』, January 18, 2003).

새로운 세기를 맞아 독일에서는 텔레비전 다큐멘터리나 신문 특집 등 다양한 형태로 폭격 문제를 다루었다. 그 시작은 W. G. 제발트(W. G. Sebald)의 『공중전과 문학(Luftkrieg und Literatur)』이었다. 그는 흩어진 일기, 목격자의 증언, 신문기사, 단편적인 보고와 문장 등으로 전쟁 말기 독일의 각 도시를 덮친 전화의 소용돌이를 생생하게 그렸다.

그 다음은 군사사가(軍事史家)인 요르그 프리드리히(Jörg Friedrich)의 『방화(Der Brand)』였다. 이 책은 독일 도시에 대한 연합군의 융단폭격(지역폭격)을 피해자였던 민중의 시점에서 상세하고도 생생하게 묘사해 불과 몇 주 사이에 베스트셀러가 되었다. 독일 도시에 대한 연합국의 전략폭격은 수십만 명의 목숨을 앗아갔으면서도, 나치스 독일에 대한 승리를 눈에 띌 정도로 앞당기지 못했고 도덕적으로도 정당화될 수 없다는 것이 이 책의 주장이었다.

『방화』는 국내외에서 커다란 반향을 불러일으켰다. 영국의 신문 『데일리 텔레그래프(The Daily Telegraph)』는 "독일인이 처칠(전쟁 당시 수상)을 전범이라고 부른다."라는 표제를 붙이면서 반발했다. "처칠이 전쟁범죄를 저질렀다고 하더라도 전승국이 고발하지 않은 이상 법적인 의미에서 전범일 수가 없다." 이 논평은 전범재판이 '승자의 심판'이라는 한계를 지적한 것으로 스스로의 책임을 회피한 것이라 볼 수 있다.

『슈피겔』의 폭격 특집에서 프리드리히는 처칠 수상을 전범이라고 부르지 않았다고 밝히며 중요한 문제를 지적했다. 그것은 '테러에 대한 전쟁을 테러 공격으로 수행하는 것은 괜찮은 것인가? 그런 상황하에서는 여자, 노인, 어린아이를 죽여도 되는가? 그런 경우에는 소위 부수적인 피해가 전쟁범죄에 해당되는 것이 아닐까? 하는 문제다. 그리고 "1943년 폭격을 돌이켜보면 미국의 (이라크에 대한) 전쟁계획이나 체첸 수도 그로즈니(Grozny)에 대한 러시아의 폭격을 둘러싼 논쟁과 무척 흡사한 문제가 제기된다"고 덧붙였다.

독일의 항복으로 유럽의 세계대전이 끝난 것은 1945년 5월이다. 이때까지 161개 이상의 독일 도시가 폭격을 받아 60만 명의 비전투원이 죽었다(표 3-1). 최초로 대규모 도시 폭격에 희생된 함부르크(Hamburg)에서는 60주년째인 2003년에 폭격 기념비가 건립되었다. 또한 이듬해 11월 초에 베를린을 방문한 엘리자베스 여왕은 들끓는 드레스덴 폭격 사죄 요구에 대해 전몰자 위령비에 헌화하면서 화해를 꾀하기도 했다. 그렇게 60년이 지나서야 피해 도시 곳곳에서 기념행사가 열리고 폭격의 기억이 되살아난 것이다.

전쟁 직후, 독일에 대한 연합군의 전략폭격 효과를 조사한 영국 전략폭격조사단(BBSU)[1]의 보고서는 "폭격이 독일 시민의 전의 상실을 노렸다고 한다면 그것은 실패였다. 또 폭격은 독일의 기본적인 전시 생

---

1 British Bombing Survey Unit의 약자.

산을 저하시키기는커녕, 두드러진 생산 증가를 막지도 못했다"고 하면서 전략폭격의 효과를 부정했다(The Strategic Air War against Germany, 1939-1945, Air Ministry, 1946). 60년 후의 독일인(프리드리히)도 독자적인 진상 조사 끝에 거의 같은 결론에 도달했다. 이제 세계는 '적과 아군'의 시점을 초월해 전략폭격의 문제를 상대화할 수 있는 지점에 도달했다고 볼 수 있다. 이 지점에서 출발해 우리는 피해를 입은 민중의 입장에서 폭격 문제를 생각하고 보편적인 인식을 발전시켜 나가야 할 것이다.

【표 3-1】 폭격으로 인한 독일 주요 도시의 사망자 수(명)

함부르크	42,000
드레스덴	35,000 ~ 45,000
베를린	49,000
쾰른	20,000
포르츠하임	20,000
마그데부르크	15,000
카셀	13,000
다름슈타트	12,300
하일브론	7,500
뮌헨	6,300

주: 숫자는 『슈피겔』의 「공습」 특집호에 의거했음.

매뉴얼화된 '공전규칙'

20세기의 전쟁은 국가의 모든 것을 건 총력전이었다. 전쟁 사망자 중 민간인 비율은 제1차 세계대전에서는 6%였지만, 제2차 세계대전에는 60%에 달했다. 비행기와 폭격 기술의 발달로 전선에서 멀리 떨어진 후방에서도 국민의 생활은 안전하지 못했다.

제1차 세계대전에서의 비행기 사용은 제2차 세계대전과 비교하면 소규모였는데, 폭격의 규제는 급한 대로 기존의 육전·해전에 관한 국제법(「육전의 법규 관례에 관한 조약」, 「해군력에 의한 포격에 관한 조약」 등)을 유추 적용하는 식으로 행해졌기에 법률 정비의 필요성이 제기되었다. 전후 얼마 되지 않아 열린 워싱턴회의(1921-1922)[2]에서는 전쟁법규의 개정에 관한 법률가위원회를 설치해 해당 법률을 심의했다. 각국의 전문가가 모인 헤이그 법률가위원회에서는 1923년 '공전규칙'안을 만들었다. 이렇게 만들어진 공전규칙안은 조약화되지 않았기 때문에 실정법이라고 할 수는 없다. 그러나 나중에 언급하듯이 제2차 세계대전 발발 당시 공전규칙안은 각국의 공전 규범 또는 지침으로서 기능했기 때문에 관습국제법(「공전에 관한 규칙」)으로 정착했다고 볼 수 있다. 여기서는 공전규칙안(이하 '공전규칙') 중 폭격에 관한 규정을 발췌해 보고자 한다.

「공전에 관한 규칙」(1923년)
제22조 보통의 인민을 위협하고 군사적 성질을 갖지 않는 사유재산을 파괴 혹은 훼손하거나 비전투원을 손상시키는 것을 목적으로 하는

---

2 군비축소와 동아시아에서의 질서 재편을 목적으로 1921년 11월부터 1922년 2월까지 워싱턴에서 열린 국제회의를 말한다. 약 3개월에 걸친 회의에서 해군군비제한조약, 중국에 관한 9개국조약, 태평양에 관한 4개국 조약(미·영·프·일) 등 7개 조약이 성립되었다. 베르사유체제와 함께 제2차 세계대전이 일어날 때까지 국제질서의 근간이 되었다.

공중폭격은 금지한다.

제24조 ① 공중폭격은 군사적 목표, 즉 그 파괴 또는 훼손이 명확하게 군사적 이익을 교전자에게 부여하는 목표에 대해서 행해진 경우에 한해 적법한 것으로 한다.

② 이상의 폭격은 오로지 다음의 목표, 즉 군대, 군사공작물(軍事工作物), 군사건설물 또는 군사저장소, 무기·탄약 또는 명확히 군수품의 제조에 종사하는 공장으로서 중요하고 공지(公知)의 핵심을 구성하는 것, 군사상의 목적에 사용되는 교통 또는 운송선(運送線)에 대해서 행해진 경우에 한해 적법한 것으로 한다.

③ 육상군대의 작전행동 바로 근접 지역이 아닌 도시, 마을, 주택 또는 건물의 폭격은 금지한다. 제2항에서 든 목표가 보통의 인민에 대해 무차별폭격을 행하는 것이 아니라면 폭격할 수 없는 위치에 있는 경우 항공기는 폭격을 중지해야 한다.

④ 육상군대의 작전행동의 바로 근접 지역에 대한 도시, 마을, 주택 또는 건물의 폭격은 병력의 집중이 중대(重大)하며, 폭격이 보통의 인민에 가하는 위험을 고려하더라도 여전히 폭격을 정당화하기에 충분하다고 추정되는 이유가 있는 경우에 한해 적법한 것으로 한다.

⑤ 교전국은 그 사관 또는 군대가 위의 조항의 규정에 위반함으로써 발생하는 신체 또는 재산에 대한 손해에 대해 배상금을 지불할 책임이 있다.

'공전규칙'의 두드러진 특징은 일반 주민에 대한 폭격을 금지했다는 것이다. 또한 폭격 대상을 군사목표로 제한하는 군사목표주의를 채택하고 있다는 점도 중요하다. 나아가 종래의 무방비 도시와 방비 도시의 구별을 명확히 했으며, 지상군의 작전지역에 대해 '바로 근접'한지 아닌지의 여부에 따라 '방비'와 '무방비'를 구별했다(제24조 제3항, 제4항). "지상부대의 작전지역 내 또는 부근에 바로 인접해 있고, 적의 점령 기도(企圖)에 대해서 방비되고 있는 마을이나 촌락의 파괴는 일반적으로 육전의 적법한 일부로서 정당화되는데, 이것은 적의 도착 전에 일반 주민이 피난해서 몸을 지킬 수 있기 때문이다. 실제로 그들은 자발적으로, 또는 자국의 군사령관의 명령에 의해 피난할 수 있기 때문에 더 이상 폭격의 결과에 몸이 노출되는 일은 없을 것이다(James W. Garner, "Proposed Rules for The Regulations of Aerial Warfare", *American Journal of International Law*, Vol.18, 1924)."

그러나 지상부대의 작전지역 바로 근접이 아닌 방비되지 않은 도시에서는 "현실적으로 전쟁상태가 존재한다고 말할 수 없다. 밤의 어둠 속에서 상공을 나는 비행사가 기술적으로도 방어되지 않는 평화적인 도시나 마을에 무차별적으로 폭탄을 투하해 죄 없는 여자들을 죽였다고 한다면 이는 비전투원을 가득 태운 상선을 경고 없이 어뢰 공격하는 것, 즉 최근의 조약이 '해적'이란 오명으로 부르는 행위와 마찬가지로 변명의 여지가 없다."라고 규정했다(Garner, 1924). 바로 근접하지 않은 도시라도 군사목표는 폭격할 수 있지만 그것이 인민에 대한 무차별폭격을 필연적으로 수반하는 경우에는 폭격을 중지해야 한다. 공전규칙의 규정을 전제로 하면 예를 들어 충칭은 일본 육군의 작전지역의 한계였던 이창으로부터 3면의 험지를 사이에 두고 직선으로 약 600킬로미터 이상 떨어진 양쯔강 상류에 있었다. 따라서 '바로 근접이 아닌 지역'으로서 폭격은 금지된다. 군사목표가 '보통의 인민에 대해 무차별폭격을 행하는 것이 아니라면 폭격할 수 없는 위치에 있는 경우' 폭격을 중지해야 하기 때문이다.

제2차 세계대전 발발 당시 '공전규칙'은 각국에서 '공전규칙 내지는 지침(매뉴얼)'으로 기능하고 있었다. 독일 공군의 게르니카 폭격이나 난징 등 중국 도시에 대한 일본군의 폭격이 문제가 된 1938년 9월 30일, 국제연맹총회에서는「전시 폭격으로부터의 문민 보호」를 결의했다. 그 내용은 "① 일반 주민을 고의로 공격하는 것은 위법이다, ② 폭격의 표적은 합법적인 군사목표로서 그것도 공중에서 확인할 수 있는 것이어야만 한다, ③ 정당한 군사적 사물에 대한 공격은 그 부근의 평화적 인민이 과실로 인해 폭격을 받지 않도록 실시해야만 하며 화학 또는 세균 전술은 국제법에 위반한다" 등 '공전규칙'의 군사목표주의에 부합하는 내용이었다.

제2차 세계대전 전야인 1939년 9월 1일 미국의 루스벨트 대통령은 각국 정부에 대해서 "각처에서 전쟁이 벌어지는 가운데, 방비되지 않은 인구 중심지의 일반 시민을 겨냥한 공중에서의 가혹한 폭격이 수천 명의 부녀자를 살상하고 인류의 양심에 깊은 충격을 주고 있다"고 지적하면서 서로 전쟁법규를 준수해 "평화적인 인민 또는 무방비 도시에 대한 공중폭격을 실시하지 않는다는 결정"을 인정하도록 촉구했다. 이에 대해 영국 정부는 "모든 적국에 의해 같은 규칙이 올바르게 지켜진다는 것을 전제로 이러한 행위를 억제할 것이며, 폭격을 엄밀한 군사

목표에 국한해야 한다는 것이 정부의 방침이다."라고 회답했다. 나아가 개전 당일인 9월 3일 영국과 프랑스 양국 정부는 공동성명에서 "양국 정부는 각 군사령관에게 공중, 해상 또는 지상 포화를 불문하고 공격목표는 군사목표에 한한다는 취지의 명확한 훈령을 이미 내렸다"고 발표했다. 독일조차도 9월 1일의 히틀러의 의회 연설, 미국 대통령에게 보낸 회답에서 폭격의 목표를 군사목표로 제한할 것을 약속했다(城戸又彦, 「第二次世界大戦および戦後の国際法学説における軍事目標主義」, 『国際法外交雑誌』第57巻5号).

일본의 공전 매뉴얼

일본의 경우에도 공전 매뉴얼에서는 군사목표주의를 채택했다. 해군항공대는 중일전쟁이 시작되자 「공전에 관한 표준」(1937년 7월), 「폭격의 규칙에 관한 잡건(雜件)」(1937년 9월)을 산하에 있는 전(全) 부대에 전달했다. 공격목표를 '가장 공정한 군사목표에 한정'하고 군사목표임이 확실하더라도 "이를 공격하면 일반 민중에게 중대한 손해를 끼칠 우려가 있는 경우 및 그 확인이 곤란한 경우"에는 공격을 자제하는 등 '공전규칙'에 준거한 내용이었다(源田實, 「宣誓供述書 爆撃に関する根本方針」, 1947년 5월 2일 자 도쿄재판 각하·미제출 자료).

당시 해군대학교 국제법 담당 교관이었던 에노모토 시게하루(榎本重治)는 중일전쟁 중 "우리 해군은 항공대의 행동 기준을 정함에 있어서 이 (1923년의) 공전법규를 주요 참고자료로 했으며, 또 「전시 해군

력을 사용한 포격에 관한 조약」(1907년) 등의 취지를 참작해서 행동을 통제하기로 했다"고 말했다(榎本重治,「国際法より見たる海軍航空隊の行動」, 『外交時報』, 昭和13年9月15日号). '공전규칙'이 실질적으로 항공전(폭격)의 규범이 되었던 것은 명백하다.

중일전쟁이 본격화된 후 난징·광둥 폭격과 관련해 군사목표주의의 준수는 전시 선전의 중요한 항목이었다. 일례로 난징 폭격이 이루어지던 1937년 9월 29일 외무성 정보부장 담화를 살펴보자. 담화는 "우리 군의 폭격 목표는 결코 비전투원에 대한 것이 아니라 단지 중국군 및 군사시설에 국한된다는 것을 우리 정부는 이미 여러 차례 성명을 통해 발표했다"고 했고, 또 "일본은 1922년(원문 그대로) 헤이그회의(앞에서 언급한 법률가위원회) 당시 미국과 함께 폭격 목표 제한을 주장했지만 영국과 프랑스의 주장에 의해 우리의 주장은 성립하지 못한 채 끝났다"는 점까지 언급하며 일본이 얼마나 군사목표주의를 잘 준수하는 우등생인가를 과시했다. 그러나 동시에 "사태가 여기에 이른 이상 우리 육해군은 모든 기회를 잡아 적의 전투력을 파괴할 필요가 있으며", "지금의 정세에서 우리나라는 단호하게 적의 전투력을 격멸할 모든 필요 조치를 취한다"는 식으로 '모든 적 전투력의 괴멸'을 폭격의 목적으로 들며 군사목표주의로부터의 일탈 내지는 전환을 암시하고 있는 점도 빼놓을 수 없다.

아마도 이 무렵부터 군사목표주의와 함께 모든 적 전투력(민중의 항전 의지를 포함)의 파괴가 항공전 전략의 중요한 요인이 되었던 것 같다. 또한 난징·우한 점령을 계기로 이러한 요인은 더욱 확대되어 "적 전략 및 정략 중추를 제압·교란하는(1938년 12월 2일, 大陸命 第241号)" 오지 항공 작전으로 발전해 갔던 것으로 보인다. 제2차 세계대전에서 각국은 처음에는 군사목표주의를 표방하다가 세계대전의 현실 속에서 지역폭격으로 대표되는 무차별폭격으로 점점 기울어져 일반 주민을 대량 살상했다. 군사목표주의는 일본 정부에 있어서 선전 정책의 핵심이었지만 공습을 규제하기 위해 유효하게 작용했다고는 볼 수 없다.

일본뿐만 아니라 대략 1940년 봄 무렵까지 각국은 공식적으로는 군사목표 이외의 폭격에 대해서 억제적인 태도를 공표했다. 그러나 전쟁이 진행되면서 각국의 군사목표주의는 유명무실해졌고, 사실상 무차별폭격을 의미하는 지역폭격으로 기울어져 간다.

영국 공군과 군사목표주의

유럽에서 제2차 세계대전이 시작된 다음 날인 1939년 9월 4일 29대의 영국 폭격기가 북해 연안의 독일 군항을 폭격했다. 그러나 폭탄은 독일의 순양함과 소형 전함에 몇 발이 명중했을 뿐 불발에 그쳐 가벼운 손상을 주었을 뿐이었다. 오히려 9대가 격추된 영국 공군(RAF) 측의 피해가 더 컸다. 그러나 다음날 『데일리 익스프레스』지는 "영국 공군, 2척의 전함을 폭격, 폭탄 여러 발이 킬 운하(運河)를 직격. 공중전에서 약간의 피해"라고 자극적으로 전과(戰果)를 보도했다. 영국 공군이 독일 전함을 폭격했다는 보도는 독자들을 무척 기쁘게 했다. 섬나라인 영국 국민이 가장 위협적으로 느꼈던 것은 독일 해군의 영국 본

토 침공이었기 때문이다. 즉시 이 폭격을 그린 영화「사자는 날개를 달
아」가 제작되었다. 영화가 강조한 것은 군사목표를 정확하게 공격할
수 있는 RAF의 우수한 폭격 능력, 또 본토 방어 임무를 수행할 수 있
는 믿음직스러운 RAF의 존재였다. 여기에 더해 해설자는 RAF는 결
코 무차별폭격을 하지 않으며 폭격했던 것은 무방비 도시가 아닌 엄중
하게 방어된 군항이라고 관객들에게 설명했다.

그러나 RAF의 형성기에 가장 큰 영향을 끼친 휴 트렌차드는 앞
에서 언급한 바와 같이 폭격기론자였으며, "전의에 대한 폭격의 효과
는 물리적 효과와 비교해 20대 1의 비율로 우수하다"고 믿고 있었다.
1929년에 은퇴할 때까지 공군대학교와 항공사관학교의 교육을 통해
그의 사상은 공군에 침투되었다. 그래서 공군 내에서는 전쟁이 시작
되기 훨씬 전부터, "적의 인민, 특히 노동자 계급(전의 붕괴와 혼란을 일
으키기 쉽다고 여겨졌기 때문에)에 대한 RAF의 전면공격이 극적인 결말
을 가져올 것이다"라는 인식이 일반적이었다(Mark Connelly, *Reaching
for the Stars: A New History of Bomber Command in World War II*, I.B. Tauris
Publishers, 2001).

1936년에는 폭격기 집단(Bomber Command)이 만들어졌다. 당시 작
성된 영국 공군성의 대(對)독일 작전계획(*The Western Air Plans*, 1937)은
군사목표주의를 강조했다. 군사사가 리처드 데이비스(Richard G. Davis)
는 현실상의 작전계획이 트렌차드의 사상과 괴리된 이유를, 강대국을
상대로 한 전쟁 준비가 이루어지지 않았던 영국이 독일 시민을 공격할
경우 독일의 강력한 반격을 두려워했기 때문이라고 설명한다. 확실히

당시 영국 정부는 독일의 요구를 일부 수용하면서 전쟁 회피를 위해 유화(宥和)주의 노선을 택하고 있었고, 그 때문에 대독일 강경론자였던 처칠 등으로부터 심한 비판을 받았다. 폭격에 관해서도 수상인 체임벌린(Neville Chamberlain)은 하원의 질문에 국제법은 시민에 대한 폭격을 금지하고 있다고 답하면서 군사목표주의의 엄수를 공약했다(1938년 6월). 또한 언론도 파시즘 국가들이 스페인, 에티오피아, 중국에서 행하고 있는 무법적인 폭격과 대비시켜 군사목표주의의 엄수를 공약한 영국의 도덕적 우위성을 강조하였고 여론도 이를 수용했다.

폴란드전 이후 영국 공군의 작전은 독일에 대한 대량의 선전 삐라 살포, 북해(北海)에 있는 독일의 해군시설과 함선에 대한 공격으로 이루어졌다. 후자는 주간에 이루어졌고 피해도 컸다. 특히 12월에는 출동한 중폭격기 중 절반이 독일의 신예 전투기인 메서슈미트 109에 의해 격추되어 영국 공군의 약점이 드러났다. 그 후 영국은 야간 폭격으로 전환했지만 군사목표에 도달하는 항법장치, 폭격의 정밀도, 승무원의 훈련 등 문제가 많아 제대로 효과를 거두지 못했다.

지역폭격으로의 이행

유럽에서 본격적인 전쟁이 벌어진 것은 독일이 서유럽을 겨냥한 작전을 개시한 1940년 5월부터다. 그리고 6월에 프랑스가 항복하자 영국 본토 상륙작전은 시간문제인 것처럼 보였다. 특히 영국을 충격에 빠뜨렸던 것은 5월 14일 독일 공군에 의해 행해진 로테르담(Rotterdam)

폭격이었다. 로테르담은 유럽에서 손꼽히는 무역항이며 네덜란드 제2의 도시였다. 폭격은 하인켈 111 폭격기 약 100대에 의해 행해졌는데 목적은 주로 항복을 재촉하기 위한 것이었다. 투하된 폭탄과 소이탄은 도시 중심부를 파괴했다. 수비군은 2시간 후에 항복했지만 이미 사망한 시민이 900명에 달했다. 멀리 떨어진 바르샤바와는 달리 로테르담은 도버해협을 사이에 둔 도시였기 때문에 영국 여론은 민감하게 반응했다.

분개한 여론에 밀려 5월 15일, 영국 정부는 처음으로 독일 최대의 공업지대인 루르(Ruhr) 지방에 대한 폭격을 허가했다. 공식적으로는 제유(製油)공장, 제철소, 수송 거점 등이 목표였지만 일반 주민을 살상해도 문제 삼지 않겠다는 암묵적인 양해가 있었다. 같은 날 밤 99대의 폭격기가 루르를 폭격했다. 루르 폭격으로 영국 공군은 대륙에 대한 반격을 개시했으며, 동시에 빠르게 군사목표주의에서 지역폭격으로 기울기 시작했다.

프랑스가 항복한 시점에서 이탈리아가 참전했고 서유럽은 거의 히틀러의 지배하에 들어갔다. 히틀러는 9월 15일 영국 본토 상륙작전을 개시하기로 결정하고 우선 제공권을 확보하기 위해 8월 10일 영국 본토 항공전(Battle of Britain)이라 불리는 본격적인 폭격을 개시했다. 비행기 등의 공군 시설이나 항공기 공장이 목표였지만 8월 24일 밤 독일의 폭격기 부대가 실수로 런던 상공에서 미(未)사용 폭탄을 버렸다. 오폭이었지만 영국 측에서는 이를 본격적인 수도 폭격의 개시라고 간주했다. 이미 영국의 수상은 대독일 강경론자인 처칠로 바뀌어 있었다.

처칠은 즉시 폭격기 집단에 보복을 명령했다. 이에 81대의 폭격기가 집결해 다음날 밤 베를린을 폭격했다. 폭격 후 베를린 시민의 전의가 저하되었다는 소식이 전해지자 공군은 날씨 등의 조건이 허용하는 한 폭격을 계속하기로 결정했다. 표면적인 목표는 전력과 가스 공급 등의 기반시설이었지만, 공군참모는 "공격의 주목적은 해당 지역의 산업 활동과 일반 주민 모두에게 가능한 한 최대한의 동요와 혼란을 일으키는 데 있다"는 지령을 내렸다.

1940년 가을 영국 정부, 군 내부에서는 군사적·경제적 목표에 대해 정밀폭격을 할 것인가, 아니면 노동자의 전의와 애국주의를 꺾고 보다 효과적으로 독일 경제를 교란시키기 위해 노동자 지구를 공격해야만 하는가에 대해 격렬한 논쟁이 벌어졌다. 타협의 결과 폭격기 집단은 "고성능 폭탄과 소이탄으로 주택 지역 내의 정확한 목표"를 폭격하기로 결정했다(10월 30일). '정확한'이란 말로 무차별폭격이 아니라는 뉘앙스를 풍기며 주택 지역 내의 석유 관련 시설을 목표로 내세웠다. 그러나 정확하게 석유 관련 시설을 눈으로 확인할 수 없을 경우 주민의 전의를 겨냥한 테러 폭격을 허용했다. 이것은 군사목표에 대한 정밀폭격의 포기, 명백한 지역폭격(융단폭격)으로의 이행을 분명하게 나타내고 있다.

명령을 구체화하기 위해 테러 폭격의 실험이 12월 16일 남서 독일의 공업도시인 만하임(Mannheim)에서 이루어졌다. "선도기는 대규모 화재를 일으키기 위해 소이탄을 사용하고, 이어서 폭격기로 구성된 출격기(出擊機)는 소방대의 소화 작업을 방해하고 모든 수단으로 연소(燃

燒)를 돕기 위해 화재 지역에 대규모 공격을 집중시킨다(공식 명령, 대략의 요지 뜻)."라고 밝히고 있어 시가지를 불태우려는 의도가 명백했다. 그 결과 만하임 중심지역의 건물 500채가 붕괴됐다. 또한 1941년 1월부터는 독일 대도시의 공업 중심지를 목표로 한 폭격이 관행처럼 이루어지게 되었다. 그 후 만하임을 모델로 한 폭격은 베를린을 비롯한 각 도시를 덮치게 된다.

상호 보복의 심화

히틀러도 9월 7일 이후 '전격전'이란 이름으로 의도적인 도시 무차별폭격 전술을 채택해 런던을 중심으로 코번트리(Coventry) 등 영국의 도시를 폭격했다. 특히 1940년 11월 14일의 코번트리 폭격에서는 주민 500명이 죽고 2만 채의 가옥이 파괴되었는데, 이것은 오히려 영국의 보복 여론을 더욱 고조시켰다. 이 사이에 두드러진 것은 여론의 움직임과 새로운 수상 처칠의 주도권이다. 전(前) 수상 체임벌린이 개전 후에도 독일과의 화평을 모색하며 전쟁에 소극적이었던 것과는 달리 대독일 항전론자였던 처칠은 종종 공습의 폐허에 서서 시민들을 격려했기 때문에 영국 국민의 항전 의식은 오히려 높아만 갔다.

런던 공습이 시민의 의식에 어떤 영향을 주었는지를 검증한 마쓰무라 다카오(松村高夫)는 "공습으로부터 처음 한 주가 지나자 시민들은 곤란한 상황에서 놀랄 만큼의 적응력을 발휘했다"고 하면서 공습에 관한 사회조사에서 "영국인은 공습 초기를 제외하고 대체로 현지에서 지

도를 받으며 군인과 지도자를 지지했다"는 소견을 소개하고 있다(松村 高夫, 「ロンドン空襲の経験と記憶」, 『歴史評論』, 2001年 8月号).

'영국 본토 항공전'에서 독일이 의도적으로 영국의 여러 도시를 폭격한 것은 시민들의 적개심을 더욱 불러일으켰고, 미디어도 독일에 대한 보복을 외치게 되었다. 예를 들어 『데일리 미러(Daily mirror)』(1940년 9월 12일 자)는 "폭탄에는 폭탄을"이라고 주장하며 "폭격기의 발명은 기사도를 영원히 무용지물로 만들었다. 지금은 보복이냐 굴복이냐."라고 주장했다. 독일의 소련 침공 직전인 1941년 5월에 독일이 영국 본토 폭격의 종결을 선언할 때까지 런던에서는 5만 톤 이상의 고성능 폭탄과 소이탄으로 인해 4만 5,000명의 시민이 죽고, 350만 채 이상의 가옥이 파괴 또는 손상됐다.

프랑스가 항복한 후인 1940년 7월 처칠은 항공기 생산장관인 비버 브룩(1st Baron Beaverbrook, 1879-1964)에게 보내는 편지에서 폭격기의 급속한 증강을 재촉했다. "우리는 대륙에서 독일의 군사력과 싸워 이길 수 있는 육군을 갖고 있지 않다. 그러나 단 한 가지 독일군을 후퇴시키고 타도할 수 있는 것이 있다. 그것은 영국 본토에서 중폭격기로 나치스 본국에 가하는 파괴적인 공격이다. 우리는 이 방법으로 히틀러에게 압승을 거둘 수 있으며 그것 없이는 활로도 없다." 편지는 처칠이 대독전 승리를 위한 가능하면서도 유일한 군사 수단으로서 폭격을 생각하고 있었음을 말해준다. 공군은 처칠에게 전쟁의 향방을 좌우하는 전략무기가 되었다.

한편 9월 15일로 예정된 독일군의 영국 본토 상륙작전은 중지되고 대신에 12월에는 대소전 준비를 명령하는 바르바로사 작전(Operation Barbarossa) 명령이 하달되었다. 이 사이 영국에 대한 독일의 공세는 바다와 하늘, 즉 U보트를 이용한 통상파괴전과 폭격으로 옮겨갔다. 이처럼 프랑스의 항복 후 공중전은 영국과 독일이 전쟁을 치르는 주요 방법이 되었다. 또한 군사목표주의는 사실상 포기되어 지역폭격이란 이름으로 무차별폭격(blind bombing), 특히 산업시설과 주민의 전의붕괴를 겨냥한 테러 폭격이 폭격의 주류가 되었다.

2. 승리를 위한 독일 도시의 파괴

'도살자 해리스'의 등장

1941년 8월 영국군의 폭격 효과를 조사한 「버트 보고서(Butt Report)」가 공표되었다. 폭격의 정밀도를 조사한 것인데 내각관방(內閣官房)[3]의 일원인 버트(David Bensusan-Butt)는 폭격의 전(前)과 후(後)에 대한 정찰 사진 수백만 장을 비교·검토해 다수의 폭격기가 목표를 발견하지 못했음을 밝혀냈다. 조건이 좋은 달밤이라도 목표를 발견한 경우는 40%, 달이 없을 때는 15대 중 불과 1대였다. 그리고 목표에 도달할 수 있었던 폭격기조차도 목표의 8킬로미터 이내에 폭탄을 투하할 수

---

3 수상을 보좌하는 기관.

있었던 경우는 불과 3분의 1이라고 정리했다. 참담한 보고에 처칠은 실망을 감출 수 없었지만, 공군은 처칠을 달래는 한편 정밀도 문제에서 비교적 자유로운 지역폭격을 강화하도록 진언했다.

이미 7월 공군 참모본부는 "독일 수송 시스템의 교란"과 "일반주민 전체 특히 공업 노동자의 전의를 붕괴시키는 것"에 집중하도록 폭격기 집단에 명령을 내린 상태였고, 9월에는 독일 대도시 45곳에 대한 '코번트리 스타일'의 폭격 계획을 제출했다. "만약 4,000대의 중폭격기 부대가 만들어지고 이 방법으로 출격한다면 전쟁은 6개월 이내에 끝날 것이다(Connelly, 2001)." 1942년 여름 독일 국내에 투하된 영국군의 책자에는 다음과 같은 선전 문구가 적혀 있었다.

우리는 독일을 폭격하고 있다. 도시에서 도시를, 더 맹렬하게. 그것은 당신들이 전쟁을 멈추게 하기 위함이다. 그것이 우리의 목적으로 우리는 후회하지 않는다. 도시에서 도시를―뤼베크(Lübeck), 로스토크(Rostock), 쾰른(Cologne), 엠덴(Emden), 브레멘(Bremen), 빌헬름스하펜(Wilhelmshaven), 뒤셀도르프(Düsseldorf), 함부르크(Hamburg)―리스트는 더 길어질 것이다. 밤낮으로 우리는 출격할 것이다. 제국의 어느 곳도 안전하지 않다. (공장에서) 일하는 사람들은 당신들 근처에 살고 있다. 따라서 우리는 당신들의 집을, 당신들을 직접 폭격할 것이다(발췌).

선전 문구는 도시, 특히 노동자 거주 지역을 직접 폭격해 민중의 전의를 상실시키는 것이 폭격의 목적임을 솔직하게 밝히고 있다. 이것은

1942년 2월 20일 폭격기 집단 사령관에 취임한 아서 해리스 원수의 생각을 거의 그대로 따른 내용임이 틀림없다. 그가 취임하기 전인 11일 공군 참모본부는 "이제 작전의 주목표로서 적의 비전투원, 특히 공장 노동자의 전의에 집중해야 한다"고 했다.

이 시기에는 해리스뿐만 아니라 영국의 공군 관계자 다수가 "적 도시의 물리적 파괴가 승리의 관건"이라는 사상을 공유하고 있었다. 공군 참모본부는 새로운 방침을 실험하기 위해서 우선 북부 독일인 뤼베크를 선택했다. 뤼베크는 중세 한자동맹 시대부터 번영한 항구 도시로, 타기 쉬운 목조건물이 밀집해 있었다. 따라서 소이탄을 중심으로 도시 파괴 폭격을 실험하기 위한 최적의 목표로 여겨졌던 것이다. 3월 28~29일, 234대의 항공기가 영국을 이륙했다. 목적지에 도착한 것은 191대였지만, 고성능 폭탄과 소이탄 300톤(비율은 반반)을 투하해서 1,000명을 죽였다. 4월에는 다른 한자동맹 도시인 로스토크가 폭격을 받아 도시의 건물 중 70%가 잿더미가 되었다.

두 곳의 역사적 도시가 파괴된 것에 대한 보복으로 독일군은 유명한 '베데커(Baedeker) 폭격'을 실시한다. 베데커는 프랑스의 미슐랭(Michèlin)과 어깨를 나란히 하는 유명한 영국의 여행 안내서인데, 한 독일 군인이 "베데커 여행 안내서에서 별이 3개 붙은 영국의 건물을 전부 폭격하라"는 말에서 그 이름이 붙여졌다. 캔터베리(Canterbury), 배스(City of Bath), 요크(York) 등 5곳의 역사적인 도시가 폭격을 당해 5만 채의 건물과 중요 문화재가 파괴되었다. 그러나 해리스는 더욱 야심적인 폭격을 계획했다. 1개 도시에 1시간 반에 걸쳐 1,000대에 이르는 폭격기를 한꺼번에 출격시켜 대공 포화뿐만 아니라 소방·구호활동도 무력화시키고, 폭탄과 소이탄을 집중시켜 도시를 불태워 버린다는 생각이었다. 비행기에는 허용 가능한 최대 용량의 소이탄을 실어 2,400미터 고도에서 떨어뜨리는 것이 계획되었다. 또한 화재 발생 후 현장에 도착하는 소방대원을 살상하기 위해 지연성(遲延性) 신관(信管)을 장착한 2킬로그램의 폭탄을 섞어 놓는 것도 시행되었다. 과거의 게르니카 폭격, 훗날의 도쿄 대공습에서의 폭격 방법이 여기에서도 시도된 셈이다.

5월 30일 1,100대의 항공기가 쾰른 폭격을 실시했다. 915톤의 소이탄과 840톤의 폭탄이 투하되어 시가지 600에이커가 불태워졌다. 그리고 1만 3,000채의 건물이 붕괴되고 4만 5,000명이 화재로 집을 잃었다.

미국의 참전과 군사목표주의 공약

1941년 12월 일본의 진주만 공격을 계기로 미국은 일본과 함께 독일, 이탈리아에도 선전포고했다. 미국은 유럽과 아시아 양쪽에서 세계전쟁을 치르게 되었고, 처칠 수상이 미국을 방문해 루스벨트 대통령과의 회담에서 우선 독일과 이탈리아와의 전쟁을 우선으로 하는 유럽 제일주의 전략을 결정했다. 추축군의 침략에 대항하는 '연합국(United Nations)'이란 명칭도 이 회담에서 결정되었고, 이듬해인 1942년 1월 공통된 전쟁 목적을 공표한 연합국공동선언(Joint Declaration by the United Nations)이 이루어져 반파시즘 연합국이 결성되었다.

1942년 봄에는 미 육군항공대(USAAF) 제8항공군이 영국에 도착해 영국을 기지로 하는 제8폭격기 집단(이하 제8공군)이 편제되었다. 이 단계에서 미국은 독일을 상대로 선택폭격의 방침을 갖고 있었다. 일찍이 육군항공대 전술학교(ACTS)의 교관이었던 헤이우드 한셀은 당시 AAF의 유럽 공군작전 입안 부장이었는데 "적의 국민, 산업, 군이 의존하는 산업 및 서비스 조직 중 신중하게 선택한 목표를 파괴함으로써 근대 산업국가의 의지와 능력을 전복시키고 붕괴시킬 수 있게 된다"고 믿고 있었다. AAF의 사령관 헨리(속칭 '햅'이라고 함) 아놀드(Henry Harley Arnold, 1886-1950)[4]도 1940년에는 군사목표에 대한 고고도 정밀폭격이 공군의 방침이라고 하면서 "도시에 대한 소이탄 사용은 군사목표만을 공격한다는 우리 국책에 반한다"고 공언했다. 유럽에서 제2차 세계대전이 발발했을 때 루스벨트 대통령이 같은 정책을 제시했다는 것은 앞서 언급한 대로다.

미 제8공군의 선택폭격은 독일군이 점령한 프랑스 지역을 겨냥해 실시됐다. 폭격에는 신예 B17 중폭격기가 사용되었다. 수천 피트 상공에서 핀포인트로 목표를 인식할 수 있다는 노든 폭격조준경을 장착하고 있었다. 그러나 북프랑스의 기상 상황, 승무원의 훈련 부족으로 인해 소기의 효과를 달성할 수 없었다. 그래서 1943년 11월에는 나중에 서술하는 것처럼 아놀드도 레이더에 의존하는 '무차별폭격'으로 전환할 수밖에 없었다.

---

4 미국 공군의 공로자이며 미 육군 원수와 공군 원수를 역임했다. 추축국에 대항해 미국의 공군 건설에 힘썼으며 제2차 세계대전 중 공군의 작전과 항공기 개발에 중요한 역할을 했다. 미국의 B29 중폭격기의 개발은 그의 대표적인 공적 중 하나다.

고모라 작전 – 함부르크 폭격

이 사이에 추축군의 압박을 받으며 동부전선에서 홀로 싸우고 있던 소련은 미국과 영국이 대륙에 제2전선을 구축하기를 고대하고 있었다. 적의 주력이 집중된 북프랑스에 상륙하여 독일의 전력을 분산시키기를 기대했던 것이다. 그 결과, 카사블랑카에서 미국과 영국의 수뇌회담(1943년 1월 14일~24일)이 열렸다. 하지만 이탈리아에 대한 상륙작전이 결정되었을 뿐 북프랑스에서의 제2전선이 실현되지 않자 소련은 크게 실망했다. 당분간 군사작전으로서 소련의 항전을 직접 도울 수 있는 유일한 방책은 항공전을 강화하는 것뿐이었다. 구체적으로는 미국과 영국의 합동작전으로 독일 본토를 폭격하는 것, 새로 개발된 B29 중폭격기로 중국 기지에서 일본 본토를 폭격하는 것이었다.

미국과 영국이 합동으로 폭격작전을 실시하기 위해서는 폭격 방법의 차이를 해결할 필요가 있었다. 이미 도시 소이탄 공격에 의한 야간 폭격으로 전환하고 있었던 영국 공군은 미국을 설득해 도시 시가지에 대한 야간 지역폭격에 동조시키려고 했으나 미 공군은 주간의 정밀폭격을 고수하고 있었다. 영국 본토의 기지에서 독일 본토를 공습하기 위해서는 항속거리 문제로 B17 폭격기를 사용해야만 했다. 원래 B17은 주간에 정밀하게 목표를 폭격하기 위해서 개발된 전략폭격기였다. B17이 처녀비행을 실시한 1935년에 육군항공대의 작전가들은 선택적인 정밀폭격을 주장한 바 있었다. 최종적으로는 영국 공군이 야간 지역폭격을 실시하고 미 공군이 주간 정밀폭격을 실시하기로 결정됐다. 최초의 대규모 합동작전은 함부르크를 목표로 한 '고모라 작전

(1943년 7월 24일~8월 3일)'이었다. 영국 공군의 '극비작전명령 173호'에는 "도시의 전면 파괴는 전쟁의 조기 종결과 승리에 중요한 역할을 하게 될 것이다."라는 한 구절이 있었다.

미 공군이 실시한 주간 정밀폭격은 조선소와 공장이 목표였지만 목표를 파괴한 것은 1할에 불과했으며 25일 폭격에서는 19대의 B17이 격추되었다. 한편 영국의 야간 폭격은 함부르크 중심가인 알트슈타트 (Altstadt, 구시가)를 직접 겨냥했다. 투하된 폭탄의 대부분은 소이탄이었다. 소이탄은 경량이었지만 마그네슘, 인, 젤리로 가공된 석유 등 고도의 인화성 화학물질이 담겨 있었다. 용기 1개에 소이탄 묶음을 담은 클러스터 소이탄이 목표지역 일대에 뿌려졌다. 고성능 폭탄의 일부는 소방이나, 구호, 가스·수도설비의 복구를 방해하기 위해 수시간에서 때로는 수일 후에 폭발하는 지연성 신관이 장착되어 있었다. 폭격으로 도시 중심부에 불 회오리가 발생했고, 수천 개의 소이탄에 의한 화재가 여기에 합쳐지면서 '일체화된 거대한 불덩어리'가 밀도를 높이며 생겨났다. 그리고 상공의 공기는 고온이 되어 강력한 흡인력을 만들어냈다. 또 화재 지역 외부로부터 신선한 공기가 불덩어리의 중심부로 유입되어 온도를 더욱 높였고 이것은 화염 폭풍을 더욱 확대시켰다.

미 공군의 컨설턴트이며 전미소방협회 임원인 호레이쇼 본드 (Horatio Bond)는 폭격의 광경을 다음과 같이 전하고 있다. 본드는 후일 일본에 대한 소이탄 공격 연구에 참가해 독일 공습 당시의 경험과 지식을 제공했다.

소이탄이 발생시킨 화재는 아주 짧은 시간에 특히 마을 인구가 밀집된 지역으로 퍼졌는데, 몇 분 사이에 모든 블록이 불길에 휩싸였고 거리는 불길로 인해 통행이 불가능하게 되었다. 온도는 급속도로 올라가 곧바로 태풍과 같은 위력을 발휘했다. '태풍'은 처음에는 불씨에 빨려 들어갔지만 나중에는 사방으로 번졌다. 공원이나 광장에서는 나무들이 쓰러지고 불타는 벤치가 공중으로 내던져졌다. 모든 큰 나무가 송두리째 뽑혀 나갔다. '화염 폭풍'이 집집마다 문을 부순 후, 불길은 현관, 복도로 조용히 퍼져나갔다. '화염 폭풍'은 붉은색 눈보라처럼 보였고 열은 전 시가지의 블록을 불타오르는 지옥으로 만들었다(Horatio Bond, *Fier and the Air War*, Boston, 1946).

폭격으로 인한 사망은 대부분 일산화탄소 중독이나 질식사였다. 산 채로 불탄 사람이 있는가 하면 강풍으로 어머니의 팔에서 아기가 떨어져 나가 화염 속에 내던져졌다. '고모라 작전'은 약 21평방킬로미터의 시가지를 불태워버렸다. 4만 5,000명의 사망자 중 절반이 여성으로 희생된 어린이, 남성의 대부분은 고령자였다. 3,000대 이상의 폭격기가 출동해 9,000톤 이상의 폭탄을 투하했지만, 알루미늄박을 이용해 독일의 레이더를 교란시키는 등의 방법으로 인

━ 고모라 작전으로 희생된 여성과 어린이
출처: A. G. Grayling, *Among the Dead Cities: The History and Moral Legacy of the WW II Bombing of Civilians in Germany and Japan*, Walker & Comapny, 2007

해 폭격기 손실은 86대로 비교적 가벼웠다. '고모라'는 구약성서에 나오는 죄악이 가득한 마을인데, 이 작전으로 주민들의 생활공간 전체를 태워버린 비인도적인 지역폭격(융단폭격) 방법이 완성되었다(Grayling, 2007). 과연 사악한 쪽은 어느 쪽이었을까?

3. 승리를 앞당기려는 전의 폭격과 전쟁의 종결

'무시계 폭격'에서 클라리온 계획으로

카사블랑카 회담 후 미 공군(USAAF)은 처음으로 독일 본국을 폭격했다. 주간의 정밀폭격에는 커다란 피해가 따랐다. 특히 10월 9일 ~14일에 걸쳐 독일의 볼 베어링 공장을 겨냥한 정밀폭격에서는 20%의 소모율을 기록했고, 그 주간은 검은 주간(black week)으로 불렸다. 이것은 하나의 전기(轉機)가 되었다.

1943년 11월 1일 아놀드 미 육군항공대 사령관은 시계 확인이 곤란하거나 불가능한 경우, 특정 목표가 존재하는 지역 전체를 레이더 조준으로 폭격하는 '무시계(無視界) 폭격'을 명령했다. 야간 혹은 악천후로 인해 적의 전투기가 활동하지 못한다는 장점에 주목한 것이었다.

당시에는 레이더 조준의 정밀도가 낮아 목표지역 주변으로 피해가 확산되는 것을 막을 수가 없었다. 무시계 폭격이란 이름으로 사실상 지역폭격을 허용한 셈이다. 이것은 폭탄 탑재량의 증가와 더불어 독일의 방공 태세를 무력화하고 '군사목표'에 근접한 주거지역을 황폐하게 만들었다. 1944년 10월까지 독일에 대한 USAAF의 폭격 중 80%가 무시계 폭격이었다.

1943년 9월 이탈리아가 항복하자 미 제15공군이 만들어져 이탈리아 기지에서 동유럽과 중남 유럽의 목표를 폭격했다. 소련군이 동유럽·중유럽에서 독일 본국으로 접근해오는 것도 이 지역에 대한 폭격을 강화하게 만들었다. 제15공군은 1944년 1월 이후 불가리아·루마니아를 폭격했는데, 주민의 주거지역 중심부를 겨냥한 지역폭격이 주로 행해졌다. 불가리아의 수도 소피아 폭격은 철도 조차장(操車場)[5]이 목표였으나, 폭탄이 가장 집중된 곳은 조차장이 아닌 소피아의 중심부로 미국 비행사들은 테러 전술처럼 보이지 않도록 하면서 발칸 시민들을 공포에 몰아넣으려 했다고 한다(Schaffer, 1985).

1944년 6월 6일 연합군이 북프랑스의 노르망디 해협에 상륙해 대망의 제2전선이 형성되었다. 이후 연합군은 8월에 파리를 해방시키고 마침내 라인강을 넘어 독일 국내로 공격해 들어갔다. 노르망디 상륙 3일 후 AAF는 군사적·공업적 가치가 거의 없는 독일의 무방비·미공습 도시에 대량의 고성능 폭탄과 소이탄을 투하하는 계획을 실행하기

---

5 객차와 화차를 열차로 편성 또는 분해하는 정차장.

시작했다. "주민에게 충격을 퍼트리기 위해 전투기의 기총소사도 최대한 활용한다"는 내용도 지시했다.

AAF는 점차 비전투원의 '부적절하고도' 추가적인 손해를 감수했을 뿐만 아니라 더 나아가 명백히 전의를 표적으로 한 폭격을 계획했다. 1944년 가을 이후 미군은 '노후 폭격기 계획(War-Weary Bomber Project)'을 개시했다. "수백 대의 노후 B17 폭격기에 10톤의 고성능 폭탄을 적재하고 적의 목표로 돌진시킨다. 정해진 진로에 비행기를 설정한 후 승무원은 낙하산으로 탈출하여 자동비행장치가 무인기를 목표로 유도하는" 계획이었다(Schaffer, 1985).

목표는 '군사적·산업적 목표가 있는 도시'였지만 '군사적·산업적 목표'가 추가된 것은 테러 폭격이란 비난을 면하기 위한 것이었다. USAAF 사령관 아놀드 장군은 "영국의 야간 지역폭격과 우리의 노후기 계획 사이에는 거의 차이가 없다. 무인기를 독일 내부로 날리면 어디서 폭발할지 모르기 때문에 독일인들은 매우 두려워할 것이다. 독일인의 전의에 대한 심리적 효과가 매우 크다"고 설명했다. 그러나 이 계획은 수차례의 실험 끝에 중지되었다. 처칠은 뛰어난 로켓 기술(1944년 가을부터 독일은 실전에서 V1호와 V2호를 사용했다)을 가진 독일의 동종보복을 경계했으며, 미국에서도 국방성의 고위관리가 정밀도가 극단적으로 나쁘고 공공연한 무차별폭격으로 비친다는 점을 문제 삼았다.

명백하게 비전투원을 표적으로 했다는 비난을 받은 것은 미 전략공군의 '클라리온 계획(Clarion Project)'이다. 전략공군은 유럽에 주둔

하는 미국의 몇몇 공군부대를 통합한 것으로 총사령관은 칼 스파츠 중장이었고, 소련 적군(赤軍)의 전진에 호응하기 위해 1945년 2월에 실행되었다. 정식 명칭은 '수송목표 전력 공격 총계획(General Plan for Maximum Effort Attack against Transportation Targets)'이었다. 독일의 수송·교통 시스템을 표적으로 주요 조차장, 철교뿐만 아니라 소규모 교통시설까지 파괴해 지상부대의 진격을 돕기 위해 '수중에 있는 비행기 전부로 독일에게 전면적인 고통을 주는 계획(스파츠 중장이 공군 담당 육군장관 보좌관인 로베트(Robert A. Lovett)에게 보냄, 1944년 10월 1일 자)'이었다. 이것은 미국의 전투기와 폭격기 9,000대가 소도시와 촌락을 찾아 돌아다니며 수송관계의 시설과 인원을 저공에서 기총소사하고 폭격한다는 계획이었다. 여기서 목표의 다수는 마을 안에 위치했다. 따라서 폭격은 일반 주민에게 큰 피해를 입히는 것을 전제로 했으며 '부차적으로는' 대중의 전의 붕괴를 가속화시킴으로써 전쟁의 종결을 앞당기려는 의도도 포함되어 있었다. 즉 '전의를 마비시키는 효과'를 기대했던 것이다.

그뿐만 아니라 계획의 지지자들은 이러한 공격이 독일인의 전의를 저하시킬 뿐만 아니라 독일 시민사회에 미래의 교훈(침략전쟁을 획책하는 정부를 지지하지 말라)을 부여하게 될 것이라고 기대했다. 1944년 8월 루스벨트 대통령도 이러한 징벌적인 감정에 대해 언급했다. 그는 "우리는 독일을 거칠게 대해야만 한다. 내가 말하는 것은 나치스에 대해서가 아니라 독일인에 대해서다. 우리가 독일인을 거세하든지, 아니면 과거에 하던 대로 계속하려는 사람들을 재생산할 수 없도록 그들을 취급하든지 해야 한다"고 말했다.

표면적으로는 수송시설을 표적으로 했지만 진짜 희생자는 비전투원이었다. 미 제8공군의 아이러 이커(Ira C. Eaker) 중장은 클라리온 계획은 독일인의 입장에서 "주로 민간인을 대상으로 한 대규모 공격이 명백하기 때문에 우리가 야만인으로 보일지"도 모른다고 우려했다. 그래서 작전을 지휘하는 칼 스파츠 중장에게 "제2차 세계대전사에서 전략폭격기를 보통 시민을 대상으로 투입한 것 때문에 우리가 고발당할 수는 없다"고 하면서 폭격 중지를 요청했다.

1945년 2월 22일~23일 수천 대의 미국 전투기와 폭격기에 영국 공군(루르 지방의 석유 관련 시설만을 폭격)이 가세해 독일, 오스트리아, 이탈리아 일대의 수송시설 등 닥치는 대로 목표를 폭격하고 기총소사를 가했다. 폭격대의 지휘관은 작전 전날, 신문에 실리는 군의 발표에서는 군사목표라는 점이 강조될 것이기에 "이번 작전이 일반 시민을 반복적으로 목표로 삼고 그들에게 공포를 안겨줄 의도가 있다는 인상을 주지 않도록 특히 주의하기 바란다"고 명령했다. 실제로는 테러 폭격이면서도 표면적으로는 합법적이고 인도적인 폭격이라고 설명하는 이중 잣대가 당시 미국의 홍보가 가진 특징이었다.

전쟁 말기의 폭격―공포의 기억

전쟁 말기인 1945년 1월 28일 영국 공군(RAF)과 미 공군(USAAF) 사이에 폭격 목표에 관한 협정이 체결됐다. 클라리온 계획에 대한 영국의 참가는 이 협정의 결과였다. 목표의 우선순위는 다음과 같이 정해졌다. "제1목표 석유, 제2목표 베를린, 라이프치히(Leipzig), 드레스덴 및 '부수적인 도시', 제3목표 교통(실제로는 수송시설), 특히 동부(전선)로의 증원군 이동에 사용될 수 있는 것, 제4목표 남부 독일의 제트기와 교통." 언뜻 보기에는 군사목표를 겨냥하고 있지만 실제로는 제1목표에 대한 주간 정밀폭격이 무리라고 판단되는 경우에는 베를린과 기타 동부 독일의 제2목표를 공격했다. 즉 "가능할 때는 군사적·산업적 목표를 폭격한다. 그러나 날씨가 미군의 정밀폭격에 방해가 된다면 실제로는 지역폭격을 실시한다" 또는 "군사목표를 겨냥했지만 날씨 등의 이유로 어쩔 수 없이 실제로는 시가지를 폭격했다"고 설명할 수 있게끔 고안된 것이었다. 지역폭격을 주장하는 RAF와 정밀폭격을 고집하는 USAAF의 내부 사정을 고려해서 양쪽 다 체면이 서도록 한 고육지책이라 할 수 있다.

1944년 8월 RAF가 '천둥(Thunder Clap)' 작전을 제안했다. 독일의 중앙정부가 붕괴해 연합국이 국내 혼란과 게릴라적인 저항에 직면하기 전에 정신적 충격을 주어 항복하도록 만드는 작전이었다. 8월 2일자 문서 「천둥작전―독일 시민의 전의에 대한 공격」은 베를린 중심가를 소멸시키기 위해 전력을 집중해야만 한다면서 그 목적은 전의를 무너뜨리고 평화를 강화시키며, 전쟁의 폐허를 통해서 전후의 독일인에게 '전면 침략의 결말'이 어떠한지 그 기억을 각인시키기 위함이라고 기술하고 있다. 이것이야말로 정치적이고 징벌적인 테러 폭격 계획 그 자체였다. 또한 공격은 수백만 명의 독일인에게 폭격을 똑똑히 보여주고 지울 수 없는 기억을 심어주기 위해 한낮에 실시될 예정이었다. 그러나 AAF 내부에서조차 이처럼 비인도적인 계획에 대해 강하게 반발했다. 스파츠 유럽 주둔 공군 사령관은 유럽원정군 사령관인 아이젠하워에게 보낸 편지에서 군사목표주의를 포기하고 싶지 않기 때문에 특정한 군사목표에 대한 폭격에만 참가하고 싶다며 천둥작전에 제한적으로 참가하겠다는 의사를 전했다. 그러나 아이젠하워는 "나는 지금까지 늘 미 전략공군에 정밀한 목표를 공격하라고 주장해 왔지만, 현실적으로 전쟁을 조기에 종결시킬 가능성이 있다면 어떤 것에도 참가할 준비를 하고 있다"고 적으면서 전쟁을 조기에 끝내기 위해서라면 테러 공격이라도 주저하지 않겠다는 태도를 보였다. 그러자 이를 받아들인 스파츠는 제8공군사령관 둘리틀(James Harold Doolittle, 1896-1993) 장군에게 "우리는 이제 제한된 군사목표를 공격하는 계획을 버리고 도시에 무차별적으로 폭탄을 떨어뜨리기로 한다"고 통보했다.

하지만 둘리틀은 이 작전, 즉 독일 대공포의 두터운 탄막을 돌파해 군사적 가치도 없는 베를린을 폭격하는 것에 회의적이었다. 베를린 시민은 충분한 경고를 받고 방공호로 피난할 것이기 때문에 테러 폭격으로서도 성공이 의심스럽고, 게다가 역사에 이름을 남길 천둥작전은 승무원이 훈련받고 주입받았던 정밀폭격의 원칙에 반한다고 주장했다.

훗날 최초의 도쿄 폭격을 지휘하게 되는 둘리틀의 반대 의견은 많은 현장 지휘관들의 공통되고도 현실적인 의견이었다. AAF가 공장, 철도시설, 정부 관청을 목표에 추가한 것은 현장의 목소리를 반영한 결과였다.

드레스덴 폭격 논쟁

1945년 2월 3일 900대 이상의 B17이 베를린을 폭격했다. 폭격기와 함께 출격한 전투기는 수송시설을 기총소사했다. 폭격수(爆擊手) 중 일부는 구름 틈새로 목표를 눈으로 확인하고 공군성 건물이나 프리드리히슈트라세(Friedrichstrasse)역 등의 군사목표를 폭격했지만, 2만 5,000명에 이르는 많은 사망자 수가 말해주듯이 전반적으로는 무차별 폭격이었다.

베를린 폭격으로부터 10일 뒤 동부 독일의 드레스덴이 폭격당했다. 드레스덴은 동부 작센(Sachsen) 주의 주도로 르네상스 이래의 문화유산을 자랑하는 문화도시였다. 그곳은 1945년 2월 13일~15일 연합국의 격렬한 폭격을 받았는데, 이것은 독일이 항복하기 약 12주 전이었다. 당시 소련의 적군(赤軍)은 반격으로 전환해 독일 동부를 향해 진격 중이었다. 폭격은 소련군의 진격에 호응해 독일군의 배후를 차단하는 간접 지원이라고 설명되었지만, 제2차 세계대전 후인 냉전 상황에서 전진하는 소련군에 연합군의 폭격 위력을 과시하기 위한 정치적 폭격이었다는 주장도 나와 무차별폭격의 정당성을 둘러싼 논쟁은 지금도 이어지고 있다.

RAF의 평가로는 공업 건조물의 23%와 민가 이외의 일반 건조물의 56%가 중대한 피해를 입었다. 7만 8,000채의 가옥이 완전히 무너지고 2만 7,000명이 주거를 잃었다. 당시 소련군의 진격을 피해 대량의 난민이 시내로 유입되어 있었고, 또 부근에는 연합군 포로 2만 6,000명의 수용소가 있었는데 이들도 폭격에 희생되었다. 사상자는 현재 2만 5,000명에서 4만 5,000명이라고 보고 있다. 폭격에서 생존한 시민의 증언을 들어보자.

무서운 광경을 보았다. 불에 탄 어른이 어린아이 크기로 줄어들었다. 손발의 파편, 죽은 사람, 가족 전부가 불에 타 죽기도 했다. 불이 붙은 채로 사람들이 뛰어다니고 불에 탄 자동차는 난민, 죽은 구호대원, 군인들로 가득했다. 아이, 가족의 이름을 부르며 찾아다니는 사람도 많았고 가는 곳마다 불, 불뿐이었다. 화염 폭풍의 열풍이 불타고 있는 사람들을 화염에 휩싸인 집으로 밀어 넣었고 사람들은 그곳에서 어떻게든 빠져나오려고 했다(Margaret Fryer).

RAF는 주로 야간에 소이탄으로 공격했고 USAAF는 주로 주간에 고성능 폭탄으로 정밀폭격을 실시했다고 하지만, 미국이 투하한 폭탄의 40%는 소이탄이었고 이것은 미군이 실시한 다른 폭격과 비교할 때 이례적으로 높은 비율이었다.

드레스덴 폭격으로부터 수일 후 AP 통신의 기자는 "연합국의 공군 지도자는 독일의 거대한 인구 밀집지에 테러 공격을 가한다는, 오랫동안 대망해온 것을 실행하기로 결정했다. 히틀러의 몰락을 앞당기기 위해서다."라고 보도했다. 이 기사는 군사목표주의와 정밀폭격을 앞세웠던 미 공군(AAF) 관계자를 당혹스럽게 했다. 그래서 유럽원정군 사령부 측은 미 공군은 언제나 군사목표를 공격해 왔으며 앞으로도 그렇게 할 것이라는 성명을 냈다. 스팀슨(Henry L. Stimson, 1867-1950) 육군장관도 같은 취지를 공표했다. 그러나 폭격의 결과를 조사한 미 전략공군 정보부장인 조지 맥도널드 장군은 베를린, 드레스덴으로 이어진 일련의 폭격을 '살인과 파괴'의 정책이라고 부르며 비판했다(Biddle, 2002).

베를린, 라이프치히, 드레스덴의 생산 능력을 상실해도 독일은 생존할 수 있다. 수송의 요충지인 이들 도시를 파괴하는 것은 적 군대와 공급의 이동을 지연시킬지는 몰라도 강력하게 방해할 수는 없다. 환상까지는 아니겠지만 애매한 목표인 '전의'로는 독일 도시의 말살을 정당화시킬 수 없다. 왜냐하면 전의 공격의 목적은 반란을 일으키게 하는 것이지만 그들의 지배자에 대항해 봉기를 일으키기에 독일 민중은 소극적 또는 무력한 채로 있기 때문이다. 나치의 지배는 여전히 견고하고 군 작전에 중대한 위협이 되는 시민의 혼란(애초에 폭격이 의도했던)을 충분히 통제할 수 있을 정도로 강력하다(대략의 요지).

두에로의 회귀

그럼 미 공군이 독일과의 전쟁에서 선택폭격을 버리고 대규모 테러 폭격으로 전환하게 된 이유는 무엇이었을까? 여기서는 언급할 필요가 있는 몇 가지 문제에 한정해 생각해 보기로 한다.

첫째로 지적되는 것은 미 공군의 항공전 사상에 대한 두에의 영향이다. 이것은 앞에서 언급한 바와 같이 미국이 세계전쟁에 참가하기 직전에 작성된 글로벌 전략폭격계획 「AWPD-1」에 잘 나타나 있다. 제2차 세계대전은 제1차 세계대전을 능가하는 총력전이었으며 전쟁 수행기구 내에서 시민도 군대 못지않게 중요한 역할을 수행했다. 그러므로 시기에 따라 우선순위의 차이는 있지만 주민의 전의를 파괴하는 것이 전쟁 수행의 불가결한 일부를 파괴하는 것이라고 생각하게 되었다. ACTS의 강의(1934년)에서 이루어진 뉴욕을 목표로 한 시뮬레이션에서는 17개소에 대한 정밀폭격으로 시의 기능이 정지되며 "매우 정밀한 폭격으로 막대한 파괴도, 대중의 사상자도 없이 목적을 실현할 수 있다"는 결론이 나왔다. 정밀폭격도 주민의 전의에 간접적으로 영향을 미치는 수단으로 주목되었던 것인데, 이는 테러 폭격과 일맥상통한다.

둘째는 여론의 힘이다. 지금까지 언급해 왔듯이 여론은 점차 보복적인 폭격을 지지하고 요구했다. 연합국 측의 여론을 공적으로 유도한 것은 '정의의 전쟁(미국)', '민중의 전쟁(영국)'이라는 전쟁 이데올로기였다. 연합국은 제2차 세계대전 말기에 독일 동부 도시들을 겨냥해 대규모 테러 폭격을 실시했다. 이는 연합국의 이데올로기적인 원칙과 배치된 것이었는데, 이 때문에 미·영의 군 지도자들은 무차별폭격이라는 비난을 피하고자 다양한 방법을 시도했다. 물론 여론은 여러 가지로 조작되었고 상황에 따라 변했다. 그러나 연합국공동선언에 나타난 것처럼 연합국이 인권·자결권 등의 존중을 전쟁 목적으로 내세울 수밖에 없었던 이상, 그리고 연합국이 나치스의 홀로코스트 같은 잔학 행위에 강하게 반대할 수밖에 없는 이상 적어도 원칙적으로는 일반 주민의 대량 살해를 정당화시킬 수 없었다. 이러한 의미에서 주민의 사상자가 비교적 적은 정밀폭격에도 나름의 이유가 있었으니, 이것은 '인도적인 폭격'으로서 전시 선전의 중요한 요소였던 것이다.

세 번째로 조기 종전론이다. 예를 들어 이라크전쟁에서 미국의 여론은 자국 군인의 사상자에 민감하게 반응했고 이것은 정책 결정에도 커다란 영향을 미쳤다. 그러므로 군과 정부의 설명 방식에 따라 조기에 전쟁을 끝내려는 수단으로서 무차별폭격은 국내 여론의 지지를 얻기 수월한 법이다. 더구나 노르망디 상륙 이후에는 지상전이 주 무대가 되어 그만큼 미국 병사의 희생이 증가했다. 따라서 전쟁 말기의 폭격은 전쟁을 빨리 끝마침으로써 많은 미군 병사의 생명을 구할 수 있다는 설명으로 국내의 지지를 얻기 쉬웠다.

네 번째로 지도자의 태도다. 미 공군 내부에도 정밀폭격론자가 많았다. 그들 중 다수는 둘리틀처럼 현장 지휘관이었으며, 워싱턴과의 연결고리도 약해 그 영향력은 현지사령부로 제한되어 있었다. 한편 마셜 참모본부장과 유럽원정군 사령관인 아이젠하워와 같은 최고 수뇌부는 독일이 패전할 가능성이 높아진 전쟁 말기, 전쟁에서 이기기 위해 무엇이든 실행할 기세였다. 마셜은 천둥작전의 폭격 대상에 뮌헨을 추가하도록 요구했으며, 아이젠하워도 스파츠 등 공군 관계자의 의구심을 뿌리치고 천둥작전을 실행에 옮겼다. '결과를 내라'는 실용주의가 상층부의 분위기를 지배하고 있었던 것이다.

┃제4장┃

대량 소이탄 공격과 원폭 투하

──────"도시와 인간을 불태워버려라"

가재도구를 수레에 싣고 피난하는 도쿄 대공습의 피해자들
(다이토구[台東区] 아사쿠사[浅草]), 1945년 3월 10일
사진 제공: 마이니치 신문사(每日新聞社)

1. 도쿄 대공습은 언제 결정되었는가?

미 공군과 B29의 개발

1943년 11월 말 카이로에서 미국, 영국, 중국의 거두회담이 열렸다. 루스벨트 미국 대통령, 처칠 영국 수상, 중국에서는 장제스 총통이 출석해 연합국의 대일 전쟁 목적을 분명하게 밝힌 카이로선언을 채택했다. 3국은 일본의 무조건 항복을 위해 장기적으로 협력하기로 약속했다. 또한 일본이 탈취한 중국 영토 반환과 조선 독립도 명기했다. 아놀드 미 공군 사령관은 회담에서 「일본 패전을 위한 항공전 계획」(1943년 8월 27일 자)을 제출했다. 내용은 일본의 도시산업 지역에 대한 지속적인 대규모 폭격이었고 소이탄 공격도 언급되었다. 그 직후에 열린 3국 군사회담에서는 초(超)중폭격기 B29 200대(실제로 배치된 것은 150대)를 인도·중국 전구로 옮기고, 중국의 쓰촨성 청두 기지에서 만주, 조선, 규슈(九州)에 있는 제철공장을 폭격한다는 계획이 결정되었다.

B29는 기존의 '하늘의 요새' B17 중폭격기를 대신하는 차세대 '슈퍼 하늘의 요새(Superfortress)'로 1939년에 구상되었다. B17은 독일과 일본에 대한 전략폭격을 염두에 두고 만들어졌지만, 부근에 기지가 없으면 일본 본토를 폭격할 수 없었다. 그러나 B29는 속도, 항속거리, 폭탄 탑재량 등 성능의 모든 면에서 기존의 중폭격기를 훨씬 능가할 것으로 기대를 모았다. B29는 폭탄 2.265톤을 탑재하고 5,000킬로미터를 왕복할 수 있었으며 마리아나제도에서 일본 본토를 직접 폭격할 수도 있었다. 또한 군용기로는 처음으로 기체 내부의 기압을 일정하게 유지해주는 여압 장치와 기밀성(氣密性)[1]이 있는 조종실을 갖춰 산소마스크 없이도 고고도(高高度) 비행이 가능했다. 여기에 리모컨으로 발사 장치를 조작할 수 있는 기관총을 다수 장착함으로써 군용기의 안전성을 크게 향상시켰다.

하지만 그게 끝이 아니다. 원래 폭격기는 전투기의 공격에 대한 교전 능력이 떨어진다. 그래서 당시까지는 박스형이나 마름모형으로 편대를 조합해 서로의 화력 부족과 맹점을 보완해주는 방법이 사용되었다. 하지만 그것도 유럽에서 생각한 만큼 효과를 발휘하지 못했고 주간 폭격의 경우 호위 전투기에 의존해야만 하는 경우가 많았다. 그러나 B29는 1만 미터 고도로 비행할 수 있었는데, 이처럼 높은 고도에

---

1 공기, 가스 등의 기체가 통하지 않는 성질.

서는 피해를 입는 비율이 낮아지기 마련이다. 마리아나 기지로부터의 일본 본토 공습은 처음에는 요격 위험성이 큰 주간에 약 1만 미터 고도에서 실시되었다. 일본의 전투기는 숙련된 조종사가 아니면 그처럼 높은 고도에 도달할 수 없었으며, 도달한다 할지라도 연료 소비 문제로 겨우 한 번의 교전이 가능한 정도였다. 그래서 공대공(空對空) 특공대가 조직됐다. 무장, 방탄강판, 연료탱크의 방탄고무까지 떼어내 약 150킬로그램에서 200킬로그램을 경량화한 요격기로 고고도까지 상승해, 기체로 B29를 들이받아 격추한다는 것이었다(渡辺洋二, 『死闘の本土上空 B-29対日本空軍』, 文春文庫, 2001).

각종 최신 기술이 덧붙여지면서 어느덧 B29의 개발비는 30억 달러를 넘게 되었다. 거의 동시기에 시작된 원폭의 개발비가 20억 달러였다는 것을 감안하면 결과적으로 미국은 일본 본토 공습을 위한 하드웨어 개발에 50억 달러란 거액을 들인 셈이다. 컨베이어 시스템에 의한 조립라인은 시제기(試製機)가 완성되기도 전에 이미 발주되어 양산체제가 준비되었다. 미 공군에 있어 B29의 제작은 도박적인 요소가 강했다. 나중에 언급하겠지만 미 공군은 B29를 대일전(對日戰)의 결전 무기로 기대하며 개발을 서두른 면이 있다. 적의 항복에 결정적인 역할을 하면서 공군이 전략적으로 독립된 전력임을 정부와 군, 국민에게 널리 인식시키는 것이 중요했다. 결과적으로는 B29가 투하한 원폭이 전쟁 종결의 과정에서 눈부신 성과를 거두어 '도박'은 성공했다. 미 공군 관계자는 원폭과 함께 B29가 "모든 시대를 통틀어 최대의 공격 무기가 되었다"는 점을 자랑스럽게 여기게 된다(Biddle, 2002).

당시에는 원폭 개발 비밀 프로젝트였던 '맨해튼 계획(Manhattan Project)'이 진행 중이었는데, 이 계획의 군사위원회는 일찌감치 1943년 5월 5일, 일본에 대한 원폭 투하를 검토하기 시작했다. 미 원자력위 원회의 역사는 "같은 해 그로브스(Leslie Groves, 맨해튼 계획의 사령관)는 핵전쟁을 위한 B29의 개조 준비를 승인했다. 영국제 폭격기 대신에 B29를 선택한 것은 원폭을 대일전에 사용한다는 의향을 반영한 것이 다."라고 서술하고 있다(R. G. Hewlett & O. E. Anderson Jr., *A History of the United States Atomic Energy Commission*, Vol. 1, Pennsylvania State University, 1962).

이듬해인 1944년 봄, 아놀드 사령관이 원폭 투하용 B29 14대(예비 기 포함)의 인도를 승인했다. 그 결과, 원폭 전용의 특별부대로 제509혼 성군이 편성되어 유타 주 웬도버(Wendover) 기지에서 훈련을 시작했다 (1944년 12월 17일). 최초의 원폭 완성은 1945년 6월로 예상되고 있었다.

소이탄 공격 – 더그웨이 실험

태평양전쟁 개전 직전인 1941년 11월 미국의 마셜 참모총장은 비 밀 기자회견에서 필리핀 기지로부터 일본 도시를 '소이 폭격' 한다는 구상을 밝혔다. 일찍부터 미국의 공군 관계자들은 목조건축물이 많은 일본 도시를 공격하는 데 소이탄이 유용하다는 것을 인식하고 있었다.

1943년 2월 일본의 도시 건축 특성에 적합한 폭격 전략을 세우기 위해 미 공군(USAAF) 사령관 아놀드는 작전분석위원회(COA)에 일본 의 중요한 군사적·산업적 폭격 목표를 검토하도록 의뢰했다. COA는

1년 전 은행가, 경제학자, 기업 변호사, 물리학자 등 다양한 분야의 민간인과 공군 정보부원을 중심으로 만들어진 임시 조직이었다. 초기에는 공군 참모본부(Air Staff, AS)와의 마찰도 있었지만, AS의 주요 멤버가 참가함으로써 COA는 공군과 표리일체에 가까운 조직이 되었다. 1943년 2월 24일, AS 작전입안부장이 '일본과 그 지배 지역 내의 목표에 대한 전면적 연구'를 요청했다. 이에 대한 답으로 AS 정보부는 다음 달 3월에 「일본의 목표 데이터 1943년 3월」을 제출했다. 여기서는 산업적 목표를 열거하며 주요 표적 몇 가지를 언급했는데, 정밀폭격론을 전제로 했기 때문에 지역폭격은 언급하지 않았다. 흥미로운 것은 그 후 5월에 작전입안부가 추가적인 보고를 요청하고 다시 정보부에 '일본 내 목표지역의 소이탄 공격에 대한 취약성' 연구를 요청했다는 점이다. 소이탄은 산업적·경제적 목표의 파괴보다는 사람을 상대로 유효하기 때문에 이 요청 자체가 도시의 소이탄 공격에 대한 AS의 강한 관심을 말해주고 있다.

한편 아놀드 사령관은 공군참모차장인 올리버 P. 에콜스(Oliver P. Echols)에게 공업시설에 대한 소이탄 공격 효과와 관련해 자문을 구했다. 그러자 에콜스는 유타 주 더그웨이(Dugway)에 있는 미군의 폭탄 시험장에서 곧 소이탄의 성능을 테스트할 예정이라고 대답했다. 아놀드가 구한 자문은 공장(industrial plants)에 대한 소이탄의 효과였지만, 더그웨이 팀이 만든 실험용 표적 모형은 공장이 아닌 독일과 일본의 주택이었다. 이것은 영국 공군의 경험을 통해 소이탄을 공장 근처의 주택 지역에 떨어뜨리는 것이 가장 효과적이라는 것을 더그웨이 팀이 알고 있었기 때문이라고 한다(William W. Ralph, "Improvised Destruction: Arnold, LeMay, and the Firebombing of Japan", *War in History*, 2006, 13〔4〕).

　루스벨트 대통령은 1941년에 군사 기술 개발을 위해 국방위원회를 설치했다. 이 위원회에서 신형 소이탄 연구 개발의 중심이 되었던 인물은 스탠더드 오일(Standard Oil)사의 부사장 R. 러셀(R. Russel)이었다. 그의 임무는 다양한 조건에서 사용 가능한 소이탄의 개발이었다. 러셀은 화학 전문가인 R. H. 이웰(R. H. Ewell) 박사를 대동하고 독일의 폭격 상황을 시찰하는 한편, 시험 제작된 소이탄의 성능을 시험하기 위해 더그웨이 측에 실험용으로 독일과 일본의 가옥을 재현해줄 것을 요청했다.

━ 더그웨이에서 소이탄 테스트용으로 만든 일본 가옥 모형
사진 제공: 東京大空襲·戦災資料センター

　일본 가옥의 모형을 만든 것은 태평양전쟁 전 이미 18년간이나 일본에 살며 일본 건축에 정통했던 미국의 건축가 안토닌 레이몬드 (Antonin Raymond)였다. 레이몬드는 실물 크기의 일본 가옥을 정확하게

재현했는데, 이는 당시 스탠더드 오일사가 개발 중이었던 소이탄(네이팜탄)을 실험하기 위해서였다. 그는 자서전에서 다음과 같이 회상했다.

그것은 일본의 공장과 노동자 주택을 얼마나 효과적으로 폭격하고 공업 능력을 파괴할 수 있는가 하는 문제였다. 나는 뉴저지의 소코니(Socony) 석유회사(스탠더드 오일의 약칭)의 연구부와 협력해서 그러한 주택군(群)의 실물을 디자인하게 되었다. 그 주택은 다양한 형태의 소이탄, 폭탄의 효과를 조사하기 위한 것이었다. 그 목적은 가능한 한 작고 가벼운 폭탄을 만들어 비행기로 대량 운반할 수 있게 함으로써 많은 비행사의 생명을 절약하는 것이었다.

우리는 그(뉴저지) 근처에 프리패브(prefabrication)[2] 공장을 건설하고 거기서부터 유타 주의 실험장까지 트럭 노선을 설정해 수천 마일 떨어진 곳으로 프리패브의 부재(部材)를 보냈다. 부재는 실험장에서 조립되어 폭탄의 표적이 되었다. (시험 폭격으로) 파괴되면 만족할 만한 결과를 얻을 때까지 계속해서 새로 만들었다. 건물은 이불, 방석, 기타 모든 것을 포함해 언제나 완전한 한 채의 일본 집으로 보이도록 꾸며졌다. 덧문도 만들어 열고 닫으면서 폭탄을 밤낮으로 시험했다(三沢浩訳, 『自伝 アントニ・レーモンド』, 鹿島出版会, 1970).

이 실험에 왜 석유회사가 깊숙이 개입된 것일까? 안토닌 레이몬드에게 사사한 일본 건축가 미사와 히로시(三沢浩)의 보고에 의하면 당시

---

2 프리패브리케이션의 약칭. 건축 공사에서 현장의 작업을 최소화하기 위해 공장에서 건축물의 재료를 제조하고 이를 공사 현장에서 조립하는 방식이다. 비용 절감과 대량 생산을 위해 고안된 공법이다.

소코니는 나프타(정제된 양질의 가솔린)와 팜(코코야자유)을 결합시킨 네이팜 소이탄을 실용화했는데, 그 판매를 위해 일본과 독일의 주택을 세워서 실험하는 계획을 생각해냈다고 한다(三沢浩,「アメリカの建築家と東京大空襲」). 실험에 사용된 것은 후일 도쿄 공습에 사용되는 M69 클러스터 소이탄으로 약 1,000미터 고도에서 투하되었다. 5월부터 9월에 걸쳐 실험은 반복되었다. 그 결과, M69가 일본 가옥에 크게 유효하다는 것이 입증되었다.

실험 결과는 정보부 보고서 『일본－소이탄 공격 자료 1943년 10월 15일』에 정리되었다. 보고서는 일본의 주요 20개 도시를 분석하고 '가연성(취약성)'을 기준으로 시가지를 몇 개의 블록으로 분류했다. 특히 중요한 10개 도시의 경우, 지도를 삽입해 분류된 블록을 그림으로 표시했다. 도쿄 지도에서 가장 불타기 쉬운 구역으로 분류된 곳은 3월 10일의 공습 목표 지역과 일치한다(奥住喜重·早乙女勝元, 앞의 책). 네이팜탄은 더그웨이의 육군

① M69 소이탄의 실제 크기 모형
② M69에 장착된 M69 네이팜 단체(單體) 소이탄. 투하되면 꼬리 부분에서 마제(麻製) 리본이 나온다. 리본은 낙하 시에 꼬리 날개 역할을 하며 공중에서 불이 붙는다
③ M69와 혼용해 투하된 M50 마그네슘 소이탄(왼쪽 2개)
사진 제공: 東京大空襲·戦災資料センター

화학부대와 워싱턴의 국방연구위원회가 정식으로 채택했고, 일본의 도시를 불태우기 위해 사용된다.

소이탄 공격 대상 도시의 선정

정보부 보고서 첫 페이지에는 독일보다도 일본의 도시가 소이탄 공격에 적합한 이유를 4가지 들고 있다. 일본의 주택 구조가 무척 타기 쉽게 되어 있다는 점, 도시 건조물의 조밀도가 매우 높다는 점, 일본에서는 공장과 군사목표가 주거지대에 인접해 있다는 점, 소수의 도시에 군수산업이 집중되어 있다는 점이다. "이렇게 공군의 참모들은 3월 9일의 (도쿄) 공습 거의 18개월 전에 소이탄을 사용한 일본 도시의 공격이 독일 도시를 공격했을 때보다 더 극적인 효과가 있다는 것을 확인하고 있었다(Thomas R. Searle, "It Made a Lot of Sense to Kill Skilled Workers: The Firebombing of Tokyo in March 1945", *The Journal of Military History*, Vol. 66, No. 1, January 2002)."

소이탄 공격의 대상이 되는 주요 도시는 실시 단계까지 혼슈(本州)의 6개 도시(도쿄, 가와사키〔川崎〕, 요코하마〔横浜〕, 나고야〔名古屋〕, 오사카〔大阪〕, 고베〔神戸〕)로 좁혀졌다. 표 4-1에는 보고서의 부표(附表)에 표시된 6개 도시의 인구가 나타나 있다. 반올림을 하면 혼슈에 있는 인구 100만(이상)의 도시가 모두 포함되어 있다. 가와사키 한 곳만 30만 명대로 인구가 적은데, 이는 가와사키가 요코하마 또는 도쿄 공습의 일부로서 소이탄 공격의 대상이 되었기 때문이다. 따라서 실제로는 혼슈의 5개 도시였던 셈이다. 6개 도시는 일본 도시의 특성을 고려해 인구·노동자 수가 많은 순서로 선정되어 대량 소이탄 공격의 첫 목표가 되었다. 가능한 한 많은 주민을 불태울 의도가 있었다고 볼 수 있다.

【표 4-1】 6개 도시의 인구와 소이탄 공격에 대한 취약 지역

도시명		도쿄	요코하마	가와사키	나고야	오사카	고베
인구(천 명)		6,779	968	301	1,328	3,252	967
취약 지역 (평방마일)	I	10.9	1.0	2.3	5.6	11.2	3.6
	II	56.6	6.4	2.3	15.2	28.2	6.7
	합계	67.5	7.4	4.6	20.8	39.4	10.3

주: I은 가장 취약, II는 그 다음으로 취약
출처: 奥住喜重, 「日本—燒夷攻擊資料 1943年10月15日」(『空襲通信』 第8号 수록)에서 작성

1943년 11월에는 COA의 첫 보고서인 『극동의 경제 목표 1943년 11월 11일 자』가 아놀드에게 제출되었다. 이 보고서는 정밀폭격을 전제로 하면서 전략적으로 중요한 목표를 우선순위 없이 거론했다. 그것은 철강, 상업 조선, 항공기 공장, 볼 베어링, 전자 및 도시 공업지역이었다. 또 가장 중요하다고 생각되는 폭격 목표로서 나카지마(中島) 비행기 등 몇몇 공장의 이름이 거론되었다. 마지막으로 언급된 '도시 공업지역'의 폭격은 정밀폭격의 틀을 뛰어넘는 지역폭격이었는데, 다음과 같이 설명되었다. "일본의 전시 생산(중공업 제외)은 도시지역에 대한 소이탄 공격에 특히 취약하다. 영세한 수공업과 가내공업에 하청을 주는 광범위한 관행 때문이다. 일본의 작은 주택은 주거 목적뿐만 아니

라 전쟁 자재의 공급에 공헌하고 있는 작업장이기도 하다." 아놀드는 보고서를 수리했다. 만주의 안산(鞍山)에 있던 쇼와(昭和)제철소와 규슈 (九州)의 야하타(八幡)제철이 청두의 제20폭격기 집단의 중점 목표가 된 것도 이 보고의 결과였다.

'지옥을 만들어 버려라!'

1년 후에도 COA는 『극동의 경제 목표에 관한 추가 보고서 1944년 10월 10일 자』를 제출했다. 이틀 뒤 최초의 B29가 중부 태평양의 마리아나 기지에 착륙하게 되었으므로 이 보고서는 마리아나제도(괌, 사이판, 티니안)에서 출발하는 일본 본토 공습작전의 기초가 되었다. 추가 보고서에서 가장 큰 내용상의 변화는 폭격 목표가 3가지로 줄었다는 점이다. 또 우선순위가 매겨졌는데, 제1목표는 항공기 산업, 제2목표는 도시 공업지역, 제3목표는 기뢰의 공중투하를 이용한 항운(航運)의 방해였다. 1943년 10월의 보고서와 비교하면 명백히 지역폭격의 비중이 커졌는데, 정밀폭격 대상은 항공기 공장만 남은 셈이다. 제3목표는 해군이 의뢰한 것으로 일본에 대한 해상봉쇄 강화의 일환이었다. 전략폭격에 대한 '곁길(aside)'로 명시되어 있으므로 해군의 작전을 지원하는 전술 행동임이 명백했다.

제2목표는 구체적으로 혼슈의 6개 도시에 대한 소이탄 공격이다. 9월에 열린 COA 회의에서는 "6개 도시의 주민 58만 4,000명을 죽였을 때 발생하는 완전한 혼란 상태의 가능성"이 논의되었다. 그리고 이들

도시에 대해 "가옥의 70%가 전멸할 것이다. 노동자의 죽음, 가내공업의 파괴, 주거의 상실을 통해 공격은 일본 경제(특히 공작기계)에 현저한 효과를 미칠 것이다. 거의 15%의 생산 저하가 예측된다. 공격은 전선의 군사력에 바로 영향을 주지는 못하겠지만 장기적으로는 영향을 줄 것이다."라고 설명했다.

COA는 단순히 전략적으로 중요한 공장의 파괴만을 노린 것이 아니었다. 전략정보국장 윌리엄 맥거번(William McGovern)은 회의에서 소이탄 공격의 심리적 효과에 대해 발언했다. 일본인은 어릴 때부터 화재에 대한 공포심이 각인되어 있어서 소이탄 공격은 혼란으로 이어지기 쉽다고 지적했다. 그는 지역폭격을 전면적으로 지지하며 "지옥을 만들어 버려라, 도쿄를 부수어 버려라. 그리고 온 나라의 국민이 완전히 졌다고 말하게 만들어라."라고 제안했다. 그는 '몇 번의 대규모 공습으로 일본인은 정부에 항복하도록 요구할 것'이라고 생각했던 것이다(「COA 회의의사록, 1944년 9월 15일 및 27일」).

아놀드는 추가 보고서를 채택했다. 하지만 제2목표에 대한 공격을 본격적으로 시행하기 위해서는 대량의 소이탄을 공급·비축하면서, 이때까지 정밀폭격을 기준으로 정비되었던 체제를 지역폭격을 위한 체제로 전환할 필요가 있었다. 추가 보고서 또한 6개 도시에 대한 폭격은 충분한 전력을 준비한 후 실행해야 한다고 강조하고 있었다.

2. 도시 소이탄 공격과 미국의 책임

도쿄 대공습의 시기 – 1945년 3월

제2차 세계대전에서는 전선의 군사력을 지원하는 병참의 역할이 매우 컸다. 사실 병참을 경시한 태도는 일본이 군사적으로 패배한 커다란 이유이기도 했다. 이러한 측면에서 보자면 일본의 6개 도시에 대량의 소이탄 공격을 집중시키기 위해서는 작전 개시까지 충분한 전쟁 물자를 마리아나제도로 운반할 필요가 있었다. 1944년 10월 집계로 6개 도시에 떨어뜨리는 데 필요한 소이탄은 6,065톤이었다. 그래서 공급을 위해 국내의 생산설비를 풀가동하고, 작전 개시에 맞추어 필요한 양의 물자를 준비해야만 했다.

나중에 언급하듯이 1945년 3월로 예정된 도쿄 등 6개 도시에 대한 소이탄 공격은 작전 개시 10개월 전에 이미 결정된 사항이었는데, 막대한 물자·인원을 조달하는 병참의 측면에서 이것은 결코 이른 결정이 아니었다. 대량의 비행기와 자재가 필요한 지역폭격으로 작전의 초점을 맞추기에는 시간이 필요했다. 한편 소규모 소이탄 공격을 반복한다면 본격적인 '대규모 공격'이 실시될 때 연소를 방해하는 방화 지대만 늘어나 있을 것이라는 아이러니한 의견도 있었다. 그래서 먼저 비교적 적은 폭탄을 가지고 정밀폭격을 실시하고, 6개 도시에 대한 '대규모 공격'은 일정한 준비단계를 거친 후에 실시하기로 했다.

지금까지는 작전 입안 과정을 공군참모부와 작전분석위원회를 중심으로 살펴보았는데, 이것들이 현실 작전으로 구체화되기 위해서는 합동참모본부(JCS)의 결정이 필요했다. 1942년에 육해군의 작전을 조정하기 위해 설치된 합동참모본부는 대통령 직속 기구였는데, 대통령을 보좌하는 합동참모 참모장인 레이히(William Daniel Leahy, 1875-1959) 제독이 총괄하고 육군참모총장인 마셜, 해군작전부장 겸 미 함대사령관인 킹 제독, 공군 담당 육군참모총장 대리 겸 육군항공대(USAAF) 사령관 아놀드 장군으로 구성되어 있었다. 당시 공군은 아직 육군으로부터 독립되지 않았고, 아놀드의 소속이 육군이었음에도 불구하고 JCS 내에서 아놀드는 마셜, 킹에 필적하는 지위를 부여받고 있었다. 공군의 독자적인 지위와 역할이 인정받은 결과였다.

1944년 4월 6일 JCS는 최초의 COA 보고서 『극동의 경제 목표

1943년 11월 11일 자』에서 거론한 6가지 목표에 '석유 관련 시설'을 더해 7가지 목표를 B29의 전략폭격 목표로 결정했다(JCS742/6 문서 「대일전의 초장거리 폭격기의 최적 사용, 시기 및 배치」). 이 문서에 수록된 통합정보위원회(JIC)의 분석은 폭격의 효과를 다음과 같이 설명했다.

노동자의 시간을 복구와 구조로 소모하게 하고, 살상으로 인한 노동력의 손실, 생산에 불가결한 공공서비스의 중단, 특히 군수산업에 종사하는 공장의 파괴가 대단히 광범위하게 이루어질 것이기 때문에 (일본인은) 대규모 재해에 직면하게 될 것이다(JIC152/2).

1개월 후인 5월 9일 COA는 한셀 육군항공대 참모장에게 권고했다. "만약 필요한 전력을 이용할 수 있다면 일본의 도시 공업지역에 대한 총공격은 1945년 3월에 개시하고 그 달에 집중해야만 한다." 일본의 6개 도시에 대한 소이탄 공격='총공격'을 1945년 3월에 시작하고, 공격을 그달에 집중시키라는 것이다. 작전 개시를 3월로 정한 이유는 3월과 9월이 기상 여건상 도시 공격에 적합한 시기라고 여겨졌기 때문이다(COA 의장 구이도 페레라[Guido Perera] 대령이 한셀 준장에게 보내는 서신, 1944년 5월 9일 자). 아마도 봄의 돌풍, 9월의 태풍 전후에 부는 강풍의 효과를 고려한 결과라고 생각된다. 이로 인해 불이 빠르게 번지기 때문이다. 1945년 3월의 도쿄 대공습은 이미 그 1년 전에 결정된 셈이다. COA는 도시의 목표 전체를 파괴하는 소이탄 공격의 경우, 대규모 병력이 집결하기를 기다렸다가 대량·대규모로 실시해야 한다고 생각하고 있었다. 그리고 그 전까지는 정밀폭격으로 중요한 산업적·군사적 목표를 하나하나 없애 버리는 일종의 시간차 전술을 생각하고 있었다.

도쿄 대공습과 미국의 책임

1944년 6월 15일 미군의 마리아나제도 상륙작전이 시작되었다. 미군의 사이판 상륙과 동시에 청두에서 날아온 B29 47대가 기타큐슈(北九州)의 야하타 제철소(八幡製鐵所)를 폭격했다. 야하타 제철소는 일본 내 철강 생산의 3할을 생산했다. 그러나 시계 폭격이 가능했던 것은 15대에 불과했고, 32대는 레이더 조준으로 폭격했다. 이후 규슈 지역은 청두를 기지로 하는 B29의 폭격을 받게 되었다. 그러나 중국의 오지에서 일본 본토를 공습하는 일에는 많은 어려움이 따랐다. 항속거리 때문에 규슈에서의 작전은 한계에 직면했고 폭탄, 연료 등 자재의 많은 부분을 인도에서 히말라야 산맥을 넘어 중국의 청두 기지까지 운반해야 했다. 이것과 비교해 중부 태평양의 마리아나제도에서는 B29로 왕복하면서 일본의 중심부에 폭격을 가할 수 있었다. 마리아나에서 B29로 일본을 폭격하기 위해 제21폭격기 집단이 편제되었는데, 이것은 중국에 주둔 중인 제20폭격기 집단과 함께 제20공군의 직속 부대였다(제20폭격기 집단도 나중에는 마리아나로 이동해 통합 운용됨).

제20공군은 일본에 대한 전략폭격을 임무로 해서 1944년 4월에 만들어졌는데 형식상으로는 육군항공대 소속이었지만 각 전역(태평양군, 해군, 인도·미얀마·중국 전구) 사령관의 권한으로부터 독립해 독자적으로 활동했다. 보고도 육군을 거치지 않고 합동참모본부에 직접 보고하면 그만이었다. 아놀드는 공군이 육군과 해군을 위한 전략적 지원뿐만 아니라 전략폭격으로 적을 굴복시킬 수 있는 독립된 전력이며 적의 최종적인 패배에 결정적인 역할을 할 수 있다고 믿고 있었다. 제20공군의 성립은 그 목표를 향한 원대한 첫걸음이었다. 결국 전쟁 종결에서 공군의 결정적인 역할을 과시하는 것은 아놀드 등 공군 관계자들의 과제가 되었다.

아놀드는 자신의 참모장인 헤이우드 한셀 준장을 제21폭격기 집단 사령관에 임명했다. 그러나 한셀은 아놀드의 기대에 좀처럼 부응할 수 없었다. 본토 공습에 필요한 100대 이상의 B29와 인력 조달에는 시간이 필요했고, 기지 정비도 완료되지 않아 부품 등의 보급도 부족했다. 더구나 가장 중요한 B29 폭격기가 엔진에서 조종석의 기밀장치에 이르기까지 계속 고장을 일으켰으며, 준비가 끝난 뒤에도 악천후로 인해 수일간 대기 명령을 받았다. 이오 섬(硫黃島) 상륙작전을 앞둔 육해군의 전술 출동 요청도 무시할 수 없었다. 이러한 악조건들은 한셀의 책임이 아니었지만 자신의 사명을 수행하려는 한셀을 늘 따라다녔다.

도쿄를 향한 폭격이 시작되다

1944년 11월 23일에 실시된 첫 도쿄 공습의 목표는 나카지마 비행기의 무사시노(武蔵野) 공장이었다. 사이판에서 발진한 것은 111대였는데, 17대는 연료에 문제가 있어 도중에 돌아왔다. 6대는 다른 기술적인 문제로 진로를 다르게 잡았고 전투 중에 1대, 귀환 중에 1대를 잃었는데 미군 자료(「작전임무 제7호」)에 의하면 주목표인 비행기 공장을 폭격할 수 있었던 것은 25대뿐이었다고 한다. 다른 50대는 제2목표였던 도쿄 시가지와 항만 지역에 폭탄을 투하했다. 어쨌든 주목표에 폭탄을 투하할 수 있었던 것은 발진한 B29의 3분의 1 이하로, 공장 자체의 피해는 경미했지만 지상에서는 무차별폭격과 같은 상황이 벌어졌다.

3일 후인 27일에는 다시 81대가 출격했지만 구름에 가려 비행기 공장을 발견하지 못했고 도쿄 상공에 도달한 59대는 모두 제2목표를 무차별적으로 레이더로 폭격했다. 세 번째(12월 3일) 출격에는 도쿄 상공이 쾌청해 시계가 양호했다. 발진한 72대 중 39대(54%)가 공장을 폭격

━ 폭탄을 투하하는 B29를 머리 부분의 기관
총좌에서 바라본 광경(1945년 나고야 상공)
사진 제공: 마이니치 신문사

했지만 폭탄의 명중률은 2.5%, 성과는 '불충분(「작전임무 제10호」)'으로 평가되었다. 무사시노 공장에 대한 폭격은 12월 27일에도 실시되었는데, 출격한 폭격기의 54%에 해당하는 39대가 제1목표에 도달했지만, 조준점 300미터 이내에 명중한 폭탄은 6개뿐으로 '폭격 성과 근소함'으로 끝났다(「작전임무 제16호」).

1944년에 실시된 폭격, 특히 나카지마 비행기의 무사시노 공장에 대한 폭격과 관련해 우리는 다음의 사실에 주목할 필요가 있다. 첫째, 일단은 비행기 공장을 목표로 한 주간 정밀폭격이었지만 동시에 제2목표(도쿄 시가지와 항만 지역)로서 지역폭격도 분명하게 지시되었다. 또한 실제 폭격에서도 지역폭격의 비중은 컸다. 두 번째로, 폭격기가 목표 지점에 도달했던 경우에도 정확도가 떨어져 결과적으로 '오폭'으로 인한 무차별폭격의 피해가 발생했다. 세 번째로, 미군 자료에 의하면 일본군 항공기의 요격과 대공포로 인한 B29의 피해는 경미했다는 점이다(표 4-2).

【표 4-2】 나카지마 비행기 무사시노 공장 폭격 당시 B29의 피해(1944년)

출격일	출격 대수	요격기의 공격 횟수	손실 대수	교전 후 조기 귀환 또는 불시착
11월 24일	111	200	2	1(불)
11월 27일	81	없음	1	1(불)
12월 3일	86	75	5	8
12월 27일	72	272	3	2
합계	350	547	11	12

출처: 小山仁示訳, 「米軍資料 日本空襲の全容」, 東方出版, 1995

단 미군은 서북부에서 일본 상공으로 부는 강력한 제트 기류(편서풍)를 계산에 넣지 않았다. 제트 기류는 일본 열도 상공 1만 2,000미터 전후에서 부는 강력한 서풍으로, 특히 겨울에는 장소에 따라 초속 100미터에 달하는 경우도 있다. 이 기류는 B29가 비행하는 항로와 교차했기 때문에 폭격에 커다란 영향을 주었다. 바람 속에서는 폭격의 정확도를 유지하기가 곤란하고 기류와 교차되면 비행기가 흔들려 정확한 폭격이 불가능하게 된다. 또한 바람을 타면 정확도는 유지되지만 속도를 크게 줄이지 않는 한 목표를 지나쳐 버릴 우려가 있었고 속도를 줄이면 일본의 요격기와 대공포에 희생될 위험이 컸다.

12월 13일의 나고야 공습에서는 미쓰비시(三菱) 중공업의 발동기 제작공장이 목표였다. 이때 한셀은 B29의 기수를 바람 위로 돌려서 폭격에 성공했다. 그래서 '폭격 성과 매우 큼(「작전임무 제12호」)'이라고 평가받았지만 피해도 커서 B29 90대 중 손실 4대, 조기 귀환 15대, 불시착 2대였다(피해 31대로 보는 수치도 있음). 한셀은 이 무렵을 회고하면서 다음과 같이 술회했다.

> (1944년 11월에서 1945년 1월까지) 3개월은 실패의 연속으로 말하자면 최악이었다. 교관은 엄격하게 승무원을 단련시켜 정확도를 개선시키려고 노력했다. 유지 관리 향상에도 막대한 노력이 들어갔다. 날씨는 무서운 적이었지만 기상 변화에 대한 정보가 없었다. 대원들의 사기는 위태로웠다. 비행기의 엔진은 여전히 신뢰할 수 없었다(Haywood S. Hansell, *The Strategic Air War against Germany and Japan*, Office of Air Force History, 1986).

크레인(Conard C. Crane)은 마리아나에서의 폭격이 실패한 기술적 이유로서 ① B29의 결함(무기 시스템, 엔진, 승무원의 훈련도 등)과 ② 기상 조건(많은 구름, 강풍 등)을 든 후 "1945년 초까지 제21폭격기 집단의 성과는 초라하기 짝이 없었고 실패율도 높았다. B29의 승무원들은 탑승할 비행기와 전술에 대한 신뢰를 잃고 있었다. 정밀폭격은 일본의 산업에 대해 그다지 성과를 거두지 못했는데, 그 이유는 고고도에서 투하된 고성능 폭탄의 형편없는 정확도, 소규모로 확산되어 있는 일본의 산업적 특징 때문이었다"고 기술하고 있다(Conrad C. Crane, *Bombs, Cities, & Civilians: American Airpower. Strategy in World War II*, University Press of Kansas, 1993).

과장된 르메이의 역할

제20공군 소속의 또 다른 폭격기 부대인 제20폭격기 집단을 중도에 인솔하게 된 인물은 커티스 르메이(Curtis Emerson Le May, 1906-1990)[3] 소장이었다. 첫 지휘관(볼프)이 기술적 문제로 아놀드와 의견이 맞지 않아 도중에 해임되고 르메이가 임명된 것이다. 르메이는 정밀폭격을 위한 기술 개량에 힘을 기울였고, 그 결과 비행기 공장을 목표로 한 주간 정밀폭격에서 성과를 거둘 수 있었다. 예를 들어

---

3 미국의 군인. 고도의 폭격 전술을 개발해 B29 폭격기 부대를 지휘했다. 특히 마리아나제도, 일본 본토의 폭격, 원폭 투하를 지휘한 것으로 유명하다. 또 전후 1948년에는 미국의 전략공군 사령관으로서 베를린 봉쇄에 대항하는 공수작전을 전개하기도 했다.

1944년 10월 25일 중국에서 날아온 B29 59대는 나가사키 현(長崎県) 오무라(大村)의 제21해군항공창을 눈으로 확인한 후 폭격해 동양 제일을 자랑하는 거대한 비행기 제작소의 대부분을 파괴했다.

한셀이 최고의 전과를 거두었을 때조차 폭격 정확도가 14%였는데, 르메이는 폭탄의 41%를 목표의 약 300미터 이내에 투하할 수 있었다. 마침내 아놀드는 자신의 기대에 부응해 '결과를 내는' 사람을 찾아낸 것이다. 아놀드는 12월 9일 자 르메이 앞으로 보낸 편지에서 'B29라면 어떠한 비행기도 거두지 못한 훌륭한 폭격을 수행할 수 있다고 생각하고 있었는데 당신이야말로 그것을 입증할 수 있는 사람이다.'라고 쓰면서 기대감을 나타냈다. 1945년 초 아놀드는 중국을 근거지로 하는 폭격을 중지하고 B29를 마리아나로 합류시켰다. 동시에 르메이를 한셀을 대신해 제21폭격기 집단의 사령관에 임명했다(1945년 1월 20일).

후에 한셀은 만약 자신이 지휘를 계속했었다면 대규모 지역폭격을 실시하지 않았을 것이며, 자신의 파면은 정밀폭격에서 지역폭격으로 정책이 전환된 결과라고 주장했다. 어느 역사가는 한셀의 파면이 지역폭격에 반대했기 때문이라고 말하면서 르메이의 임명은 대일 폭격 정책의 전환을 가져왔다고 주장했다(Michael S. Sherry, *The Rise of American Air Power : The Creation of Armageddon*, Yale Uniersity Press, 1987). 그러나 이러한 주장은 사실과 다르다. 이미 언급했듯이 미국은 중요한 특정 목표에 대해 정밀폭격과 함께 지역폭격도 병행한다는 방침을 갖고 있었다.

한셀이 실시한 도쿄와 나고야에 대한 폭격의 경우, 주목표인 나카지마 비행기·미쓰비시 중공업과 함께 제2목표인 시가지도 폭격 대상에 포함되어 있었고 실제로 많은 경우 제2목표도 폭격을 받았다. 더구나 한셀이 재임 중이던 1944년 11월 29일에는 B29 29대가 도쿄의 공업지역을 제1목표로 최초의 레이더 조준에 의한 야간 폭격을 실시했으며, 1945년 1월 3일에는 나고야의 도크(dock) 지대와 시가지를 제1목표로 한 주간 폭격도 실시했다. 나고야 폭격은 96대가 출동한 것으로 36만 평방킬로미터를 파괴하고 27개소로부터 불길이 솟아올라 '폭격 성과 양호함'이라는 판정을 받았다(「작전임무 제17호」). 이 두 곳의 폭격을 통해 한셀은 지역 소이탄 폭격을 시험하면서 '대규모 지역폭격'을 준비하고 있었다. 그리고 한셀의 준비는 르메이에게 이어져 2월 25일에는 229대가 출동해 도쿄 시가지에 대한 지역폭격을 실시했다. 이 폭격은 주간에 고고도에서 편대비행으로 폭격을 실시했다는 점에서 오히려 한셀의 전술을 답습한 것이라고 할 수 있다.

한편 르메이는 이오 섬이 미군의 수중에 떨어져 호위 전투기의 동행이 가능하게 되자 지역폭격과 병행해 주간의 정밀폭격을 자주 실시했다. 오키나와(沖縄)전을 거쳐 일본 본토 폭격이 본격화된 1945년 6월에는 악천후가 계속되었지만, 「작전요약(Mission Summary)」에 의하면 미군은 마리아나로부터 B29를 출격시켜 정밀폭격 21회, 오사카 등에 대한 시가지(지역) 폭격 11회를 실시했다고 한다(小山仁示訳, 『米軍資料 日本空襲の全容—マリアナ基地B-29部隊』, 東方出版, 1995). 그 밖에 해군의 의뢰로 봉쇄 작전을 지원하기 위한 기뢰 투하도 10회 실시했다. 일단 전체

적인 횟수로는 정밀폭격이 지역폭격보다 많은데, 정밀폭격과 지역폭격은 서로 대체할 수 있으며 병행해서 이루어졌다고 보는 편이 맞다. 결국, 정밀폭격과 지역폭격의 관계를 대립적으로 생각했던 이제까지의 논의에는 무리가 있는 것이다. 그러한 대립적인 사고방식은 르메이의 책임을 과장하고 강조하게 됨으로써 폭격의 사상 자체에 내재된 대량살육을 긍정하게 되거나 제20공군 자체의 책임을 흐릴 위험이 있다.

도쿄 대공습

도쿄 대공습은 1945년 3월 9일(일본에서는 일반적으로 10일 공습을 말함)에 실시됐다. 「도쿄 대공습 사죄 및 손해배상 청구사건 소장」에 의하면 미군 측은 도쿄의 후카가와(深川), 혼조(本所), 아사쿠사(浅草)를 중심으로 한 마을의 인구 밀집지 28.5평방킬로미터에 집중적으로 33만 발(1,665톤)의 소이탄을 투하해 대화재를 발생시켰다.

B29 279대(출격 325대)의 소이탄 투하는 10일 새벽까지 2시간 반에 걸쳐 이루어졌다. 괴멸적인 피해를 입은 지역은 당시 도쿄의 35구(區) 중 9구 40.9평방킬로미터에 이르렀다. 소실된 가옥은 약 27만 채, 사망자 추정 10만 명 이상, 부상자 약 40만 명, 집을 잃은 이재민은 약 100만 명에 이르렀다. 폭격이나 피해의 실태에 대해서는 『도쿄 대공습 전재지』[4](전5권, 도쿄 대공습을 기록하는 모임〔東京空襲を記録する会〕 엮음)를

---

4 『東京大空襲戰災誌』(全5巻, 東京大空襲を記録する会編).

비롯한 많은 연구와 증언이 있기에 여기서는 다음의 문제점에 대해서 생각해 보기로 한다.

　무엇보다도 중요한 것은 미국 지도층이 공전의 규모로 실시된 민간인(특히 여자와 어린이) 대량살육에 대해 어떠한 인식을 갖고 있었는가 하는 문제다. 루스벨트 대통령은 도쿄 대공습 1개월 후 급사했기 때문에 그의 견해는 알 길이 없다. 단, 대통령의 전시 최고 고문 중 한 사람으로서 처음부터 원폭 개발에도 관여했던 버니바 부시(Vannevar Bush) 과학연구개발국 장관에 대해서는 다음과 같은 친구의 회상이 전해지고 있다. 부시는 일본의 도시 공격, 특히 소이탄 공격의 결정에 관여했는데 "자신이 도쿄를 불태웠다는 것 때문에 전후 수년간이나 밤중에 비명을 지르며 눈을 뜨곤 했다. 원폭조차 젤리 가솔린(네이팜탄)만큼 그를 괴롭히지는 못했다(Peer Wyden, *Day One*, Warner Books edtion, 1985)"고 한다.

　소이탄 전문가로서 과학연구개발국의 고문인 R. H. 이웰 박사는 M69 소이탄 개발에 깊이 관여했었는데, 부시에게 보낸 각서(1944년 10월 12일 자)에서 "일본 도시에 대한 소이탄 공격은 일본의 항복을 앞당기는 데 중요하며 만약 잘 되면 전쟁 종결을 수개월 앞당겨 수천 명의 미국인의 생명을 구하게 된다"고 하면서 소이탄 공격에 필요한 병력과 일본의 전쟁 수행 능력에 미치는 피해에 대해 자세히 고찰했다. 부시는 이 각서를 받자마자 아놀드에게 보내 도시 소이탄 공격 계획을 실행하도록 재촉했다(奧住喜重訳,「イーウェルからブッシュへ、日本の都市を焼夷攻撃せよ」,『空襲通信』第8号). 친구의 회상에서 부시가 "자신이 도쿄를 불

태웠다"고 하는 말은 어쩌면 위의 행동을 가리키는 것인지도 모른다.

스팀슨 육군장관은 원폭 개발의 지도자 오펜하이머(Julius Robert Oppenheimer, 1904-1967)[5]에게 도쿄 대공습을 통한 '몰살(wholesale slaughter)'에 대해 미국에서 "아무런 항의 목소리도 들리지 않는 것은 무서운 일이다."라고 말했다(Wyden, 1985). 적어도 문관의 최고 지도자들은 도쿄 대공습의 잔학성에 대해서 인식하고 있었던 것은 아닐까? 특히 스팀슨은 도쿄 대공습이 주민에 대한 '몰살' 폭격이며 지역폭격의 필연적 결과라는 점을 잘 인식하고 있었다. 그는 3월의 도쿄 대공습 후에 공군 담당 육군장관 보좌관인 로버트 로베트를 불러 향후 정밀폭격을 준수하도록 하라고 명령했다(『스팀슨 일기』, 1945년 6월 1일 자). 또한 5월 16일에도 정밀폭격을 준수하게 하고 싶다고 트루먼 대통령에게 말하면서 "페어플레이와 인도주의를 중시하는 미국의 명성이야말로 앞으로 수십 년에 걸친 평화를 위한 세계 최대의 자산이다."라고 설명했다(『스팀슨 일기』, 같은 날짜). 이러한 스팀슨의 설명을 다음과 같이 평가하는 역사가도 있다.

"(그는) 일본인에 대한 노골적인 증오나 인종적인 반감을 전혀 갖고 있지 않았으며 또한 세계 여론에 영향을 미치는 도덕적인 배려도 도외시하지 않았다(마ー틴・샤ー윈, 加藤幹雄訳, 『破滅への道程、原爆と第二次世界大戦』, TBSブリタニカ, 1978)." 그러나 스팀슨은 결코 인도주

---

5 미국의 이론물리학자. 제2차 세계대전 중에 미국의 원자폭탄 완성에 지도적 역할을 한 것으로 유명하다. 전후 원폭의 아버지로서 국가적 영웅이 되었으나 미국의 수소폭탄 제조 계획에 반대하는 등 반핵운동에 참가했다.

의나 도덕적인 배려만으로 정밀폭격을 고집한 것이 아니었다. 가장 큰 이유는 완성이 가까워진 원폭을 염두에 두고, 공군이 일본을 철저하게 폭격해서 원폭의 위력을 보여줄 목표가 없어질 것을 걱정했기 때문이었다(『스팀슨 일기』, 1945년 6월 6일 자). 그의 요청에 부응해 합동참모본부는 6월 30일에 교토(京都)[6], 히로시마(広島), 고쿠라(小倉), 니가타(新潟)의 4개 도시에 대한 폭격 금지 명령을 내리고 원폭 투하 목표로 유보하도록 했다. 나중에 스팀슨은 원폭 투하 목표에서 교토를 제외했다. 그 정도의 영향력을 가지고 있고, 수많은 민간인의 희생에 마음을 아파하면서도 스팀슨이 개입했던 것은 정밀폭격을 준수하라는 것뿐이었다. 일본 도시에 대한 무차별폭격을 멈추려는 노력은 아무것도 하지 않은 것이다.[7]

아놀드의 책임 회피

이러한 태도는 르메이의 직속상관인 제20공군사령관 아놀드의 경우에도 마찬가지였다. 이웰 각서는 "(6개 도시 소이탄 공격에 대한) 인도적, 정치적 의문에 대한 최고 지도층의 결정"이 필요하다고 권고했

---

6 일본의 간사이(関西) 지방에 있는 도시로, 중세시대부터 1868년경까지 일본의 수도였다. 천 년이 넘는 고도로 인정받고 있으며 문화재와 유적, 전통문화가 보존되어 있는 곳으로 유명하다.

7 하지만 민간인에 대한 피해와 관련해 정밀폭격이냐, 무차별폭격이냐에 대한 논의가 있었고 인도주의에 입각해 정밀폭격을 지향하는 입장이 작전 관계자, 심지어 상층부에도 존재했다는 사실은 그 나름의 의미가 있었다고 볼 수도 있다. 제2차 세계대전 초기 전략폭격의 가해자였다가 전쟁 후기에 엄청난 피해를 입게 되는 독일과 일본의 경우, 적국 주민의 피해·인도주의는 작전에서 고려 대상이 되지 않았다.

다. 부시는 그 필요성을 아놀드에게 보내는 편지에 동봉했다. 부시는 아놀드에게 보내는 편지에서 "(소이탄 공격) 결정의 인도주의적 측면에 대해 아직 결정된 것이 없다면 더 높은 수준에서 결정이 이루어져야 한다"고 강조했다. 아놀드보다 더 높은 지위의 인물로는 루스벨트 대통령이나 스팀슨 육군장관밖에 생각할 수 없다. 그러나 아놀드가 '높은 수준' 혹은 자기보다 상위에 있는 사람에게 결정을 요청한 기록은 발견되지 않고 있다. 따라서 아놀드는 부시와 이웰의 권고를 따르지 않았을 가능성이 높다.

아놀드는 제21폭격기 집단에 '결과를 내라'고 요구했지만 어떠한 방법으로 목적을 달성할지에 대해서는 직접적으로 명령하지 않았다. "대신에 그는 최선이라고 생각한 작전가를 실전 부대의 사령관으로 임명하고 주머니에 백지 위임장을 넣어주며 마리아나로 보냈다"고 한다 (Ralph, 2006). 르메이가 도쿄 대공습 당시 채택한 대담한 전술 변경은 커다란 위험을 동반했지만, 아놀드는 그것에 직접 관여하기를 거부했다. 3월 9일 17시 36분에 B29의 출격을 명령한 것도 르메이의 독자적인 판단이었다. 아놀드는 르메이에게 압력을 넣어 결과를 낼 것을 요구했지만 폭격의 방법과 실행은 현장 지휘관에게 위임함으로써 결과적으로 책임을 회피했다.

아놀드는 군인 겸 정치가로서 이미 언급한 바와 같이 B29로 전쟁을 종결시켜 공군의 독립에 유리한 상황을 만드는 것을 염원하고 있었다. 문자 그대로 'B29의 아버지'였던 그는 B29에 건 자신의 사명이 잘못될 경우 그 정치적 책임을 모두 져야만 했다. 특히 원폭 개발비를 능가하는 30억 달러의 B29 개발비는 늘 그의 마음을 무겁게 짓눌렀다. 아놀드는 마리아나를 기지로 한 폭격이 실패를 거듭하자 정치적으로도 곤경에 빠졌다. 그래서 이를 만회하기 위해 무슨 수를 써서라도 결과를 내야만 했다. 아놀드는 르메이를 제21폭격기 집단의 지휘관에 임명한 직후 심장발작으로 쓰러졌고, 도쿄 대공습 시기에도 여전히 병상에 있었다. 당시 그의 심장발작은 4번째였는데 B29의 성과에 매달렸던 심신의 피로도 발작 원인의 하나였는지도 모른다.

1945년 2월 17일 해군의 함재기(艦載機)가 도쿄 지구 나카지마 비행기의 무사시노 공장을 공격했다. 폭격은 성공했고 공장에 큰 피해를 입혔다. 제21폭격기 집단이 실시했던 무사시노 공장 폭격이 성과를 거두지 못하는 상황에서 이것은 해군의 쾌거로 신문에서 칭송받았다. 병상에 있던 아놀드에게 이것은 두고 볼 수 없는 일이었다. 해군도 전부터 B29를 요구했었기 때문이다. 아놀드는 제20공군사령관 대리인 가일즈(Giles Barney)에게 편지를 썼다. "우리가 일본 본토에 보낼 수 있는 B29의 최대 대수가 60대, 80대라고 한다면 관리상의 변경이 일정에 오르게 될 것이다. 예를 들어 니미츠(Chester William Nimitz) 태평양함대 사령관은 'B29의 지휘권을 넘겨라, 우리는 한 번에 300대를 일본에 보낼 것이다.'라고 하면서 지휘권을 요구할 것이다." 아놀드는 B29 폭격기 부대가 해군에 이관될 가능성을 걱정했다. 이 걱정이 '결과를 내려는' 아놀드의 열망을 더욱 자극했다는 것은 의심할 여지가 없다. 아놀드는 르메이가 도쿄 대공습에서 '결과를 냈다'는 것을 알고 가일즈 사령관 대리를 통해 르메이에게 찬사를 보냈다. 더불어 "공군은 태평양 전쟁에 중요한 공헌을 할 수 있는 기회를 손에 넣었다고 믿는다"고 말했다. 이후 공군은 폭격만으로 일본을 항복으로 몰아넣기를 강하게 기대하게 된다. 일본 본토 상륙작전 이전에 말이다.

르메이의 독창성

아놀드가 정치가, 한셀이 이론가·교관이었던 것에 비해 르메이는 숙달된 실전 전문가였다. 그러나 앞에서 언급했듯이 지금까지 르메이의 역할은 과대평가되었던 것이 사실이다. 도쿄 등 6개 도시 폭격의 큰 틀, 즉 JCS의 결정, 소이탄 공격의 하드웨어(B29와 네이팜 소이탄)와 소프트웨어(항법, 목표, 폭격 방법 등), 도쿄·나고야에 대한 실험적인 지역폭격 시행 등은 르메이가 1945년 1월 하순에 취임했을 때에 이미 존재하고 있었다. 따라서 이때부터 3월 9일의 공습까지는 시간이 6주밖에 없었기 때문에 르메이가 폭격 방법을 대폭적으로 바꾸기는 어려웠을 것이다.

도쿄에 대한 대량 소이탄 공격 실시와 관련해 정말로 르메이가 독창적이었다고 할 수 있는 것은 침투 고도를 변경한 점이다. 그때까지 주간 폭격(1944년 2월 3일, 1945년 1월 3일, 2월 25일) 테스트에서는 침투 고도가 8,500미터에서 9,500미터였다. 르메이는 그것을 1,500미터에서 3,000미터로 바꿨다. 이유는 3가지였다. 저공에서는 제트 기류의 영향을 받지 않는다는 점, 그리고 엔진의 부하가 낮아져서 연료를 절약할 수 있으며 그만큼 더 많은 폭탄을 탑재할 수 있다는 점, 저공에서는 폭탄을 정확하게 명중시키기 쉽다는 점 등이다. 특히 소이탄 공격의 경우 목표지역에 적당한 밀도로 연속적으로 떨어뜨림으로써 소이탄이 만든 발화점이 계속해서 합류해 걷잡을 수 없을 정도의 대화재를 일으킬 수 있었다. 그러나 한편으로 저공에서는 요격기와 대공포화의 위협이 더욱 높아진다. 그래서 르메이는 공격 시간을 주간에서 야간으로 변경했다. 야간비행이 한층 비행기의 안전을 보장해줄 것이라고 생각했던 것이다. 르메이는 대담하게도 출격기의 장비에서 총, 탄약, 기총수까지 제거해 1대당 약 1,200 킬로그램의 폭탄을 여분으로 싣도록 했다. 어림잡아 당일 1대당 적재량의 20~30%에 해당하는 양이었다. 또 많은 연비가 드는 편대 비행이 아닌 개개의 비행기가 직렬로 비행하도록 했다. 그렇게 절약한 공간에는 더 많은 소이탄을 실을 수 있었다.

　기존의 관행을 대담하게 바꾸자 B29 승무원의 대부분은 어둠 속에서 기관총도 없이 편대도 짜지 않고 단기로 비행하는 것에 공포를 느꼈다. 이들은 죽음을 각오했다. 하지만 실제로 도쿄 공습으로 인한 B29의 피해는 "2대 대공포화로 손실, 1대 파손으로 인한 손실, 4대 불시 착수(不時着水), 7대 미확인된 원인으로 손실" 정도로 경미했다(「작전 임무 제40호」).

6개 도시에 대한 소이탄 공격의 실태

르메이는 6개 도시 '총공격' 계획에 따라 도쿄 폭격 후 다른 5개 도시를 대량의 소이탄으로 공격했다. 이마이 세이이치(今井清一)는 6개 도시 소이탄 공격의 실태를 다음과 같이 정리했다.

> **3월**—3월 10일~19일(소이탄 전격전) 도쿄, 나고야, 오사카, 고베, 나고야
>
> **4월**—4월 13일 도쿄 북부 공습(도쿄의 조병창 밀집지), 15일 우라타(浦田)·가와사키 공습(도쿄 남부의 목표 시가지와 가와사키의 목표 시가지)
>
> **5, 6월**(조기 항복의 촉진)—5월 14일~6월 15일: 5월 14일, 17일 나고야 시가지, 5월 24일 도쿄 시가지(야마노테[山手] 지역), 요코하마 시가지, 6월 1일 오사카 시가지, 5일 고베 시가지, 7일 오사카 시가지, 15일 오사카·아마가사키(尼崎) 시가지
>
> (今井清一,「大都市焼夷弾爆撃とその目標」,『空襲通信』第4号 수록)

그러나 실제로는 3월에 집중적으로 실행하기로 했던 6개 도시 공격이 6월로 미루어졌는데, 이는 소이탄의 부족, 3월 말부터 시작된 오키나와 상륙작전 등의 영향 때문인 것으로 보인다. 6개 도시뿐만 아니라 최종적으로는 전쟁이 끝날 때까지 일본의 67개 도시가 괴멸적인 타격을 입었다. 공습으로 인한 사망자는 실제로 얼마나 될까? 패전 직후인 1945년 8월 23일 내무성 방공본부(内務省防空本部)가 발표한 수치에 의하면 공습으로 인한 사망자가 26만 명, 부상자가 42만 명이지만 이

는 분명히 너무나 적은 숫자다. 일반적으로 사망자는 60만 명이라고 한다.

미국이 유럽과 일본에 대한 전략폭격 결과를 조사하기 위해 파견한 전략폭격조사단은 3월 도쿄 대공습의 피해 결과에 대해서 "어떠한 도시도 경험하지 못한 최대의 재앙"이라고 표현했다. 전후에 르메이는 도쿄에서 10만 명이나 되는 시민을 죽인 것에 대해서 다음과 같이 적었다. "우리는 도쿄를 불태웠을 때 많은 여자들을 죽이고 있다는 것을 알고 있었다. 그러나 이는 해야만 하는 일이었다. 우리가 한 행위에 대해 도덕성 운운하는 것은 웃기는(Nuts) 일이다(G. E. LeMay with M. Kantor, *Mission with LeMay*, Doubleday, 1965)." 르메이는 일반 주민을 불태워 죽이는 소이탄 공격이 인도에 반한다는 것을 알고 있었지만 전쟁에서의 필요를 우선시했다. 르메이가 현장 지휘관으로서 효과적인 전술을 고안하고 대량살육을 자행했던 책임이 있음은 명백하다. 하지만 그가 했던 일은 어디까지나 상관(아놀드)이 명령한 임무를 수행한 것이었다.

도쿄 대공습 한 달 전에 실시된 드레스덴 폭격의 비인도성이 문제가 되었을 때 아놀드는 "인정을 두면 안 된다. 전쟁은 파괴적이어야만 하고 어느 정도까지는 비인도적이고 잔혹해야만 한다"고 말했다. 일본에서 '비인도적이고 잔혹한' 도시 무차별폭격을 명령했다는 점에서 아놀드도 공동책임을 면할 수는 없다. 또한 6개 도시를 지역폭격 목표로 결정한 합동참모본부도 책임에서 벗어날 수는 없다.

도시 소이탄 공격의 목적 - 주민 살상

연합군 측은 주민을 대량으로 살상하는 독일에 대한 폭격이 전의를 꺾고 전쟁을 끝내기 위해서라고 설명했다. 그럼 일본에 대한 폭격은 어떠한 목적으로 수행되었을까?

미국은 도쿄 공습 후 다른 4개 도시(가와사키는 도쿄나 요코하마 공습과 연계되었고 그 일부로 실행되었음)에 대한 공습을 이어나갔는데, 공격은 많은 경우 야간 소이탄 공격이었다. 아놀드는 우선 폭격이 소수 도시에 집중됐다는 점을 설명하면서 도시의 공업적 목표의 개수, 노동자 인구의 숫자를 들었다(제20공군 참모장에 보내는 각서, 1945년 6월 9일 자). 앞에서 언급한 「일본-소이탄 공격 자료 1943년 10월 15일」[8](표 41 참조)의 부표 「20개 도시에 관한 소이탄 공격 자료」[9]가 보여주듯이 가와사키를 제외한 혼슈의 5개 도시는 인구가 많은 상위 5곳을 망라하고 있다. 가능한 한 많은 노동자에게 피해를 주는 것이 도시 소이탄 공격의 주된 목표였다. 이는 인구를 기준으로 한 6개 도시의 선정 방법에도 잘 나타나 있다.

아놀드에 따르면 도시 노동자를 대량으로 표적으로 삼은 것은 "공업의 인력 공급 붕괴와 적의 전의에 현저한 영향을 미친다"는 이유에서였다. 1944년 4월에 일본의 6개 도시를 폭격 목표로 삼기로 결정한 JCS 문서(742/6)는 일본의 도시 공업지역을 공격할 목적에서 "사상(死

---

8 「日本-焼夷攻撃資料 1943年10月15日」
9 「20都市に関する焼夷弾攻撃資料」

傷)으로 인한 노동력의 붕괴"를 명시했다. 도시 소이탄 공격의 주된 목적 중 하나는 전시 생산을 지탱하는 노동력 그 자체의 직접적인 파괴였다. 일본의 도시지역에는 영세한 수공업과 가내공업에 하청을 맡기는 관행이 폭넓게 존재하고 있었고 그 때문에 소이탄 공격에 특히 취약하다는 것은 일찍부터 알려져 있었다. 또한 스팀슨 육군장관이 5월 24일의 제2차 도쿄 대공습이 정밀폭격이 아닌 무차별폭격이었던 이유를 묻자 아놀드는 "공군은 다음과 같은 곤란한 상황에 직면하고 있습니다. 일본은 독일과 달리 공업이 집중되어 있지 않으며 반대로 분산되어 작고, 종업원의 거주 지역과 붙어 있습니다. 그래서 생산과 관련된 민간인에게 유럽에서보다 더 많은 피해를 입히지 않고서는 일본의 전시 생산을 무너뜨리는 것이 실질적으로 불가능합니다(『스팀슨 일기』, 6월 1일 자)."라고 말했다.

'공업 노동력=생산과 관련된 민간인'의 '붕괴'에는 노동자뿐만 아니라 그 가족과 이웃을 불태워 버리는 것도 포함되어 있었다. 도시 소이탄 공격은 노동자와 그 가족, 이웃, 즉 생활권 그 자체를 직접적인 표적으로 삼은 공격이었으며 주민의 전의(戰意) 못지않게 전력 기반인 주민 살상을 목적으로 했다고 할 수 있다. 주민과 그 생활권 전체를 불살라 버리는 것, 이것이 바로 도시 소이탄 공격의 진짜 목적이었던 것이다.

전략폭격의 효과

주민의 대량살상을 통해 전력을 파괴하든, 전의를 파괴하든 아놀드를 비롯한 공군 관계자들은 전략폭격이 미국의 승리를 앞당기기를 기대했다. 공습으로 인한 일본의 67개 도시의 파괴는 과연 전쟁의 조기 종전에 공헌했을까? 일본의 전시 생산력에 관해서 말한다면 미 공군은 주로 2가지 방법, 즉 ① 정밀폭격을 통한 중요한 산업적·군사적 목표의 파괴, ② 지역폭격, 특히 도시 소이탄 공격을 통한 기반 노동력의 파괴를 병행하여 실시함으로써 전시 생산에 큰 타격을 가해 일본을 굴복시키려고 했다. 당초의 목적이었던 6개 도시에 대한 대량 소이탄 공격은 1945년 6월 중순까지 시행되었다. 그리고 이때 즈음에는 1944년 10월에 개정된 보고서를 제출한 후 작전분석위원회(COA)가 해산하고, 새롭게 통합 목표 그룹(JTG)이 만들어져 COA의 일을 계승하고 있었다.

6월 초순 JTG는 독일 조사를 막 끝마친 미국 전략폭격조사단[10]과의 회의에서 일본의 폭격 목표에 관해 토론하고 그 결과를 아놀드에게 보고했다. 조사단이 강조했던 것은 일본의 전쟁 수행 능력에 최대의 타격을 주는 것은 수송시설에 대한 폭격일 것이란 점, 전의를 겨냥한 공격은 일본인의 행동에 거의 영향을 주지 못할 것이라는 점이었다.

---

10 United States Strategic Bombing Survey이며 약자는 USSBS이다. 제2차 세계대전 중 미국이 유럽과 태평양 지역에서 행했던 전략폭격(함포사격도 포함)의 효과를 조사하기 위해 만든 육해군 합동 기관이다.

조사단은 이런 식으로 주민을 주요 표적으로 한 도시 소이탄 공격을 비판한 것이다. 그들 중 다수는 독일에서 소이탄 공격의 비참한 결과를 목격했었고, 그들 중에는 그러한 공격을 혐오하는 사람도 있었다. 그러나 르메이는 상부에 「도쿄에 대한 소이탄 공격 보고서」를 제출하면서 그 성과를 과장했다. 그뿐만 아니라 르메이는 25개 중소 도시를 대상으로 한 폭격 계획도 제출했다. 아놀드는 도시 소이탄 공격을 계속 진행했는데, 이때 즈음 미국은 원폭의 완성을 목전에 두고 있었고, 대통령 주변에서는 원폭 투하의 목표 선정을 앞두고 있었다. 미국 전략폭격조사단은 현지조사를 포함해 전략폭격의 효과에 관한 광범위한 조사를 단행했다. 그들은 일본의 전시 생산력의 파괴에 대해 다음과 같이 보고했다.

> 조사에 의하면 공습은 일본 경제의 전면적인 약체화에 상당한 비중으로 공헌하고 있지만 많은 부문에서 그 효과는 해군의 봉쇄와 복합적으로 나타났다. 석유정제소의 대부분에는 석유가 없고 알루미늄 공장에는 보크사이트(원료)가 없으며 철강공장에는 연료도, 코크스도 없었기 때문에 군수공장은 강철과 알루미늄이 부족한 상태였다.

조사단의 일원으로 1945년 10월부터 도쿄에 머물렀던 토머스 비슨(Thomas Arthur Bisson)은 점령기의 회고록에서 "분석을 담당했던 사람들의 의견 중 거의 일치되었던 것은 수상함 또는 잠수함으로 일본의 수송을 파괴한 것이 가장 큰 효과를 거두었다는 점이다. 일본 본토에

대한 전략폭격이 아닌 석유, 보크사이트, 철 및 기타 원료를 박탈당한 것이 일본 패전의 주요한 요인이었다"고 기술했다(中村政則·三浦陽一訳, 『ビッソン日本占領回顧録』, 三省堂, 1983). 이들의 보고는 일본의 여러 도시에 대한 폭격이 수십만 명의 시민을 죽였음에도 일본의 '전력 파괴'라는 원대한 목적에는 별다른 공헌을 하지 못했음을 드러내고 있다.

3. 원폭은 왜 투하되었는가?

공습과 원폭 – 2가지 기억

노쿄 대공습 당시 필자는 고등학교 학생으로, 도쿄 만(灣)에 면한 가와사키의 자동차 공장에서 동원학도(動員学徒)로 숙박하면서 일하고 있었다. 필자는 3월 10일 대공습으로 도쿄 만 건너편에 있는 마을이 붉게 타오르는 것을 보았는데, 그 장면은 강하고 선명한 인상으로 남았다. 동원된 학생 중에 간다(神田)의 고등여학교 학생들이 있었다. 공습 피해를 직접 받은 모양인지 며칠이나 모습을 보이지 않는 사람도 많았다. 그래서 소식을 알아보라고 하기에 한 손에 명부를 들고 사람들의 행방을 찾아 아사쿠사바시(浅草橋) 근처를 돌아다닌 기억이 난다.

2002년 2월 말 『뉴욕타임스』의 기자 하워드 프렌치(Howard W.

French)로부터 필자에게 전화가 걸려왔다. 그의 이야기는 다음과 같았다. '도쿄 대공습으로 10만 명이나 되는 사람이 죽었고 이것은 원폭으로 인한 나가사키(長崎)에서의 사망자보다도 많다. 하지만 도쿄 대공습은 일본에서도, 미국에서도 공적인 기억이 그다지 남아 있지 않다. 히로시마, 나가사키의 피폭자에 대해서는 매년 위령을 위한 국가적 행사 등이 있어서 잘 알려져 있지만, 도쿄 대공습 피해자의 기념·추도에 대해서는 거의 알려져 있지 않다. 미국인은 도쿄 대공습에 대해 알지 못한다. 왜 그렇게 되었는지 취재하고 싶다'는 것이었다. 취재는 전화로 진행되었다. 왜 전화 취재인지 솔직하게 물어봤다. 그는 도쿄 대공습 날짜를 3월 13일로 잘못 알고 있었다. 3월 13일이라 생각하고 취재 일정을 잡은 것이다. 그래서 도쿄 대공습 날짜는 10일이라고 했더니 예정이 어긋나게 되어 면담할 시간이 없게 되었다. 기사는 3월 13일 도쿄 발로 14일 자 『뉴욕타임스』에 실렸다. 제목은 「10만 명의 전멸, 그러나 누가 기억하고 있는가?」였다. 주요 신문의 기자마저도 10일을 13일로 잘못 알고 있을 정도로 도쿄 대공습은 외국에 잘 알려져 있지 않다.

원폭의 기억과 비교해 도쿄 대공습이 잘 떠오르지 않는 이유는 사람들이 단 2발의 원폭으로 강대국 일본이 항복했다고 생각하기 때문이다. 당시 관계자의 말에서는 'spectacular'라는 형용사가 자주 등장한다. '볼거리가 되는' 혹은 '극적인'이란 뜻이다. 도쿄 대공습에서 사용된 네이팜탄의 잔학성은 버니바 부시와 같이 사정에 정통한 관계자에게는 원폭을 능가하는 것으로 비쳤지만, 일반 사람들에게는 원폭의 '스펙터클'한 출현이 마음 깊이 새겨졌고 도쿄 대공습의 기억은 뒷자리로 밀려났다. 여기에 더해 많은 사람들은 미국 정부와 군의 설명을 통해 원폭이 전쟁으로 더 희생될 수 있는 엄청난 수의 인명을 구한 인도적인 무기라는 환상에 사로잡혔다.

미국의 여론조사 회사인 갤럽은 1945년 8월 10일부터 15일에 걸쳐 '일본의 도시에 대해 새로운 원폭을 사용하는 것'에 대해 조사했다. 결과는 '예'가 85%, '아니요'가 10%였다. 게다가 미국은 오랫동안 피폭의 실상을 은폐했다. 맥아더(Douglas MacArthur, 1880-1964)를 총사령관으로 하는 연합국총사령부(GHQ)도 원폭 피해의 실태가 널리 알려지는 것을 강하게 막았다. 그래서 점령 개시 직후인 9월 10일, 연합군에 불리한 보도를 금지하는 프레스 코드(Press Code)를 포고했고 검열을 통해 원폭 보도를 금지했다. 이것은 외국인 기자에게도 해당되었다.

9월 6일 몰래 나가사키에 잠입한 미국의 조지 웰러(George Weller) 기자는 제1보로 투하 모습을 자세히 적었는데, 이것은 지금 봐도 그 내용이 거의 정확하다. 7일 자 기사는 나가사키에서 피폭된 연합군 포로에 대한 인터뷰였다. 나가사키에 있던 연합군 포로수용소는 사진 정찰로 그 존재가 보고됐지만 그럼에도 그로브스는 폭격을 명령했다. 조지 웰러는 원폭이 연합국 국민도 살상했다는 것을 자세히 보도했다. 8일 자 기사에서는 "사망자의 70%가 불타 죽었다. 8월 9일 오전 11시 2분에 발생해 2시간 반 동안 타오르는 화염에 많은 사람이 휩싸였다는 것은 틀림없는 사실이다."라고 하며 원폭으로 인한 주민의 사망에 대해 보도했다. 이들 기사는 활자로 인쇄되기 전에 점령군에 압수되어 파기되었지만, 다행히도 카본지로 된 복사본이 보존되어 있었기 때문에 웰러의 아들이 65년 만에 아버지의 이름으로 발간할 수 있었다. 점령군이 말살했던 기사가 2006년이 되어서야 세상에 나온 것이다(George Weller, *First Nagasaki*, Crown Publishers, 2006).

일본의 항복과 소련이라는 요인

전략폭격조사단의 비슨은 전략폭격의 효과에 대해 앞서 언급한 문장에 이어 "그 시점에서는 전략폭격이 일본이 항복하도록 만드는 데 도움이 되었다는 것 또한 명백한 사실이다. 단 이것은 당시 일본 측이 항복한 최대의 목적이 소비에트 러시아군의 일본 본토 침공을 막는 것이 아니었다고 가정할 때의 이야기지만"이라고 복잡, 미묘한 말투로 회고록을 이어나갔다. 이것은 일본의 항복 결정을 재촉한 중요한 요인으로서 소련의 행동을 언급한 것이다.

원폭 투하(8월 6일 히로시마, 9일 나가사키)와 소련 참전(8월 8일 선전포고, 9일 새벽 군사행동 개시)은 거의 동시에 벌어졌고, 이어 8월 10일에는 일본 정부가 조건부로 포츠담선언을 수락한다고 통고했다. 일본의 항복 결정을 재촉한 것은 2가지 요인, 즉 원폭과 소련 참전의 상호작용인 것은 부인할 수 없지만 일본 측 자료를 본다면 소련이 결정적 요인이었다고 생각한다. 이 문제는 별도로 다룬 적이 있으므로 여기서는 더 다루지 않겠지만 이 한 가지만 지적해둔다(荒井信一, 『原爆投下への道』, 東京大学出版会, 1985).

포츠담선언의 수락 결정은 8월 9일 밤부터 궁중에서 열린 어전회

의(御前會議)[11]에서 결정되었는데, 의사록(保科善四郎手記,「ポツダム宣言受諾に関する御前会議記事」)에 따르면 3시간에 걸친 회의에서 원폭과 공습에 대한 언급은 겨우 1곳에 불과하다. 어전회의 의장을 맡았던 히라누마 기이치로(平沼騏一郎, 1867-1952) 추밀원 의장의 "전쟁 수행에 전망이 있다고 하지만 저에게는 의문이 있습니다. 공습은 매일 벌어지고 있는데 여기에 원자폭탄에 대한 방어에 자신이 있습니까?"라는 질문에 대해 참모총장은 "공습과 관련해서 충분한 성과를 거두지는 못하고 있습니다만, 앞으로는 방법의 개선에 따른 전과를 기대할 수 있습니다. 그러나 공습 때문에 적에게 굴복하게 되는 일은 없을 것입니다."라고 대답했다. 공습과 원폭을 언급한 곳은 이렇게 짧은 문답뿐이었으며, 이보다 더 많은 시간은 소련과 국내 치안 문제에 할애되었다. 반년 전인 2월 24일, 전 수상인 고노에 후미마로가 가장 우려해야 할 것은 "패전보다도 패전으로 인해 발생할 수 있는 공산혁명"이라고 천황(天皇)에게 상주(上奏)[12]했었는데 이와 같은 생각이 어전회의 의사록 저변에도 깔려 있었던 것이다.

비슨의 완곡한 표현은 전략폭격조사단 내에서도 일본 항복의 요인으로서 소련에 대한 평가가 엇갈렸기 때문이었을 것이다. 일본의 전쟁 종결 과정에 소련의 영향이 컸다는 점은 다른 측면에서도 엿볼 수 있다.

---

11 근대 일본에서 천황이 출석한 가운데 국가의 중요 정책, 전략을 최종적으로 결정하던 회의.
12 천황에게 의견, 사실을 아룀.

일본을 원폭 투하 목표로서 확정한 것은 1944년 9월 18일에 미국과 영국 간에 체결된 하이드파크(Hyde Park) 협정에서다. 이것은 처칠 영국 수상이 미국을 방문해 루스벨트 대통령과 회담한 결과를 정리한 비밀협정이었는데, 원폭이 완성되면 일본에 사용하기로 합의한 것이다. 그와 동시에 원폭은 '최고 기밀'로서 소련에는 알리지 않는다는 약속도 포함되어 있었다. 이미 그때부터 미국과 영국은 전후에 소련을 고분고분하게 만드는 패권 무기로서 원폭을 생각하고 있었던 것이다.

　　1945년 5월 8일, 독일이 항복하고 이제 제2차 세계대전은 일본과의 전쟁만 남게 되었다. 당시 연합국에서 대일(對日)전의 히든카드로 생각했던 것은 소련의 대일 참전이었다. 이미 그 해 2월의 얄타회담에서 소련은 독일과의 전쟁이 끝나면 2, 3개월 이내에 대일전에 참전할 것을 약속했다. 그 대신 미국과 영국은 만주(중국 동북부)의 권익과 일본의 북방영토 등을 소련에 넘겨주기로 했다. 그러나 원폭이 점점 완성되는 가운데 과연 약속대로 소련이 참전할지의 여부가 문제로 떠올랐다. 7월 17일 수뇌회담을 위해 독일을 방문한 트루먼 대통령은 직접 스탈린 수상과 만나 소련이 8월 15일에 대일 전쟁을 개시한다는 약속을 받아냈다. 그날의 일기에 트루먼은 "그것(소련의 참전)이 일어나면 일본은 끝장이다(7월 17일 해당 페이지)."라고 적었다. 트루먼은 소련의 참전이 일본을 항복시키는 결정적인 요인이 될 것이라고 확신했던 것이다.

　　소련의 참전이 일본의 항복을 앞당긴다는 것에 대해서는 미군 내에서도 큰 기대를 가지고 있었다. 6월 18일 화이트하우스에서 열린 회의에서는 일본 본토 상륙작전을 결정했다. 그때 보고된 육군의 공식

견해는 소련의 참전은 "참전 시점 또는 미군이 상륙한 직후에 일본이 항복하게 되는 결정적인 행동이 될 것이다."라는 것이었다. 소련의 참전만으로도 일본이 항복할 가능성이 있다는 것이다. 미국에 있어 소련의 참전은 일본이 항복하도록 압박하는 주요한 방법이었다.

그럼에도 불구하고 최초의 원폭은 스탈린과 약속했던 8월 15일보다 1주일 이상 빠른 8월 6일에 히로시마에 투하되었다. 간단히 말하자면 원폭의 위력을 과신했던 트루먼이 소련의 군사력을 배제하고 원폭만으로 일본을 항복시키길 원했기 때문이다. 만약 그것이 실현된다면 원폭은 극적인(spectacular) 방법으로 등장하게 되는 것이었다.

트루먼이 원폭의 위력을 과신했던 이유는 7월 16일 미국의 네바다 사막에서 실시된 원폭 실험이 기대 이상의 성공을 거두었기 때문이다. 당시 포츠담회담을 위해 독일에 체류 중이던 트루먼은 실험의 성공 사실을 알고는 7월 18일 일기에 "러시아가 오기 전에 일본은 무너진다. 맨해튼(원폭)[13]이 일본 본토에 모습을 드러내면 확실히 그렇게 될 것이다."라고 적었고, 소련 참전 이전에 원폭만으로 일본을 항복시키려는 꿈을 꾸게 되었다. 그렇게 원폭 실험의 성공에 현혹된 트루먼은 소련의 참전 대신 원폭을 사용한 종전을 택했다.

하지만 소련은 일본의 종전 과정에 커다란 영향을 미쳤다. 스탈린은 히로시마에 대한 원폭 투하를 보고 곧 소련을 경계하는 미국의 의도를 눈치챘다. 그래서 참전 예정을 앞당겼고 소련군은 8월 9일 새벽

---

13 원자폭탄 개발 계획은 맨해튼 계획(Manhattan Project)이라는 암호명으로 실행되었다.

부터 만주, 조선으로 공격해 들어갔다. 관동군(關東軍, 만주에 배치된 일본 육군 부대)은 한꺼번에 붕괴되어 조선 국경까지 후퇴했다. 당시 일본은 소련을 중개로 한 연합군과의 화평공작(和平工作)에 한 가닥 희망을 걸고 있었다. 그러나 소련과의 전쟁으로 더 이상 기댈 곳은 없어졌다. 이미 1945년 2월, 화평파의 중심인물로 간주되던 고노에는 패전보다도 패전으로 인한 공산혁명이 두려운 것이라고 하면서 '국체유지(國體維持, 천황제의 존속)'[14]를 위해 전쟁을 끝내야 한다고 천황에게 상주하고 있었다. 8월 9일 제2의 원폭이 나가사키에 투하되었다. 이날 밤부터 10일 새벽에 걸쳐 궁중에서 열린 어전회의는 '국체유지'를 조건으로 포츠담선언의 수락을 결정했다. 8월 12일 미국은 일본 국민이 원한다면 천황제가 존속된다는 포츠담선언의 해석을 제시하며 일본의 조건에 긍정적으로 회답했고 이 때문에 천황은 국체유지에 자신을 갖게 되었다. 8월 15일 일본은 연합국에 정식으로 항복하고 마침내 제2차 세계대전은 끝이 났다.

원폭 투하 목표의 선정

원폭의 개발은 1945년 4월 12일 트루먼이 부통령에서 대통령으로 승격됐을 때 이미 크게 진전되어 있었다. 그래서 개발 자체보다는 어떻게 사용할지의 문제가 당면 과제가 되었다. 트루먼은 스팀슨을 의장

---

14 본래의 관용적인 용어는 국체호지(國體護持)다.

으로 하는 임시위원회를 만들어 원폭 정책에 관한 자문기관으로 삼았다. 한편 맨해튼 계획의 내부에서도 투하 목표의 선정이 계획되어 있었다. 그리고 계획 관계자에 제20공군의 멤버가 추가되어 '목표검토위원회(Target Committee)'가 설치되었다(이하에서 인용하는 목표검토위원회 등의 자료 번역은 주로 오카다 료노스케〔岡田良之助〕의 번역이다. 山極晃·立花誠逸編, 岡田良之助訳, 『資料 マンハッタン計画』, 大月書店, 1993).

1945년 4월 27일 그로브스 소장의 지도로 목표검토위원회의 제1차 위원회 회의가 열렸다. 일본의 여름 악천후가 예상됐기 때문에 레이더가 아닌 육안을 통해 유시계 폭격을 실시할 것, 목표는 적당한 넓이의 도시지역에 위치하면서 직경 3마일 이상이 되는 것, 이러한 기준으로 도쿄와 나가사키 사이에 있는 17개 도시가 연구 대상이 되었다. 17개 도시는 제21폭격기 집단의 소이탄 공격 리스트로부터 선정된 도시들이다. 또한 제20공군이 도쿄, 요코하마, 나고야, 오사카, 교토, 고베, 야하타, 나가사키를 조직적으로 폭격하고 있다는 것, 도쿄는 완전히 불타버려서 황거(皇居)만 남아 있을 뿐 사실상 잿더미가 되었다는 것이 보고되었다. 여기에서도 처음부터 인구가 밀집된 도시지역이 목표로 간주되었다(「목표검토위원회 제1차 회의 각서」, 1945년 4월 27일).

5월 10일에 열린 제2차 위원회 회의에서는 교토, 히로시마, 요코하마, 고쿠라 병기창을 투하 목표로 권고했다. 여기서 흥미로운 것은 '목표 선정의 심리적 요인'이 중시되었다는 점이다. 지적된 것은 다음의 2가지다. "(1) 일본이 불리해지도록 최대의 심리적 효과를 거둘 것, (2) 이 무기를 처음 사용할 때는 충분히 그것을 극적인(spectacular) 것으로 만들어서 무기에 관한 정보가 공개될 때 그 중요성이 국제적으로 인식되도록 할 것(「회의 요약 그로브스 소장에게 보내는 각서」, 1945년 5월 12일)."

"나는 목표 선정의 주요 기준으로, 폭격으로 일본인의 전쟁 의지를 꺾을 수 있는 가장 효과적인 장소를 선정해야 한다고 했다"는 그로브스의 말에서 우리는 (1)이 무엇을 의미하는지 확실하게 알 수 있다. 또한 위원회는 군사목표에 대한 사용과 관련해 "졸렬한 폭탄 투하로 원폭을 쓸데없이 사용하는 위험을 피해야 한다. 그러기 위해서는 소규모의 엄밀한 군사목표가 더 넓은 지역에, 폭풍 피해를 받기 쉬운 곳에 존재해야만 한다"는 점에서 의견을 같이 했다. 군사목표의 존재는 원폭 투하를 정당화시켜주는 일종의 보험이었고, 그래서 군사목표는 존재해야만 했다.

또 중요한 것은 방사능 피해의 문제다. 10일의 위원회에서는 '방사선의 의학적 영향' 문제가 제기되어 오펜하이머가 제출한 메모를 중심으로 논의가 진행됐다. 메모에는 폭탄 자체의 방사성 물질에 독성이 있고 여기에는 치사량의 약 10만 배에 해당하는 독성 물질이 포함되어 있다는 점, 폭발 시 방사능에 노출되는 경우 반경 1.6킬로미터 이내에서 인간이 손상을 입고, 반경 약 1킬로미터 이내에서 인간이 죽는다는 점 등이 상세하게 적혀 있었다(「오펜하이머가 퍼렐 준장에게 보내는 각서」, 1945년 5월 11일). 폭격 후에 대기, 대지, 물 등이 오염되고 방사능에 의한 2차 피해가 발생한다는 점은 언급하지 않았지만, 그래도 통상적인 공습과는 질적으로 다른 방사능의 대인 효과를 예견하고 있었다. 그러나 기록을 보는 한 이 사실을 깊이 있게 논의하거나 방사능 피해를 심도 있게 검토한 흔적은 보이지 않는다.

5월 28일의 제3차 위원회 회의에서는 '리틀 보이(Little Boy, 우라늄 폭탄)'의 준비가 8월 1일에 완료된다고 보고되었으며 목표인 교토, 히로시마, 니가타에 관한 자료가 제출되었다. 목표 도시가 "공업지역이 작고 시가지 외곽에 퍼져 있어 완전히 분산되어 있다"는 이유로 정밀조준 목표로서의 공업지역은 무시하고 "선정된 도시의 중심부에 최초의 특수 장치(원폭)를 투하하도록 노력한다"고 명시해 주민이 집중된 도시 중심부를 원폭의 목표로 삼을 것을 결정했다.

봉인된 실전 사용의 대안

원폭 투하 이외의 선택지가 거의 고려되지 않았고 사실상의 무차별폭격으로서 원폭 투하가 준비되는 와중에 극히 일부이기는 하지만 실전 사용에 대한 의문이 고위 관계자에 의해 제기되기도 했다. 그것은 5월 29일 스팀슨 육군장관, 맥클로이(John J. McCloy) 육군차관, 마셜 참모총장의 짧은 회담에서였다. 주제는 '최소한의 살상으로 전쟁을 끝내는 방법'이었는데, 원폭의 사용뿐만 아니라 독가스의 사용도 검토되었다.

마셜은 원폭은 일반 주민이 아니라 큰 해군 시설같이 명확한 군사목표에 투하해야 하며 소기의 효과를 거둘 수 없는 경우에는 몇 곳의 큰 공업지역을 지정해 주민에게 그곳을 떠나도록 경고할 것을 제안했다. 마셜은 일본 측에 대피 경고를 함으로써 미국이 원자무기의 무분

별한 사용에 따른 불명예를 만회할 수 있을지도 모른다고도 말했다. 그러나 스팀슨과 맥클로이는 그 문제에 대해 주의를 기울이지 않았고 마셜의 지적을 깊이 생각하려고도 하지 않았다. 마셜도 두 번 다시 그 문제를 제기하지 않았다(J. J. 맥클로이, 「마셜 장군과의 회담각서」, 1945년 5월 29일).

트루먼 대통령 취임 직후 원폭 정책에 관한 자문기관으로 설립된 임시위원회에서도 투하 문제가 거론되었다. 5월 31일 오전 임시위원회에서는 생명의 대량살상을 초래하기 전에 인상적이지만 무해한 실연(實演)을 통해 일본인에게 원폭의 힘을 보여주자는 제안이 있었다. 그러나 이것은 점심식사 시간에 10분간 화제가 되었을 뿐이다.

오펜하이머는 전쟁을 계속하는 것이 무익하다고 믿게 할 정도의 충분하고도 극적인(spectacular) 실연이란 있을 수 없다며 반대했다. 그 밖의 다른 반대도 있었다. 가령 원폭이 불발되는 경우, 원폭 탑재기가 격추되는 경우, 시연 장소에 인간 방패로 미군 포로를 끌고 오는 경우 등이 반대 이유로서 거론되었다. 점심식사 후 오펜하이머는 일반적인 폭격과 원폭 투하의 차이점으로서, 눈에 보이는 공포 효과 이외에 적어도 반경 2킬로미터 이내의 생명을 위험에 빠트리는 방사능의 작용을 언급했다. 이어서 원폭의 목표와 효과에 대한 논의가 있은 후, 의장인 스팀슨이 결론을 제안했고 모두가 만장일치로 이에 동의했다.

미합중국은 일본 측에 사전 경고를 줄 수 없다. 물론 일반 주민 지역을 집중 공격목표로 할 수도 없다. 단 가능한 한 많은 주민에게 심각한 심리적 영향을 줄 수 있도록 해야만 한다. 가장 바람직한 목표는 다수의 노동자를 고용하고, 노동자 주택에 빽빽이 둘러싸인 기간 군수공장일 것이다(「임시위원회 회의 각서」, 1945년 5월 31일).

이 권고는 언뜻 '일반 주민 지역'에 폭격을 집중시키지 않으며 군사목표주의를 존중하는 듯이 보이지만, 실제로는 일반 주민의 대량살육이 불가피하다는 것을 나타내고 있었다. 선정된 목표는 5월 29일에 마셜이 주장한 '큰 해군 시설'과 같은 군사목표와는 질적으로 다른 목표였다. 스팀슨은 6월 1일 아놀드 공군 사령관과 함께 B29를 사용한 일본 폭격에 대해 검토했다. 그때 직접 아놀드에게서 "군수생산과 관련된 민간인에게 커다란 피해를 주지 않고서는 전시 생산을 파괴하는 것이 불가능하다"는 것을 확인했다. 스팀슨이 일반 주민에게 '심각한 심리적 영향'과 '커다란 피해'를 주는 권고를 공식적으로 트루먼에게 전달한 것은 6월 6일이다.

트루먼도 6월 1일, 임시위원회의 대통령 대리 번스(James Francis Byrnes) 국무장관으로부터 권고 내용을 들어서 이미 알고 있었다. 그때 대통령은 "안타까운 일이지만 내 생각에 유일하고도 합리적인 결론은 폭탄을 사용하는 것이다."라고 말했다. 이 말을 인용한 미국의 역사가 매독스(Robert James Maddox)는 트루먼이 원폭의 실전 사용을 '결정한' 날짜는 1945년 6월 1일이 된다고 적었다(Robert James Maddox, *Weapons for Victory: The Hiroshima Decision Fifty Years Later*, University of Missouri Press, 1995). 6월 1일 이후에는 이른바 군의 일정에 따라 투하 작전의 준비가 진행되고 있었다. 그로브스의 요청으로 6월 30일 합동참모본부는 교토, 히로시마, 고쿠라, 니가타의 4개 도시에 대한 공격금지 명령을 각 군에 내렸다. 원폭 사용을 위해 폭격을 유보한 것이다.

제2회 목표검토위원회에서 설명된 히로시마 선정 이유는 히로시마가 육군의 중요 보급기지이며 도시 공업지역의 중심에 위치한 물자 적출항이라는 것, 광범위한 피해를 입히는 데 적합한 크기와 지형(인접한 곳에 구릉지가 있어서 폭풍 피해를 크게 하는 집속작용을 일으킴)을 가졌다는 것이었다. 또한 미국의 정보기관은 약 28만~29만 명의 주민 중 4만 3,000명이 군인이기 때문에 후보 도시 중 일반 주민에 대한 군인 비율이 가장 높다는 점도 지적했다. 하지만 그러한 이유에서 히로시마를 전략적 가치가 있는 '군사시설'로 볼 수는 없다. 더구나 8월 2일 제20공군이 예하부대인 제509혼성항공군에 부여한 야전명령(13호)에는 목표가 단순히 '히로시마 시가지 및 공업지역'이라고 되어 있을 뿐이다. 후에 언급하듯이 이 단계에서는 교토가 제외되고 나가사키가 4번째 목표가 되어 있었다. 이 경우에도 목표는 단지 '나가사키 시가지'로 되어 있었다. 진정한 의미의 무차별폭격을 명령한 것이다.

원폭 투하와 일본의 항복

7월 24일 포츠담회담에 출석하고 있었던 마셜 육군참모총장은 부재중 담당이었던 토머스 핸디(Thomas T. Handy) 참모총장 대행으로부터 전보를 받았다. 예하부대인 미 전략공군 총지휘관 칼 스파츠 장군에게 보낸 원폭 투하 명령에 대한 즉각적인 승인을 요청하는 내용이었다. 명령안은 4개의 항목으로 구성되었는데, 그 요점은 다음과 같다.

1. 제20항공군 소속 제509혼성항공군은 1945년 8월 3일 이후 유시계 폭격이 가능한 날씨가 되는 대로 히로시마, 고쿠라, 니가타, 나가사키 중 어느 한 곳을 목표로 삼아 최초의 특수 폭탄을 투하한다. 2. 추가분의 폭탄은 계획 담당자의 준비가 이루어지는 대로 전술한 목표에 투하한다. 3. 일본에 대한 이 무기의 사용은 육군장관 및 미국 대통령에게 맡긴다. 4. 전술한 명령은 육군장관 및 미 육군참모총장의 지시 및 승인하에 귀관에게 내리는 것이다(T. T. 핸디 육군참모총장 대행이 마셜에게〔WAR 37683〕, 1945년 7월 24일 자).

동시에 '히로시마, 고쿠라 및 니가타에 대한 공격금지 명령' 해제에 관한 합동참모본부(JCS) 명령에 대한 승인 요청도 있었다. 최종적으로 트루먼은 명령안을 승인했고, 다음날 스파츠는 작전 실시 부대인 제509혼성군에 원폭 투하 명령을 내렸다. 투하 명령 직전에 스팀슨 육군장관의 반대로 교토가 투하 목표에서 제외되었다. 스팀슨은 교토를 제외한 이유를 다음과 같이 설명했다. "소련이 만주를 침공하는 경우를 대비해 친미적인 일본을 만들려고 할 때, 그 목적을 (교토에 대한 원폭 공격이) 저해하는 요인이 된다(『스팀슨 일기』, 1945년 7월 24일 자)."

후에 트루먼은 "(원폭 투하) 결정 날짜는 내가 스탈린에게 전했던 7월 24일이었으며 나는 그날 늦게 스탈린에게 원폭에 대해 이야기했다"고 말했다. 확실히 그날 트루먼은 '전례 없는 파괴력을 가진 무기'를 가지고 있음을 스탈린에게 전달했고, 이를 들은 스탈린은 중단 중이었던 원폭 개발을 재개할 것을 명령했다. 이렇게 볼 때 7월 24일은 히로시마·나가사키에 대한 원폭 투하가 결정된 날이면서 동시에 미·소 핵무기 경쟁이 시작된 날이기도 하다. 원폭의 효과는 ① 폭발할 때 발생하는 충격파의 강렬한 파괴력, ② 열선으로 인한 강력한 소이력, ③ 폭발과 동시에 발생하는 초기 방사선과 장기간에 걸쳐 지상에 존재하는 잔류 방사선으로 인한 장기적·지속적인 피해, 이렇게 3가지가 복합적으로 상승 작용한다. 그 피해는 현재까지 계속되고 있으며 피폭자 수당 지급을 위한 피폭의 실태와 인정에 관해서는 피폭자들이 전국적인 집단소송을 제기하고 있다. 피폭의 실태 규명과 보상은 지금도 커다란 쟁점이 되고 있다.

투하 결정의 '가벼움'

트루먼의 보도담당 비서관 보좌였던 에벤 A. 에이어스(Eben A. Ayers)는 1951년에 트루먼의 원폭 투하 결정에 관한 기록을 조사했다. 그는 트루먼 일기(원본)와 맨해튼 계획의 기록을 조사했지만 아무것도 찾아내지 못했다고 한다. 에이어스는 투하 명령은 "스팀슨과 그 외 사람들의 회담에서 내린 구두 결정이었다"고 결론지었다. 군의 최고사령관이며 명령권자인 트루먼이 투하 명령을 구두로만 승인했다면 그것은 트루먼이 일본에 원폭을 투하하는 것을 "숙고할 필요가 있는 문제가 아니다(에이어스)."라고 생각했기 때문일 것이다. 대통령을 보좌했던 참모장 레이히 제독의 부관인 조지 M. 엘지(George M. Elsey)는 훗날 인 터뷰에서 대통령을 포함한 최고 수뇌부에서 폭탄의 사용은 자명한 일 이었다고 밝혔다. 그리고 "진짜 문제는 폭탄을 사용할지 안 할지의 문 제가 아니라 폭탄이 제대로 작동할지 안 할지의 문제였다"고 당시의 상황을 말했다(J. Samuel Walker, *Prompt & Utter Destruction: Truman and the Use of Atomic Bombs against Japan*, University of North Carolina Press, 1997).

원폭이 만들어지면 일본에 투하한다는 것은 하이드파크 협정에서 루스벨트와 처칠에 의해 결정되었다. 바튼 번스타인(Barton J. Bernstein) 의 주장에 따르면 이 결정은 '루스벨트의 유산'으로서 그의 후계자에 게 계승되었고, 원점에서 원폭 사용을 재검토하는 일은 없었다. 결국 당시 트루먼 대통령을 포함해 정부·군의 최고 지도자들은 '루스벨트 의 유산'에 사로잡혀 있었다는 것이다. 현재 이 주장은 많은 역사가로 부터 동의를 얻고 있다(Barton Bernstein, "Roosevelt, Truman, and the Atomic Bomb", *Politial Science Quarterly*, Vol. 90. No. 1, 1975).

그러나 원폭이 완성될 무렵, 실전 사용에 우려감을 느낀 사람들이 활발하게 움직였다. 특히 맨해튼 계획에 참여했던 과학자들 중에는 나 치즘·파시즘으로부터 망명한 과학자가 많았는데, 그들은 독일이 항복 한 후에도 원폭 개발이 계속되는 것에 불안을 느끼고 실전 사용 이외 의 대안을 주장하기 시작했다. 대표적인 의견이 1945년 6월 초순에 작 성된 「프랑크 보고」였다. 이것은 나치스에 쫓겨난 노벨 물리학상 수 상자 제임스 프랑크(James Franck)가 주재했고, 6명의 과학자들이 검토한 성과였다. 보고는 "만약 미국이 처음으로 이 새롭고도 무차별적인 파괴 수단을 인류에 사용한다면 전 세계 사람들의 지지를 잃고 군비경쟁을 촉진하게 될 것이며, 장래에 그러한 무기 관리에 관한 국제협정을 맺을 가능성도 해치게 될 것이다."라고 예언하면서, 사막이나 불모의 섬에서 시위 실험을 실시하자고 제창했다. 실험은 국제연합(United Nations, 6월 2일 국제연합 헌장 성립)의 모든 국가의 대표들 앞에서 실시하고, 만약 국제연합과 국내 여론의 인가를 얻는다면 실험 후 일본에 대해 항복이나 폭격 지역의 무인화를 요구하는 최후통첩을 하자는 것이었다. 그러나 스팀슨 등의 임시위원회 멤버들은 프랑크 등 과학자들의 권고를 거부했고 원폭의 실전 사용 여부를 재검토하지도 않았다.

트루먼이 원폭 투하 명령을 구두만으로 승인한 정황이 있다는 점, 원폭 투하 명령서에 마셜 육군참모총장과 스팀슨 육군장관의 지시와 승인만이 적혀 있다는 점, 스팀슨이 실전 사용을 대신할 다른 대안의 검토를 거절했다는 점, 그들이 '루스벨트의 유산'에 얽매어 있었다는 점 등을 종합해보면 미국의 최고 지도자들이 투하 결정의 무거움, 즉 수십만 명의 사람들을 죽이는 것에 대한 두려움을 얼마나 피부로 느꼈는지 커다란 의문이 든다. 히로시마·나가사키에 대한 원폭 투하로 1945년 말까지 죽은 피폭자 수는 22만 명 전후로 추정되고 있다. 세계 군사사(軍事史)에서 보기 드문 대살육이었던 것이다.

원폭 투하에 대한 트루먼의 설명

그러나 일반 시민에 입힌 피해의 '무거움'과 대조적으로 투하 결정의 '가벼움'은 이것으로 끝나지 않는다. 스파츠에 대한 마셜, 스팀슨의 투하 명령은 문서화되어 있지만, 원래는 그것도 구두로 처리될 뻔했다. 7월 24일에 트루먼이 승인한 투하 명령은 7월 18일의 그로브스 맨해튼 계획 사령관과 핸디 참모총장 대행과의 회담에서 결정된 작전안을 문서화한 것인데, 이것이 문서화된 데에는 다음과 같은 경위가 전해진다.

7월 19일 그로브스는 전략공군 사령관 칼 스파츠에게 필요한 배경 정보와 핸디와 의논했던 작전계획을 전했다. 그러나 스파츠는 명령의 문서화를 요구했다. 그는 훗날 "나는 구두 명령으로 원폭을 떨어뜨리고 싶지 않았다. 서면으로 해야 하는 법이다."라고 말했다. 스파츠의 생각은 다음과 같았다. '자신의 부대가 최초의 원폭을 인구 밀집 도시에 투하하는 것은 역사에 남는 일이 될 것이다. 그러므로 그로브스와 핸디의 비공식적인 회담일 뿐 다른 공식적인 토대가 없는 결정에 대해 자신이 책임지게 되는 것은 싫다.' 그래서 그는 위험부담이 있는 사항과 관련해서 자신의 배후를 든든하게 하려는 군의 전통적인 보신술에 의거해 명령을 서류로 받게 해달라고 요구했다. 스파츠의 보신술이 없었다면 원폭 투하 명령은 서류 하나 없이 구두만으로 내려졌을지도 모른다.

트루먼의 7월 25일 일기에는 다음과 같은 문장이 있다.

폭격의 역사

이 무기는 오늘과 8월 10일 사이에 일본에 대해 사용하게 된다. 나는 육군장관 스팀슨 씨에게 목표는 여자와 어린아이가 아닌 군사목표와 병사와 수병(水兵)이 되도록 원폭을 사용하라고 말했다. 일본인이 야만적이고 잔인하며 무자비하고 광신적이라고 해도 공통의 복지를 위한 세계의 지도자로서 이 무서운 폭탄을 옛 수도(고도로 유명한 교토)와 새 수도(메이지유신 이후 수도가 된 도쿄)에 떨어뜨릴 수는 없다.

많은 사람들은 이 건전한 문장이 모든 진실을 전하고 있지 않다고 지적한다. 1992년에 『트루먼 전기』를 쓴 데이비드 맥컬로프(David McCullough)는 이 '거짓말'에 대해서 트루먼 특유의 낙천주의적인 표현이었는지, 자기기만이었는지 아니면 둘 다였는지 그것도 아니라면 단순히 전쟁 종결에 도움이 될 것이라고 여겼는지 의문투성이라고 적었다(David McCullough, *Truman*, Stimson & Schuster, 1992). 더욱이 교토에 관한 기술 이외에는, 그와 같은 진술이 당일의 스팀슨 일기를 비롯해 트루먼 주변 인사들의 기록에 없다는 점 또한 불가사의하다. 동시에 일본인의 '야만'을 문제시하는 트루먼의 심정을 엿볼 수 있는 편지가 있다. 다음은 원폭 사용에 항의한 전미교회연합의 서기(書記) 새뮤얼 M. 캐비애트(Samuel M. Caveat)에게 보낸 트루먼의 편지다(8월 11일 자).

원폭 사용을 둘러싸고 누구보다도 괴로운 것은 나 자신입니다. 그러나 그 이상으로 나를 괴롭게 한 것은 용서할 수 없는 일본인의 진주만 공격과 전쟁포로 살해입니다. 그들이 이해하는 유일한 말은 우리가 폭격이라는 수단을 통해 그들에게 사용했던 말뿐입니다. 야수를 상대해야 할 때는 야수를 야수로서 취급해야 합니다.

트루먼은 원폭 투하를 야수의 행위로 규정함으로써 자신을 야수의 수준으로 폄하하고 있다. '야수에게는 인간적인 언어가 통용되지 않는다. 그들에게 통용되는 것은 그들을 압도할 수 있는 파괴적인 폭력뿐이다.' 이런 식의 설명으로 트루먼은 폭격을 야수와 같은 행위로 규정했던 것이다.

원폭 신화의 형성과 트루먼

원폭 투하 작전이 시행 단계에 들어선 7월 18일 이후의 과정을 검증해 보면 트루먼의 주도권을 찾아볼 수가 없다. 명령권자로서 투하 명령에 이름이 기재되어 있는 스팀슨과 마셜도 작전의 입안과 실행에 리더십을 발휘한 흔적이 없다. 합동참모본부의 일원이었던 미 해군 총사령관 킹 제독의 경우, 폭탄이 사용될 것이라는 사실을 별 다른 논의 없이 알게 되었을 뿐 상담에는 참여하지 않았다고 회상했다. 투하 작전은 그로브스와 핸디라는 2급 군 관료들에 의해 사실상 결정되고 실행되었다. 그것은 전쟁을 통해 거대한 군 관료제의 메커니즘이 형성되었고 그 메커니즘에 의해 전쟁이 수행되었다는 것을 말해주는 듯하다. 그 메커니즘을 숙지한 스파츠가 관료적 보신술로서 문서를 요구했던 사례도 이를 뒷받침한다. 트루먼이 구두로만 명령에 관여한 것도, 전

(前)대통령의 급사로 인해 전시 대통령이 되었기에 일단 군의 메커니즘을 존중해야 한다고 생각했기 때문이었는지도 모른다.

그럼에도 불구하고 군 메커니즘의 정점에 있는 트루먼에게 원폭 투하의 최고 책임이 있다는 것은 두말할 나위가 없다. 7월 24일의 명령서에도 원폭의 대일 사용이 육군장관과 대통령에게 위임되었다고 명기하고 있다. 8월 8일, 히로시마 투하의 결과에 대해서 연락을 받았던 트루먼은 그와 같은 파괴는 자신과 육군성에 무서울 정도의 책임을 지우게 될 것이라고 침울하게 말했다. 트루먼이 자신의 책임을 통감하고 있었음을 보여주는 대목이다(『스팀슨 일기』). 8월 9일, 트루먼은 라디오 연설에서 원폭 투하의 이유를 설명했다.

> 폭탄을 획득했기에 우리는 그것을 사용했습니다. 우리는 진주만에서 경고 없이 폭격을 행한 자들, 미국의 포로를 굶겨 죽이고 구타하며 처형했던 자들, 전시 국제법에 따른 모든 허울마저 내팽개친 자들에 대해서 원폭을 사용한 것입니다. 우리는 전쟁으로 인한 고통 기간을 줄이기 위해, 다수의 미국인 젊은이의 생명을 구하기 위해서 그것을 사용한 것입니다.

여기서 트루먼이 원폭을 투하한 이유로 들었던 것은 2가지다. 하나는 일본이 범한 국제법 위법 행위인데 히로시마·나가사키에서 피해를 입은 것은 군인뿐만 아니라 대부분 민간인이었으며 그중에는 여자, 어린이, 노인 등 '무고'한 사람이 많이 포함되어 있었다. 국제법 위반은 이런 사람들까지 대량으로, 무차별적으로 죽이는 이유가 될 수 없다.

두 번째는 원폭이 많은 생명을 빼앗은 것이 아니고 반대로 많은 미국 군인의 생명을 구했다는 점을 강조하는, 조기 종전론·인명 절약론이다. 이것은 나중에 원폭이 미국 군인뿐만 아니라, 많은 일본인의 생명도 구했다는 주장으로까지 발전한다(자세한 내용은 荒井信一, 『戰爭責任論—現代史からの問い』, 岩波現代文庫, 2006을 참조).

트루먼이 대통령에 취임한 후 한 달도 지나지 않아 독일이 항복했다. 그러자 유럽으로부터 병사들이 귀환하기를 바라는 여론이 높아졌다. 하지만 트루먼은 대일전을 위한 극동으로의 병력 이동·훈련으로 그러한 여론의 기대에 부응할 수 없었고, 그 때문에 병사들의 귀환 문제는 골치 아픈 정치 과제가 되어 있었다. 조기 종전론·인명 절약론은 원폭이 많은 병사의 생명을 구하고 그들이 무사히 고향으로 돌아갈 수 있도록 했다는 논리이기도 했다. 훗날 트루먼은 투하 이유를 설명하게 된 내막을 스스로 밝혔다.

나는 (투하) 결정에 대해서 아무런 의문도 갖고 있지 않았다. 그것은 단순한 이유 때문인데, 원폭을 2발 정도 떨어뜨리면 전쟁이 종결될 것이라고 믿었기 때문이다. 일본인의 전쟁 방식은 대단히 잔학하고 야만적이었기 때문에, 나는 만약 25만 명의 미국 젊은이들의 생명을 구할 수 있다면 원폭을 투하해야만 한다는 결론에 도달했고 사실도 그랬다.

수십만 명의 젊은이들이 원폭 덕분에 목숨을 건져 무사히 가정으로 돌아온다는 소식에 미국 사회는 대환영했다. 조기 종전론·인명 절약론은 미국 대중에게 자연스럽게 받아들여졌으며 투하의 논리로서 사회적으로도 납득되었다. 그렇게 조기 종전론·인명 절약론은 전후의 흐름 속에서 실체가 되었다. 또한 트루먼도 그러한 방향으로 여론을 유도했고, 나아가 원폭이 인도적이고 평화를 이끌어내는 무기라는 '원폭 신화' 형성에 커다란 역할을 했다.

핵무기에 대한 의존이 심화되는 전후 상황 속에서 원폭 신화는 더욱 발전해 갔다. 한편 또 다른 투하 이유였던 일본군의 국제법 위반 문제의 경우, 강화조약 이후 일본 정부가 위반 사실을 인정하려 하지 않고 적극적으로 대응하지 않았기 때문에 미일 관계의 현안으로 남게 되었다. 특히 미군 포로가 세균무기를 위한 인체 실험에 이용된 것 같다는 의혹이 미 의회에서 거론된 1980년대부터는 다양한 형태로 포로 학대 문제가 표면화되었다. 일본의 성실한 대응이 필요하다고 본다.

제5장

민족의 저항과 항공전 기술

―――― '탈식민지' 시대의 폭격

사이공 남부 촌락에 대한 미군의 네이팜탄 폭격(1965년)
사진 출처: 미국 국립공문서관 소장

1. 말살된 폭격의 기억

연합국과 이탈리아의 전쟁범죄

미국의 역사가인 마크 셀든(Mark Selden)은 「잊힌 홀로코스트」라는 논문에서 "전쟁의 파괴력을 제한하고 국가와 군 지휘관에게 전쟁법 위반의 책임을 묻는 국제적인 노력과 강대국이 이러한 원칙을 체계적으로 짓밟았던 것 사이의 모순은 20세기의 특기할 만한 사실이다."라고 기술했다(Mark Selden, "Forgotten Holocaust", *Japan Focus*, 2007.5.12). 이와 같은 모순은 이미 제2차 세계대전 중에 이탈리아의 전쟁범죄 문제를 둘러싸고 표면화되었다. 이탈리아에서는 1943년 7월 25일 쿠데타가 일어나 무솔리니가 체포되고 군부의 바돌리오(Pietro Badoglio) 장군이 수상이 되었다. 9월에는 연합국과 휴전하고 무조건 항복함으로써 전쟁에서 이탈했다. 그러나 로마를 비롯한 이탈리아 북쪽 반은 아직 독일군의 점령하에 있었다. 연합국은 이탈리아의 참전을 원했고, 그 결과 이탈리아는 독일에 선전포고를 하고 연합국의 '공동 참전국'으로서 종전을 맞게 되었다.

바돌리오는 1944년 6월 로마가 해방될 때까지 수상의 자리에 머물렀다. 그러나 그는 과거 이탈리아군 총사령관으로서 에티오피아에서의 독가스 사용, 적십자에 대한 폭격 등 당시의 국제 기준을 위반하는 여러 잔학 행위에 대한 책임이 있었다. 쿠데타 직후인 7월 28일 루스벨트 미 대통령은 "(무솔리니와) 그의 파시스트 갱을 구금하고 인도에 대한 죄로 처벌해야만 한다"고 선언했었다. 그러나 연합국에 대한 바돌리오의 공헌을 기대하는 유럽원정군 총사령관 아이젠하워의 반대에 부딪히자 루스벨트는 갑자기 태도를 바꿨다. 7월 30일, 루스벨트는 처칠에게 다음과 같이 고했다. "우리의 의견으로는, 가까운 장래에 '악마의 두목(무솔리니)'을 잡으려는 노력은 이탈리아를 전쟁에서 이탈시킨다는 주목적을 방해한다. 적당한 때를 기다려 그와 공범자들의 신병을 확보하고 처벌에 상당하는 죄의 정도를 결정하면 된다."

'악마의 두목' 무솔리니는 스위스로 도망가는 도중에 파르티잔(partisan)[1]에 처형되고 사체는 밀라노에서 공개되었다(1945년 4월). 이는 이탈리아인 스스로 파시스트 범죄를 처벌한 것을 의미한다. 그럼 연합

---

1 유격대, 게릴라를 지칭.

국은 에티오피아에서 자행된 이탈리아의 전쟁범죄에 대해 어떻게 대처했을까?

1943년 10월 이탈리아가 '공동 참전국'이 되자 미국, 영국, 소련 3국은 "전쟁범죄인으로서 명백한 또는 그런 혐의가 있는 파시스트당 간부와 군 장성은 체포되어 재판에 부쳐질 것이다(「이탈리아에 대한 성명」)."라고 성명을 냈다. 같은 무렵 연합국은 런던에서 연합국전쟁범죄위원회(UNWCC: United Nations War Crimes Commission)를 발족시키고 잔학 행위에 책임이 있는 전쟁범죄인의 처벌에 관해 검토하기 시작했다. 미국, 영국, 소련 3국은 다음 달 모스크바선언에서 독일이 행한 잔학 행위 책임자들은 범행이 이루어진 현지 국가의 재판에 부쳐진다는 원칙을 선언했다. 이 선언을 준수한다면 바돌리오는 에티오피아에서 전범재판에 부쳐져야 했다. 그러나 에티오피아는 아직 영국의 점령하에 있었기 때문에 자국에서 전범재판을 실시하기 위해서는 UNWCC에 참여해 재판 절차, 소추인 선정 등에 관해서 주장할 기회가 필요했다.

그러나 영국은 UNWCC에 에티오피아가 참가하는 것을 거부했다. 연합국이 처벌 대상으로 하는 전쟁범죄는 영국과 프랑스가 독일에 선전포고를 한 1939년 9월 2일부터 시작된 '현재의 전쟁'에서 일어난 일에 한정되며, 에티오피아에서 행해진 범행은 대부분 그 이전에 수행된 것이라는 것이 공식적인 이유였다. 그러나 그 이유는 억지에 가까웠다. 연합국은 중국과 관련해서는 일본이 1939년 9월 이전에 저질렀던 전쟁범죄도 재판했기 때문이다. 당시 영국 외무성 법무관인 서 허버트 마킨(Sir Herbert Markin)이 작성한 법률적 소견은 그 진짜 이유를 밝히고 있다. "에티오피아가 전쟁범죄위원회에 대표를 보내려는 목적은 에티오피아전쟁 중에 이탈리아가 저지른 범죄를 제소하기 위해서였다고 생각한다. 그러나 이것은 몇 가지 이유에서 우리의 문제와는 상관이 없다. 그 이유 중 하나는 아마도 목록의 처음에 올라갈 사람이 바돌리오 장군이기 때문이다." 중국과의 차이에 관해서는 "유일한 문제는 제2차 세계대전이 있기 훨씬 전에 시작된 무력 분쟁의 범죄에 대해 어디까지 소급할 수 있는가이다. 에티오피아의 경우는 전혀 다른 전쟁에서 행해진 범죄다."라고 말하면서 정복자인 이탈리아의 논리를 긍정하고 이탈리아가 점령하고 있던 중에도 일관되게 지속되어 온 에티오피아인의 독립전쟁을 무시했다. 강대국의 식민지주의적인 논리가 그대로 반영된 시각이었다.

이탈리아와 연합국의 강화조약은 1947년 2월에 성립했다. 그런데 여기서 중요한 것은 강화조약으로 종결된 전쟁의 시작 시기를 이탈리아가 에티오피아를 침략하기 시작한 1935년 10월 3일로 규정했다는 점이다. 이것으로 에티오피아전쟁이 제2차 세계대전과는 '별개의 전쟁'이라는 주장은 무너졌다. 또한 이탈리아는 전범을 재판정에 세우기 위해 전범의 체포와 연합국으로의 신병 인도를 강화조약에서 약속했었다(제45조). 에티오피아의 전쟁범죄위원회는 재빨리 10명의 전범 목록을 작성해 런던의 UNWCC에 제출하고 8명을 용의자, 2명을 증인으로 인정하게 만들었다.

그러나 마지막 난관이 남았다. 에티오피아와 국교가 없다는 이유로 이탈리아 정부가 용의자의 신병 인도를 거부했던 것이다. 영국 정부도 중재를 거부했다. 에티오피아는 전범 목록을 바돌리오와 그라치아니(Rodolfo Graziani) 2명으로 줄였지만 소용이 없었다. 그라치아니는 이탈리아 정부에 의해 기소되었지만 기소 이유는 이탈리아의 항복 후 독일에 협력했다는 것이었지 에티오피아에서의 전쟁범죄가 아니었다. 그는 1950년 5월 금고 19년의 판결을 선고받았지만 이듬해에 석방되어 1955년에 천수를 다했다. 바돌리오는 끝내 처벌을 받지 않았는데 그 중요한 이유는 이탈리아의 완강한 반대였다. 아디스아바바 대학의 리처드 팽크허스트는 다음과 같이 적고 있다(리처드 팽크허스트는 실비아 팽크허스트의 아들임).

전후 이탈리아는 에티오피아에서 이탈리아 국민이 전쟁범죄를 자행했다는 사실을 직시하려 들지 않았다. 전범 목록에 거론된 굴리엘모 나시(Guglielmo Nasi, 에티오피아 점령 당시 하라르(Harar) 주 총독) 장군이 1950년 2월 이탈리아 정부에 의해 소말리아 신탁통치 총독에 지명되었고, 국제적인 반대에 부딪히자 비로소 지명이 철회되었다는 것은 특기할 만하다. 또한 이탈리아 국방장관이 사건으로부터 60년이나 지난 1996년이 되어서야 에티오피아에서 이탈리아 공군이 독가스를 사용했다는 사실을 인정했다는 점도 그에 못지않게 특기할 만하다(Richard Pankhurst, "Italian Fascist War Crimes in Ethiopia: A History of Their Discussion, from the League of Nations to the United Nations(1936-1940)", *Northeast African Studies*, Vol.6, No. 1~2, 1999).

한편, 제2차 세계대전 후 뉴욕에 망명 중이었던 바스크 주 정부는 독일의 전쟁범죄를 재판한 뉘른베르크 국제군사법정에 피해자를 대표해서 게르니카 폭격을 재판에서 다루어줄 것을 요구했다. 그러나 이 경우에도 에티오피아의 경우처럼 1939년 9월에 시작된 '현재의 전쟁'에서 벌어진 일이 아니라는 이유로 소추가 실현되지 못했다. 뉘른베르크 재판에서 전쟁범죄 소추 주석(主席) 고문이었던 텔포드 테일러(Telford Taylor)는 뉘른베르크 재판으로부터 25년이 지난 1970년에 도시 폭격을 언급하며 다음과 같이 지적했다.

> 쌍방이 도시 파괴 게임(연합군이 훨씬 성공했다)을 연출했기 때문에 독일과 일본을 소추할 근거가 없었고 …… 사실 그러한 소추는 거론되지 않았다. …… 연합국 측도, 추축국 측도 폭격을 매우 광범위하고 잔혹하게 실시했기 때문에 뉘른베르크에서도, 도쿄에서도 이 문제는 전범 재판의 일부가 되지 못했다(Selden, 2007. 05. 12).

일본군에 의한 미군 폭격대원의 처형

일본군이 개설한 군율법정은 무차별폭격에 대한 재판으로 유명한데, 그 계기가 된 것이 1942년 4월 18일 미 항모에서 발진한 둘리틀 폭격대가 행한 일본 본토 공습이다. 태평양 상의 미 항모에서 발진한 B24 중폭격기는 도쿄와 나고야를 폭격한 후 중국 대륙으로 이탈했다. 그런데 중국 오지에 위치한 기지로 향하던 중, 폭격기 2대가 추락·불시착했고, 이때 승무원 8명이 지나파견군에 체포되어 도쿄의 방어사령부(防衛総司令部)로 이송되었다. 보통의 경우 포로들은 국제법의 보호하에 놓여야 했다. 태평양전쟁 개시 후 일본은 연합국에 포로의 대우에 관한 국제법규의 '준수'를 통고한 바 있었다.

그러나 참모본부는 체포한 B24 승무원의 엄격한 처벌을 주장했다. 당시 작전과 작전반장이었던 쓰지 마사노부(辻政信, 1902-1968) 중좌(中佐)[2]는 승무원의 취조를 담당한 도쿄 헌병대의 간부에게 "모두 죽여라", "공습을 방지하기 위해, 일본으로 건너와 폭격을 한다면 모두 죽게 될 것이라는 인상을 미국에 주고 싶다"고 말했다고 한다. 헌병대 사령관이 참모총장에게 보낸 취조 보고에는 「체포된 승무원의 처치에 관한 헌병대 사령관의 소견」이란 문서가 첨부되었는데, 여기에는 공습대원을 포로가 아닌 국제법 위반자로 간주해 엄벌에 처해야 한다는 의견이 들어 있었다(北博昭, 「空襲軍律の成立過程」, 『新防衛論集』 第14巻第2号, 1986年 10月).

그리고 이 의견의 연장선상에서 공습군율이 만들어졌는데, 그 키워드가 「소견」 속에 있는 '국제법 위반자로 간주해'였다. '간주하다'에는 '보이게 만들다, 그렇게 여기다'의 의미가 있다. 조약에서 포로는 전투 바깥에 위치한 비전투원이며 기본적으로는 보호 대상이다. 따라서 포로를 엄중하게 처벌하기 위해서는 포로조약(1929년)[3]의 보호 규정을

---

2 일본군 장교 계급의 하나로 중령에 해당함.

3 1929년에 체결된 전쟁 포로의 대우에 관한 제네바협약을 가리킨다.

무효화시킬 수 있을 만한 국제법상의 이유를 각국에 제시할 필요가 있었다. 도조 히데키(東条英機, 1884-1948) 육군장관은 포로에 대한 엄중한 처벌이 미국에 거주하는 일본인에 대한 보복을 초래하지 않을까 우려하고 있었다. 그런 측면에서도 국제적으로 설명할 수 있는 법적인 이유가 필요했을 것이다.

그래서 육군은 앞에서 언급한 '공전규칙'에 주목했다. 전시국제법을 위반한 경우라면 포로를 통상적인 전쟁범죄로 처벌할 수 있었다. 육군차관은 "전시국제법을 위반하지 않은 자는 포로로 취급하고 이에 위반되는 행위를 한 자는 전시 중범죄로 처단한다"고 처벌 방침을 전달하고 포로로 잡은 '적 항공기 승무원'을 전시국제법으로서 군율회의에 보낼 것을 각 군 각 방면 군사령관에게 전달했다. 공습군율에서 군법의 대상이 되는 '위반 소행'은 약간의 개정이 있었지만, 기본적으로는 '공전규칙' 제22조와 제24조의 내용을 들어 무차별폭격을 국제법상 불법행위로 간주했다. 그 결과 둘리틀 대원 8명은 지나파견군으로 환송되어 파견군에 속한 제13군에 의해 진행된 군율회의에서 사형을 언도받았다. 그중 5명은 후에 감형되지만 3명은 총살되었다.

당시 육군성 병무국장인 다나카 류키치(田中隆吉) 소장은 공습군율에 의한 미 공습대원 처형에 관해서 "미국인 비행사를 처형하는 정책은 일본 국내 혹은 일본의 지배하에 있는 다른 지역에서 붙잡힌 미국인 비행사는 처형된다는 인식을 정착시키는 것을 목적으로 하며, 그렇게 함으로써 공군의 일본 폭격 의욕이 저하될 것이라는 기대에서 나온 것이었다."라고 말했다.

공습군율에 의해 설치된 군율법정으로 유명한 것은 제13방면군의 군율법정이다. 그곳에서는 1945년 5월 14일의 나고야 폭격 당시 육군에 사로잡힌 11명의 승무원에게 사형을 선고한 바 있었다. 검찰관을 역임한 육군의 법무장교들은 전후에 B, C급 전범재판(요코하마 법정)에서 포로 학대로 기소되어 유죄판결을 받았다. 재판에서는 군율법정을 공정하고 적법한 재판으로 인정하지 않았다. 그 이유는 심판 소요시간이 매우 짧고 절차도 간결하며 변호인도 없고 상소도 할 수 없는 등 심판받는 자(미국 비행사)의 인권에 대한 절차가 결여된 것으로 보았기 때문이었다. 확실히 군율법정에는 미국의 공습을 억지하기 위한 '위협'이라는 노림수가 있었다. 그러나 실제로 군의 작전행동, 점령지의 치안 유지(점령 권력의 일부로서), 자국군의 안전을 위해 군율을 제정하고 위반자를 재판에 부치는 것 자체는 국제법상 적법한 것으로 인정되고 있다(北博昭, 『軍律法廷—戰時下の知られざる裁判』, 朝日選書, 1997).

　　요코하마 재판에서 미국 측은 나고야에 대한 폭격은 '특정 군사시설'에 대한 폭격이었다고 주장했다. 이 주장대로라면 붙잡힌 승무원들의 신분은 '포로'이며 군율법정에서의 처단은 국제법 위반이 된다. 한편 군율법정의 검찰관이었던 이토 노부오(伊藤信男) 전 법무소좌는 요코하마 법정에서 "5월 14일의 공습이 무차별폭격이었다는 것은 그 결과를 보더라도 의심할 필요가 없는 사실이다. …… 승무원들도 군사목표를 폭격하라는 명령을 받았다고 진술은 하고 있지만 무차별폭격의 의사가 있었다는 점은 부인하지 않고 있다. 무엇보다도 피해 상황이 여기에 대한 유력한 증거다."라고 변명했다. 당시 나고야 시의 집계에 따르면 공습으로 인한 사망자는 338명, 전소 가옥은 2만 1,211채였다.

공전규칙에는 삐라 살포 등의 선전 유포를 위해 비행기를 사용한 경우 승무원이 "그 이유로 인해 포로로서의 권리를 빼앗기지 않는다(제21조)."라고 명기하는 한편 군사목표주의에 위반함으로써 발생한 신체 또는 재산 피해에 대해서는 교전국의 사관 또는 군대의 배상책임을 규정하고 있었다(제24조 5항). 무차별폭격을 실시한 비행기의 승무원이 포로로서의 권리를 주장할 수 없음은 자명하며 그 경우에는 요코하마 법정의 기소 이유가 성립할 수도 있다. 이를 위해 다시금 나고야 공습의 실태를 검증할 필요가 있을지도 모른다.

제네바협약과 냉전

앞에서 언급한 바와 같이 제1차 세계대전 후에는 전쟁 중에 출현한 새로운 전쟁수단과 전쟁 방법에 대응하기 위해 국제인도법(전쟁법)의 개정이 이루어졌다. 제2차 세계대전 후에도 마찬가지의 노력이 시도되었던 것은 사실이다. 폭격을 불문에 부친 뉘른베르크 재판에서도 법리상으로는 '지역폭격 및 테러 폭격'을 충분히 거론할 수 있었다. 재판소의 구성과 관할을 정한 국제군사재판소(IMT: International Military Tribunal) 헌장(1945년 8월 8일)에서는 '전쟁범죄'에 '군사적인 필요로 정당화되지 않는 도시, 마을 또는 촌락의 부당한 파괴 또는 황폐화'가 포함되었고, '인도에 대한 죄'에는 '모든 민간 주민에 대해 자행된 비인도적 행위'가 포함되었다. 그럼에도 불구하고 실제 재판에서는 폭격에 관한 이들 규정이 무시되었다. 원인은 법의 규정만이 아니었다. 오히려 진짜 문제는 전후 처리를 담당한 전승국들의 정치적 태도에 있었다고 봐야 할 것이다.

국제군사재판소(IMT) 헌장이 '인도에 대한 죄,' '평화에 대한 죄'를 설정한 것은 제2차 세계대전의 경험을 전쟁법에 반영시키려는 획기적인 시도였다. 국제인도법에 관해서도 같은 시도가 이루어졌다. 1949년에 성립된 「전쟁 희생자 등의 보호에 관한 제네바 제4협약」[4]은 전후 처리의 성격을 지닌 전쟁법 개정의 '정점'(후지타 히사카즈[藤田久一])으로 평가받고 있다. 하지만 제4협약에서 문민 보호에 대한 부분은 '지역폭격 및 테러 폭격'과 관련해 문제의 소지가 있었다. 무력 분쟁 시의 문민 보호와 관련해 자세한 규정이 있었지만, 무차별폭격으로부터 일반 주민을 보호한다는 명문 규정은 없었기 때문이다. 후에 1977년의 「국제적 무력 충돌의 희생자 보호에 관한 제네바협약 추가의정서」(제1추가의정서)가 보호 규정을 항공전에 적용하고, 비전투원을 공격 대상으로 삼는 것을 금지했다는 점과 비교하면 이 한계는 대단히 명백하다. 패전국인 독일과 일본이 초안 작업에 참여하지 못했고, 이에 따라 무차별폭격으로 인한 가혹한 피해 경험이 반영되지 않았기 때문일 것이다. 동시에 인도적 조약 개정을 주도해야 하는 전승국들의 태도가 매우 소극적이었다는 점도 빼놓을 수 없다.

---

4 1949년에 성립된 「전시에 있어서의 민간인 보호에 관한 제네바협약」이다.

'핵의 시대'의 논리

제2차 세계대전에 출현했던 신무기 중 전후 세계에서 가장 큰 영향을 끼친 것은 원폭이었다. 전쟁 직후에는 한 국가의 주권 범위를 넘어서 피해를 끼치는 원폭은 당연히 국제 관리에 맡겨야 한다고 여겨졌다. 1946년에 발족한 국제연합의 첫 총회 결의는 「원자력의 발견에 따른 제 문제에 관한 위원회의 설립」이었다. 결의에는 "개별 국가 방위를 위한 원자무기 및 모든 기타 대량살상무기의 폐기"가 삽입되었다. 국제연합총회는 원자력의 국제 관리와 함께 모든 국가에 원폭을 포함한 대량살상무기를 폐기할 것을 요청했다. 그러나 원폭을 개발한 미국과 영국은 원폭을 독점해 전후 세계 질서를 관리하고자 원자력의 국제 관리에 응하지 않았다. 원래 히로시마, 나가사키에 대한 원폭 투하에는 전후 세계 특히 소련에 대한 미국의 압도적인 힘을 보여주려는 목적이 있었다. 한편 소련은 히로시마에 대한 원폭 투하를 알고 그 개발을 가속화해 이미 1949년에 원폭의 보유를 공표했다.

미국은 원폭을 통해 세계를 관리하려 했고 소련은 미국의 패권에 대항하려고 했기 때문에 핵무기는 미·소 대립을 정점으로 하는 냉전의 주요한 수단이 되었다. 1950년 트루먼 대통령은 최대 인구 밀집지라 할지라도 한 발에 파괴할 수 있는 수소폭탄(이하 수폭이라 함)의 개발을 명령함으로써 대소 우위를 확보하려고 했다. 이에 맞서 소련이 대항했기 때문에 1950년대의 핵무기 개발 경쟁은 수폭을 중심으로 전략폭격기와 핵미사일 등 운반수단의 개발로까지 확산됐다.

1954년 미국이 마셜 제도의 비키니 환초에서 수폭실험을 실시했는데, 이때 발생한 '죽음의 재'로 인해 일본의 참치 어선이 피폭되고 다수의 승무원이 죽거나 부상당했다(제5후쿠류마루 사건〔第5福竜丸事件〕). 어선은 지정된 위험 수역으로부터 35킬로미터 떨어진 곳에서 조업 중이었다. 한편 소련은 1957년 인공위성 스푸트니크(Sputnik) 발사에 성공했다. 이는 미국 본토를 직격할 수 있는 대륙간 탄도탄(ICBM) 개발에 앞서 나가고 있다는 것을 나타낸 것이다.

이러한 핵무기 경쟁 속에서 서로 핵무기와 그 운반수단을 개발하는 것이 상대에게 '전면전쟁(general war)'을 단념시킨다는 '핵 억지론'이 서서히 틀을 갖추기 시작했다. 핵전쟁 준비 그 자체가 핵전쟁을 억제하고 평화유지에 공헌한다는 도착된 논리에 의존한 주장이다. 그러나 제5후쿠류마루의 희생은 핵전쟁이 인류 전체의 멸망으로 이어질 수도 있다는 것을 다시금 일깨워주었다. 1955년에 2명의 과학자 러셀(Bertrand Arthur William Russell, 1872-1970)과 아인슈타인은 "인류가 전멸하거나 아니면 인류가 전쟁을 포기하거나."라고 호소하며 '러셀-아인슈타인 선언(Russell-Einstein Manifesto)'을 발표했다. 또한 1962년에는 소련이 쿠바에 핵미사일을 배치하려는 과정에서 쿠바 미사일 위기가 발생했다. 그로 인해 세계는 미·소의 군사적 대결(핵전쟁)의 위험성을 피부로 느끼게 되었다. 결국 이들 사건은 제한 없는 핵무기 경쟁의 전환점이 되었고, 이후 세계는 '핵의 균형'을 통해 가까스로 미국과 소련이 정면충돌을 피하는 '군비관리'의 시대를 맞이한다.

필자는 핵무기로 인해 세계평화가 관리되는 당시의 시대를 '핵의 시대'라 부르고 있다. '핵의 시대'는 언뜻 평화로운 시대처럼 보이지만 결코 그렇지 않았다. 미·소의 군사적 대립을 배경으로 세계 각지에서 군사정권이 탄생했고 민족해방운동에 대한 무력 탄압과 내전이 벌어졌기 때문이다. 이러한 과정에서 벌어진 무력 분쟁(통상무기를 주요 전쟁 수단으로 하는 제한전쟁[limited war])에서는 종종 잔혹하고도 반복적인 폭격이 이루어져 일반 시민의 희생이 컸다.

2. 한국전쟁과 핵의 유혹

한국전쟁과 폭격

한국전쟁은 한반도의 통일을 둘러싼 남북 간의 대립을 계기로 1950년 6월에 시작되어 1953년 7월의 휴전협정으로 끝난 전쟁이다. 여기서는 전쟁과 폭격 문제에 한정해 고찰해 보기로 한다.

38도선으로 분단된 한반도에서 전쟁이 시작되자 미 공군(USAF)의 참모장 호이트 반덴버그(Hoyt Sanford Vandenberg)는 괌의 B29 부대를 즉시 오키나와(沖繩)의 가데나(嘉手納) 기지로 이동시켰다. 또 7월에는 별도의 B29 부대가 도쿄의 요코타(橫田)로, 또 다른 부대가 가데나로 이동했다. 요코타 기지에는 맥아더의 연합국총사령부(GHQ) 휘하에서 방공을 주 임무로 하는 극동공군(FEAF)이 설치되어 있었는데, FEAF 는 한반도에서의 항공전을 책임지게 되었다. 2곳의 기지에는 중형 폭격기도 배치되었다. 북한에 대한 전략폭격의 실행은 일본 내 기지 없이는 불가능했다. 1954년 극동공군의 정보부 차장인 돈 짐머맨(Don Zimmerman)은 전쟁 중에 폭격을 총괄하면서 "북한의 자원에 안겨준 파괴의 정도는 제2차 세계대전 중 일본에 안겨준 것보다도 크다"고 적었다. 정전협정 성립 당시 미국 측 평가에서는 북한의 주요 도시 22개 중 18개 도시가 적어도 도시의 반 이상이 파괴되었다고 한다(표 5-1).

【표 5-1】 폭격에 의한 북한 도시의 파괴율

(단위 %)

남포	80	겸이포	80
청진	65	평양	75
정주	60	사리원	95
해주	75	신안주	100
함흥	80	신의주	50
흥남	85	성진	50
황주	97	순안	90
강계	60	선주	60
군우리	100	원산	80

출처: Conrad C. Crane, *American Airpower Strategey in Korea 1950–1953*, University Press of Kansas, 2000

개전 직후 포로가 되어 전쟁 기간 내내 북한에 억류되어 있었던 미 제24사단장 딘(William Frishe Dean) 소장은 후일 회상에서 "내가 본 대부분의 마을이 폐허 또는 설원으로 변했고, 남아 있는 몇 안 되는 집은 군용품·식료품을 담은 박스와 봉투로 채워져 있었다", "내가 만난 북한 사람은 누구나 폭격으로 죽은 친족이 여러 명 있었다"고 하면서 북한의 폭격 피해에 대해 말했다.

한국전쟁의 경과는 복잡했고, 한반도는 북에서 남에 이르기까지 전쟁터가 되는 참화를 겪었다. 개전과 동시에 38도선을 넘은 북한군은 부산 부근까지 내려왔다. 그러나 1950년 9월 맥아더가 이끄는 미군이 인천에 상륙하자 퇴로가 끊긴 북한군은 붕괴되어 한국 남부에서 퇴각할 수밖에 없었다. 10월에 한국군과 미군이 38도선을 넘고 북한이 전쟁터가 되자 만주 국경의 위기를 느낀 중국은 의용군이란 명목으로 대군을 파견해 북한 영역 내 깊숙이 침입한 미군을 격퇴했다. 이 단계에서 소련도 무기·탄약에 국한하고 있던 원조를 확대해 공군을 파견했다. 12월에는 트루먼 대통령이 비상사태를 선언하고 전시체제의 확립을 통해 국면을 재정비하려고 했다. 그러나 1951년 3월 무렵부터 38도선을 사이에 둔 공방이 계속되면서 전쟁은 교착상태에 빠졌고 6월에는 소련의 제안으로 정전회담이 시작되었다. 회담은 때에 따라서 종종 중단되기도 했다.

트루먼 대통령의 꿈

미국에서는 전쟁 국면을 타개하기 위해 군부를 중심으로 전쟁 확대론이 끈질기게 제기되었다. 그중 하나는 타이완 국민당군의 참전과 중국 동북부(만주)로의 전쟁 확대고, 다른 하나는 원폭 사용이었다. 모두 중국·소련과의 전면전쟁, 미·소 핵전쟁의 발단이 될 위험이 있었다. 확대론의 급선봉은 국제연합군 사령관 맥아더였다. 그러나 NATO 각국은 소련의 보복을 두려워했고, 특히 영국이 강하게 반대했기 때문에 트루먼도 원폭 사용을 주저하지 않을 수 없었다. 맥아더는 1951년 4월 트루먼에 의해 해임되었는데, 트루먼-맥아더 논쟁은 정계에서도 커다란 문제가 되었다.

논쟁이 일어나는 와중에 트루먼은 다음과 같은 '꿈'을 일기에 기록했다(Barton, J. Bernstein, "New Light on the Korean War", *International History Review*, III, April 1981).

> 만약 중국군이 전쟁을 멈추지 않고 소련이 원조하지 않는다면 미국은 중국을 봉쇄하고 만주(동북)에 있는 모든 군사기지를 파괴하며, 평화적 목적을 달성하기 위해 필요하다면 모든 항구 또는 도시를 소멸시킬 것이다. 여기서 소련이 물러서지 않는다면 전면전쟁이 될 것이다. 모스크바, 상트페테르부르크(Saint Petersburg), 블라디보스토크, 베이징, 상하이, 뤼순(旅順), 다롄(大連), 오데사(Odessa), 스탈린그라드(Stalingrad) 및 중국과 소련의 모든 제조공장이 일소될 것이다(1952년 1월 27일 자).

맥아더가 해임된 후 군 강경파는 승리의 결정타를 가하기 위해 만주의 공군기지 폭격을 주장했다. 그러나 트루먼은 한반도를 넘은 폭격을 효과적으로 실시하기 위해서는 중국의 여러 도시를 폭격해야 한다고 지적하며 다음과 같이 적었다. "그러한 경우에는 2,500만이나 되는 무고한 여자, 어린이, 비전투원이 죽게 될 것이다." 1945년에 트루먼은 원폭 투하를 명령한 바 있었다. 그것과 관련해 트루먼은 "내 의견으로 그것은 쌍방의 무의미한 죽음을 끝내기 위한 것이었다. 한반도와는 전혀 다른 상황이었다. 우리가 한반도에서 싸우고 있는 것은 대한민국을 세운 국제연합을 지원하는 경찰 행동이다. 나는 제3차 세계대전을 명령할 수 없다. 나는 나 자신이 옳았다는 것을 알고 있다(『일기』, 4월 24일자)." 만약 이것이 트루먼의 본심이었다면 트루먼은 국제연합이 관리하는 평화와 핵무기에 의해 관리되는 평화 사이에서 갈등하다가 가까스로 전자를 선택한 셈이다.

테러 폭격의 부활과 핵 공격의 위기

'전면전쟁'은 피할 수 있었지만 한국전쟁에서는 '제한전쟁'으로서 최대 규모의 폭격이 이루어졌다. 당시 B29와 원폭을 주요 무기로 하는 전략폭격집단(SAC)의 총사령관은 커티스 르메이였다. 일본의 기지로 이동한 B29로 조직된 극동공군의 폭격기 집단은 맥아더에게 '5곳의 북한 공업센터에 대한 소이탄 공격(fire job)'의 허가를 요청했다. 르메이가 일본에서 실시했던 도시에 대한 대규모 소이탄 공격을 북한에서도 재현하려 한 것이다. 1950년 11월에 중국군이 참전하자 맥아더는 북한의 도시에 대한 본격적인 폭격을 허가했다. 1951년 1월 초순 평양이 소이탄 공격을 받고 도시의 35%가 소실되었다. 그러나 소련이 공급한 개량형 제트 전투기인 미그 15기는 미국의 구식 전투기를 능가하는 성능을 발휘했는데, 상승속도와 상승고도 등에서 뛰어나 전투에서 미국 전투기를 압도했다. 북한 측의 방공 능력이 향상됨에 따라 B29의 피해도 늘어 1951년 말에는 거의 야간 작전밖에 수행할 수 없게 되었다.

1952년 중반 정전협의가 중단되자 극동공군의 폭격 작전은 다시 강화되었다. 이해 5월 연합군 사령관은 마크 클라크(Mark Wayne Clark)로 바뀌었는데, 클라크도 정전협의를 재개하기 위해 '하늘로부터의 압력'을 가하는 작전을 지지하고 있었다. 압박을 통해 대화를 강요하는 정치적인 폭격이었다. 극동공군의 지령에 따르면 목표는 '후방 지원을 담당하는 일반 주민의 전의 저하'를 초래할 수 있는 지역에 위치한 '현저한 군사목표'였다. 명목상으로는 전선의 보급을 차단한다는 것이었지만 실제로는 테러 폭격의 성격이 강했다. "'하늘로부터의 압력' 작전의 등장은 상투적인 공군의 패턴(실패를 만회하는 히든카드로서 시민의 전의에 대한 효과를 노리는 폭격 패턴)이 다시금 되풀이되었다는 것을 의미했다(Biddle, 2002)."

최초의 목표는 수풍댐을 비롯한 발전소였다. 1952년 6월 23일 공격을 받은 13개소의 발전소 중 11곳이 완전히 파괴되었고, 북한은 전력의 90%를 잃었다. 폭격에 참가한 것은 요코타 기지에서 발진한 폭격기였다. 그래서 보복 폭격을 경계한 미군의 요청으로 일본 외무성은 요코타 기지 주변 마을에 등화관제를 요청하기도 했다고 한다(和田春樹, 『朝鮮戦争全史』, 岩波書店, 2002). 7월 11일 미군은 1,254대[5]를 출동시켜 다시 평양을 공격했다. 공격에는 2만 3,000갤런(약 8만 7,000리터)의 네이팜탄이 사용되었다. 북한은 "우리나라의 평화적인 마을과 주민에 대한 불법적인 무차별폭격"이라고 항의하면서 동시에 폭격으로 파괴된 건물이 1,500동, 인명 피해는 7,000명이라고 발표했다.

---

5 항공기의 숫자는 자료에 따라 다를 수 있음.

━ 한반도 중서부 마을 농가에 대한 미군의 네이팜탄 투하
출처: Conrad C. Crane, *American Airpower Strategy in Korea 1950–1953*, University Press of Kansas, 2000

한국전쟁에서 두드러진 것은 네이팜탄의 사용이었다. 네이팜탄은 북한뿐만 아니라 한국 영역 내의 지상 전투 지원에도 사용되었다. 위의 장면은 1951년 1월에 한반도 중서부 마을이 공격당했을 때의 모습이다. 농가 뒤에 떨어진 네이팜탄의 화염은 지붕과 가옥 전체를 남김없이 불태웠다. 한국전쟁에서 투하된 네이팜탄의 3분의 2가 중국 참전 후 92일 동안 사용되어 남북 양쪽의 마을이 희생되었다.

당시 미 육군이 설치했던 극동군 작전조사국의 연구에 의하면 네이팜탄은 지상부대를 근접에서 엄호할 때 가장 유효한 대인 무기지만 차량이나 건물에 대해서도 광범위하게 사용되었다고 한다. 특히 전폭기[6] 조종사가 네이팜탄을 선호했는데, 가령 "마을을 직접 폭격하고 그

---

6 공중전, 지상 공격을 동시에 수행할 수 있는 다목적 항공기인 전투폭격기의 약칭이다. 많은 경우 전폭기는 공중전 위주로 개발된 기존의 전투기에 지상 공격 능력을 추가함으로써 탄생한다.

것이 불타오르는 것을 보면 무언가 해냈다는 기분이 들기 때문이었다."라는 반응도 있었다. 많은 경우 초가집 공격은 군대와 보급물자가 은닉되어 있다는 명목으로 행해졌고, 그때 얼마나 많은 마을의 무고한 사람들이 살해되었는지 공중에서는 확인할 길이 없었다(Crane, 1993).

수풍댐과 평양 폭격은 북한에 커다란 타격을 주었다. 미국이 신예 전투기인 F86 세이버를 폭격기의 호위기로 삼고 완전히 야간 폭격으로 전환하자 소련 공군은 폭격을 저지할 수 없었다. 격추되는 소련 전투기의 비율도 증가했다. 김일성은 그래도 전쟁을 계속할 의사를 버리지 않았지만, 8월 29일 평양은 다시 폭격을 받아 시가지는 거의 괴멸되었다. 이러한 상황은 다른 여러 조건과 맞물려 정전을 향한 움직임을 가속화했다. 그러나 이듬해인 1953년 7월의 정전협정까지는 여전히 우여곡절이 있었으며 스탈린의 죽음(1953년 3월) 또한 기다려야 했다. 공군이 '제한전쟁'에서 커다란 역할을 했던 것은 부정할 수 없다. 하지만 "우리는 한반도의 북에서도 남에서도 모든 도시를 불태웠다. 우리는 백만 명 이상의 민간인을 죽이고 수백만 명 이상을 집밖으로 내몰았다"는 르메이의 호언이 사실이라면 공군의 작전은 남북을 불문하고 많은 주민을 희생시킨 셈이 된다.

한국전쟁의 최종 국면에서는 수풍댐과 수도 폭격이 일정한 역할을 하긴 했지만, 전쟁 전체에서 공군의 중심적 역할은 지상 전투에 대한 근접 지원, 즉 전술폭격이었다. 전폭기의 이용도 두드러져 전폭기에 소형 전술핵무기를 탑재하는 계획도 진행되고 있었다. 개전 시 공군의 주역을 자부하던 전략폭격집단(SAC)은 원래 소련과의 전면전쟁을 상정하고 있었기 때문에 한반도의 현실에 잘 적응하지 못했다.

원폭 사용은 일단 중지되었으나 미국이 원폭을 사용할 위험성은 항상 존재했다고 해도 과언이 아니다. 1952년 대통령 선거에서 아이젠하워는 대통령에 당선되었다. 그 후 1953년 4월에는 핵무기의 사용을 포함한 중국과 만주에 대한 폭격 방침을 대통령이 승인하고 5월에는 덜레스(John Foster Dulles) 국무장관이 인도의 네루(Jawaharlal Nehru) 수상에게 핵무기를 사용할 가능성이 있다는 점을 전했다. 7월 23일에 정전협정이 성립됐기 때문에 핵전쟁은 현실화되지 않았지만 북한은 한국전쟁에서 끊임없이 핵 공격의 위기를 느꼈다. 그때의 기억은 오늘날 핵 문제를 둘러싼 북한의 태도에도 투영되고 있다.[7]

7 한국전쟁 당시 미군의 폭격에 대한 자세한 내용은 김태우, 『폭격—미 공군의 공중폭격 기록으로 읽는 한국전쟁—』, 창비, 2003을 참고할 것.

3. 베트남전쟁 – 다양화되는 항공전 기술

게릴라전 – 도움이 되지 않는 제트기

1950년대는 '탈식민지화'의 시대라고 일컬어진다. 식민지 측에서 말하면 민족 독립 투쟁과 해방의 시대였다. 본국이 식민지 제국을 유지하기 위해 안간힘을 쓸 때 투쟁은 종종 독립전쟁으로 발전했고, 독립전쟁은 주로 게릴라전을 중심으로 이루어졌다.

영국령 말라야(Malaya)에서는 전후 바로 말라야 민족해방군이 결성되었는데, 정글에 틀어박힌 독립군에 대한 영국 공군의 폭격은 거의 효과가 없었다. 공군의 역할은 지상부대의 지원(보급물자의 투하, 정찰, 근접지원 등)에 국한될 수밖에 없었다. 1953년부터는 헬리콥터가 도입되었지만 제트기보다 낡고 속도도 느린 프로펠러기 쪽이 더 쓸모가 있었다. 뒤에서 다루는 알제리전쟁에서도 신예 제트 전폭기보다도 구형 미국제 연습기 T6이 훨씬 쓸모가 있었다. T6은 저렴하고 유지 및 관리가 용이할 뿐만 아니라, 최고속도가 시속 200킬로미터를 넘지 않았기 때문에 저공에서 천천히 지상을 정찰하며 게릴라의 움직임을 탐지해 공격할 수 있었다. 어느 장교의 말을 빌리면 "(제트기는) 현대의 전면전쟁을 위해 설계되었지만 대게릴라전에서는 역효과인 경우가 많았다(James S. Corum and Wray R. Johnson, *Airpower in Small War: Fighting Insurgents and Terrorists*, University Press of Kansas, 2003)"고 한다.

아이러니한 것은 초강대국들이 '대량보복전략(Massive Retaliation Strategy)'을 주창하며 전 지구적인 파괴를 일으킬 수 있는 수폭·미사일 등의 대량살상무기 개발에 열광했던 1950년대에 식민지주의자들은 구형 항공기의 유효성을 새롭게 인식하고 있었다는 점이다.

알제리전쟁

영국과 어깨를 나란히 하는 식민지 제국 프랑스는 전후 북아프리카 식민지, 모로코와 튀니지에는 독립을 인정했지만 알제리에는 독립을 부여하지 않았다. 알제리에는 100만 명 가까운 프랑스인 이주민(콜롱: colon)이 정주하고 있기 때문이었다. 콜롱은 강력한 경제력을 쥐고 있었고 본국의 경제뿐만 아니라 정치에도 영향력을 갖고 있었다.

1954년 무렵부터 프랑스가 독립을 인정한 1962년 7월까지 알제리에서는 격렬한 독립전쟁이 벌어졌다. 가장 많은 시기에는 80만의 병력이 최대 4만 명 남짓의 민족해방전선(FLN)의 게릴라 부대와 싸웠다. 알제리전쟁의 게릴라로는 도시 게릴라가 유명하지만 공군의 주요 활동은 농촌과 산악 지대의 게릴라를 상대로 이루어졌다. 이 전쟁에서는 헬리콥터가 중요한 역할을 했다. 그 이전까지 헬리콥터(이하 헬기로 함)는 병력 수송 등의 보조적인 용도로 사용되는 경우가 많았다. 그러나 알제리전쟁에서 프랑스군은 헬기 6대 중 1대의 비율로 무장을 강화해 전투용 건십(gunship)[8]으로 사용했다. 건십의 표준 장비는 2대의 기관총과 2대의 로켓발사대였다. 로켓발사대의 경우 1대당 37밀리미터 로켓탄 36개를 발사할 수 있어서 게릴라전에 매우 효과적이었다.

1959년 1월 프랑스군이 게릴라 지역에 대공세를 가했다. 2만 명의 특공부대와 외인부대가 헬기로 침투해 동이 틈과 동시에 대인용 파쇄폭탄을 투하하고, 그다음 공수부대가 공격헬기의 엄호를 받으며 강하해, 참호에 숨은 게릴라를 몰아냈으며 도주하는 적을 하늘에서 공격한 뒤 귀환했다. 1960년 5월까지 게릴라는 1만 2,000명으로 줄었고, 작은 집단으로 분단되었다. 프랑스군은 승리를 선언했지만 그 후에도 알제리에 대한 지배를 지속시키기 위해서 50만 명의 병사와 1,000대의 비행기와 헬기가 필요했다.

알제리에서 프랑스는 전투에서는 이겼지만 전쟁에는 졌다고 평가받고 있다. 알제리인의 끈질긴 저항으로 인한 전쟁의 장기화는 전후 프랑스의 부흥을 지연시키고 전쟁을 둘러싼 국내 분열을 촉진시켰다.

---

8 건십은 기관총, 기관포로 중무장한 항공기를 가리킨다.

1958년 5월에는 알제리 주둔군이 반란을 일으켜 제4공화국을 붕괴시켰다. 반란의 결과로 탄생한 제5공화국의 초대 대통령 드골(Charles De Gaulle)은 주둔군의 기대를 저버리고 알제리의 자치권을 인정했으며 1962년 평화협정을 통해 전쟁을 끝냈다.

디엔비엔푸의 패배와 미국의 개입

프랑스는 베트남에서도 격렬한 민족해방운동에 직면했다. 베트남에서는 일본의 패전과 함께 베트남독립동맹회(베트민)를 이끄는 호찌민(Ho Chi Minh)이 하노이를 수도로 하는 베트남민주공화국(The Democratic Republic of Vietnam)의 독립을 선포했다(1945년 9월 2일). 그러나 식민지 지배의 회복을 꾀하는 프랑스군은 남베트남을 점령하고 1949년 전(前) 황제 바오다이(Bao Dai)를 옹립해 남쪽에 베트남국(State of Vietnam)을 세웠다. 형식적으로는 분열 국가 간의 전쟁처럼 보이지만 실질적으로는 베트남에 대한 종주권을 회복하려는 프랑스의 식민지 전쟁이었다.

전쟁의 고비는 하노이에서 250킬로미터 떨어진 산악 지대의 요충지인 디엔비엔푸에서의 전투(1954년 3월 13일~5월 1일)였다. 프랑스는 이곳에 1만 6,000명의 정예 부대를 투입해 요새를 세우고 베트민을 유인해 몰살시킬 작전을 실행했다. 미국도 이 시기에는 전비의 80%를 원조했다. 그러나 몰래 주변 산악 지대에 진을 치고 있던 베트민군의 맹공격을 받아 프랑스군은 항복했고 1만 3,000명이 포로가 되었다. 일본

『요미우리신문(読売新聞)』의 사이공 특파원이었던 오구라 사다오(小倉貞男)는 "디엔비엔푸 전투에서 베트민이 이길 수 있었던 원동력은 디엔비엔푸 주위의 산으로 많은 대포를 운반한 민중이었다. 자전거에 쌀부대를 동여매어 전장으로 운반한 민중이었던 것이다."라고 적었다(小倉貞男, 『ヴェトナム戦争全史』, 岩波書店, 1992).

디엔비엔푸의 패배 후 프랑스는 협상에 응해 북위 17도선에서 베트남을 남북으로 분할하는 제네바협정에 조인했다. 그러나 미국과 남베트남 정부는 조인에 응하지 않았다. 그 후 미국은 남베트남의 독재정권을 강화시키며 군사고문단 파견을 명목으로 베트남에 개입하기 시작했다. 그리고 현지의 군사력을 점차 강화하고 민주적인 운동을 탄압했다. 1960년에 남베트남 민족해방전선(베트콩)이 결성되었고, 1965년에는 통킹 만 사건을 구실로 미국이 북베트남을 폭격하면서(북폭) 본격적인 전쟁이 시작되었다. 이것은 미국의 함선이 공해 상에서 북베트남의 어뢰정으로부터 공격을 받았다는 사건인데, 미국 정부는 이것을 북베트남의 도발이라고 주장했다. 하지만 그 후 1968년 미 상원 청문회에서는 도발한 쪽은 오히려 미국 측이라고 결론을 내렸다.[9]

1954년에 끝난 인도차이나전쟁이 '프랑스의 전쟁'이었던 데 반해 1965년에 전면적으로 확대된 베트남전쟁은 '미국의 전쟁'이었다. '미국의 전쟁'은 1973년 미군이 남베트남에서 철수함으로써 전환점을 맞

---

9 베트남전 당시 미국 국방장관이었던 로버트 맥나마라(Robert McNamara)는 1995년 회고록에서 당시 사건이 일부 조작됐음을 고백하기도 했다.

이하지만, 전쟁 자체는 1975년에 베트콩과 북베트남군에 의해 베트남
전 국토가 통일될 때까지 계속되었다.

북폭과 셸링의 폭격 이론

17도선을 넘어선 미 공군의 북폭은 통킹 만 사건의 보복을 이유로
실시되었다. 북폭은 미국의 존슨(Lyndon Baines Johnson) 대통령 정권하
에서 실시된 '롤링썬더(Rolling Thunder)' 작전과 닉슨(Richard Nixon) 정
권기의 '라인배커(Linebacker)' 작전으로 구분되는데, 모두 정치적 목적
을 강제하기 위한 작전이었다. 즉 남베트남의 해방 세력에 대한 지원
중지와 남북 간의 정전 또는 평화회담에 응할 것을 하노이의 공화국
정부에 강제하는 것이 그 목적이었던 것이다.

당시 존슨 정권의 폭격 정책을 제약하고 있던 정치적 요인은 2가
지였다. 주민에 대한 무차별폭격이 국내 여론의 극심한 반발을 초래한
다는 점, 그리고 북베트남 전국에 대한 대량 폭격이 중국의 참전을 유
발할 수 있다는 점이다. 이들 위험을 피하기 위해서는 비전투원의 대
량살상을 야기하는 폭격은 제한되어야 했다. 그러한 의미에서 폭격은
제한적으로 실시하는 것이 바람직했는데, 이러한 제한 폭격론의 배경
이 되었다고 하는 것이 토머스 C. 셸링(Thomas Schelling)의 항공전 이
론(Thomas Schelling, *Arms and Influence*, Yale University, 1966)이었다. 그
의 폭격론의 중심은 민간인 피해를 서서히 늘려감으로써 장래에 더 큰
대가를 치를 수 있다고 적을 납득시키는 데 있다. 민간인에 대한 공격

을 서서히 고조시킴으로써 적의 강박관념을 조장해 전쟁 종결에 응하
게 하는 전략인 것이다. 최종적으로 민간인이 표적이라는 것에는 변함
이 없지만 그것을 가능하게 하기 위해서는 대량살육이라는 직접적인
방법과 경제적 기반시설을 파괴하고 시민 생활에 필요한 공급과 서비
스를 박탈하는 간접적인 방법을 생각해볼 수 있다. 도쿄 대공습의 경
우에는 인구 밀집지에 대해 일정한 시기에 집중해서 폭격을 실시해 많
은 시민이 희생됐지만, 셸링은 오히려 모든 표적을 한 번에 파괴하지
않는 것이야말로 제한전략의 관건이라고 주장했다(Mark Clodfelter, *The
Limits of Air Power: The American Bombing of North Vietnam*, University of
Nebraska Press, 2006).

위협이 지렛대로서 도움이 되는 이유는 미래의 피해를 예상할 수 있
게 하기 때문이다. 따라서 추가적인 파괴로 적을 위협하기 위해서는
적에게 속한 민간인의 상당 부분을 신중하게 유보해 두어야 한다. 위
협이 효과가 있으려면 폭력이 예상되어야 한다. …… 보다 큰 폭력이
예상될 때에 바람직한 행동을 취하도록 만들 수 있다.

요시자와 미나미(吉澤南)는 '보복'으로 시작된 북폭이 징벌적 성격
의 적극적인 공격으로 발전하는 과정을 분석하고, 북폭이 '점차적인
조이기'의 형태를 취했다고 지적했다(吉澤南, 『ベトナム戦争―民衆にとって
の戦場』, 吉川弘文館, 1999).

그것은 "폭격 목표의 구체적인 목록을 작성하고 이를 점차 해금함

으로써 압력을 단계적으로 강화하는 것"이며 "폭격금지 지역을 항상 확보해 두고 북베트남이 타협하지 않으면 다음에는 그 지역을 폭격할 것이라고 위협하는" 심리 작전이었다.

231쪽 지도에 나타난 것처럼 미국은 우선 북베트남의 공역을 지도상에 6개의 공역(루트 패키지, 이하 RP로 약칭)으로 분할했다. 즉, 북위 17도선에 접한 남부 지역을 RP-1로 하고 거기서부터 RP-2, 3, 4, 5로 북상해 구역을 나누었다. 중요 도시인 하노이, 하이퐁(Hải Phòng)과 중국 국경에 이르는 정치적으로 가장 중요한 지역은 각각 RP-6A, RP-6B로 분류했다. 그중 RP-1은 처음부터 폭격 지역으로 분류되어 지상의 건조물이 전부 없어질 정도로 철저하게 폭격당했다. RP-6A의 하노이 폭격은 잠시 보류되기도 했지만, "모든 공업적·경제적 자원을 겨냥한 사실상의 전략폭격 계획"으로의 확대를 요구하는 합동참모본부의 요청으로 실행되었다. 또한 대통령 보좌관인 월트 로스토(Walt Whitman Rostow)가 제2차 세계대전 당시 독일을 폭격한 경험을 토대로 석유 저장 시설의 폭격 효과를 역설한 것도 폭격 실행의 결정적인 계기가 되었다(吉澤南, 앞의 책).

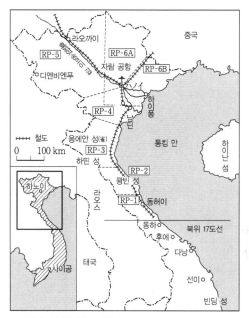

■ 북베트남 폭격 목표지역의 분류
출처: 吉澤南, 『ベトナム戦争─民衆にとっての戦場』, 吉川弘
文館, 1999에 있는 그림을 토대로 작성했음. 성(省) 등의 지
명은 전쟁 당시의 명칭을 사용

'롤링썬더' 작전은 여러 번 중단되기도 했지만 1969년 3월까지 계
속되었다. 출격 대수는 1965년 6만 1,000대, 1966년 14만 7,000대,
1967년 19만 1,000대, 1968년 17만 2,000대, 1969년 3만 7,000대였으
며, 모두 64만 3,000톤의 폭탄이 투하되었다. 1966년 6월 29일에 실시
된 하노이, 하이퐁 폭격은 연료 저장소가 목표였다. 폭격은 8월까지 계
속되었고, 그 결과 미군은 '대규모 석유 저장 시설'이 파괴되었다고 발
표하며 성과를 자랑했다.

그러나 같은 해 말 북베트남으로 들어가 폭격 결과를 취재한 『뉴욕

타임스』의 편집 차장인 해리슨 E. 솔즈베리(Harrison Evans Salisbury)는 다음과 같이 보고했다.

> 차로 시골을 지나는 중에 그 결과를 볼 수 있었다. 어디를 보아도 가까운 밭이나 국도 옆, 작은 길의 십자로 등에 55갤런들이 철 드럼통이 널브러져 있었다. 그런 드럼통 속에 북베트남의 석유 비축분이 들어 있었다. 드럼통은 도시와 마을, 농촌의 논 등에 수천 개도 넘게 뿌려져 있어서 미 공군의 폭격을 교묘히 피했다. 미군의 믿기 어려울 정도의 화력에도 불구하고 북베트남은 전쟁 노력에 중대한 타격을 받지 않은 채, 끝까지 전쟁을 수행해 나간 것이다(ソールズベリ著·朝日新聞外報部 訳,『ハノイは燃えている』, 朝日新聞社, 1967).

'롤링썬더'로 인해 북베트남의 주요 도시 30개 중 25개가 큰 타격을 받고 경제시설, 제방, 국영농장, 공장 등도 반복적으로 공격을 받았다. 그 외에 1967년 말까지 병원 161곳, 학교 631곳, 교회 312곳, 불탑 134개가 피해를 입었다. 미 정보부의 추정에 의하면 작전으로 인한 일반인 사망자 총수는 5만 2,000명이었다.

평화회담과 '라인배커' 작전

닉슨 정권은 베트남전쟁이 교착상태에 빠진 1969년에 성립했다. 이제 닉슨 정권의 과제는 전쟁에서 승리하는 것이 아니라 어떻게 베트남전쟁에서 빠져나가느냐는 것이었다. 그 때문에 남베트남 정부군을 강화시켜 대신 전쟁을 수행하게 하고, 파리에서 개최되는 평화회담을 유리하게 전개하려고 애썼다.

1972년의 '라인배커 I' 작전으로 재개된 북폭은 위와 같은 정치적 목적을 달성하기 위해 북베트남 민중에게 압력을 가하는 작전이었다. 그 노림수는 북베트남 주민 대부분의 일상생활을 파괴해서 위협을 자각시키는 것이었다. 평화협상 최종 단계에서 실시된 '라인배커 II'에서는 11일간(12월 18일~29일) 전략폭격기 B52가 729회 출격해 폭탄 약 1만 5,000톤 남짓을, 공군과 해군의 전투기가 1,216회 출격해 폭탄 5,000톤을 투하했다. B52의 주목표는 철도 요충지와 창고가 있는 지역이었고, 이 때문에 하노이에서 160킬로미터 이내의 철도 교통이 마비되었다. 그 밖에 191개의 창고가 파괴되었고, 석유의 보급은 4분의 1로 줄었으며, 발전소 파괴로 인해 발전 능력은 11만 5,000킬로와트에서 2만 9,000와트로 크게 낮아졌다(Mark Clodfelter, 2006).

'라인배커 II'는 시민 생활의 유지에 필요한 공급과 서비스의 파괴를 겨냥했기 때문에 피해 규모에 비해 민간인의 직접적인 희생은 비교적 적었는데, 하노이 시장에 의하면 사망자는 1,318명, 부상자는 1,216명이었다. 당시 하노이를 방문한 서방 측 언론인들도 시가지 그 자체는 거의 피해를 입지 않았다고 증언했다. 그러나 시내에 머물러 있던 주민들이 하루에 1시간 정도밖에 수면을 취하지 못하고 11일간 계속된 폭격으로 인해 정신적으로 불안정하게 되었던 것도 사실이다.

평화협정은 폭격이 있은 지 얼마 지나지 않은 1973년 1월 23일에 체결되었고 마침내 미군은 베트남에서 철수했다. 11일간의 폭격은 과연 북베트남의 평화협정 수락에 공헌했을까? 미국의 법률가 텔포드 테일러(Telford Taylor)는 당시 하노이를 방문해서 "투하된 폭탄의 어마어마한 양에도 불구하고 미국이 하노이를 파괴하기 위해 힘을 쓰지 않았다는 것을 나는 바로 확신할 수 있었다. 하노이는 거의 상처를 입지 않았는데, 하노이를 파괴하려고 했다면 2~3일 밤이면 가능했을 것이다. 이것은 너무나 명백하다."라는 감상을 남겼다. '라인배커 II'의 하노이 폭격이 셸링이 주장한 제한 폭격론을 구체화한 것은 확실하다(Robert A. Rape, *Bombing to Win: Air Power and Coercion in War*, Cornell University Press, 1996).

미국의 요구를 수락하지 않을 경우에 예상되는 대살육의 위협이 하나의 압력이 될 수는 있었다. 그러나 셸링이 말했던 것처럼, 폭격으로 인한 심각한 생활 파괴와 그로 인한 주민의 불온한 동향이 하노이 정부가 평화협정을 수락하도록 유도한 흔적은 보이지 않는다.

잔학한 무기의 사용과 병사의 비인간화

본서는 지금까지 북폭을 중심으로 베트남전쟁을 다루었지만, 사실 베트남전쟁의 주전장은 민족해방전선을 주체로 한 남베트남이었다. 1992년 하노이에서 발표된 북베트남군과 남베트남 민족해방전선의 사망자는 100만 명을 넘었는데, 이 중 민간인의 수를 엄밀하게 구분할 수는 없다. 나중에 미국 상원 법무위원회에서 공표된 숫자에 의하면 1965년부터 1973년 사이에 남베트남의 민간인 사망자 수는 42만

5,000명에 달한다. 미국, 남베트남 및 한국 등의 파병국 군인의 사망자는 약 22만 명이라고 하는데, 남베트남만 해도 그 2배의 민간인이 살해된 것이다. 필자는 예전에 베트남전쟁의 특징 중 하나로 "전쟁에 민간인을 끌어들인 것이 아니라 처음부터 민간인과 그들의 생활공간이 공격의 대상이 되었다는 점(荒井信一, 『戰爭責任論—現代史からの問い』, 岩波現代文庫, 2005)"을 지적했다. 즉 다이옥신을 포함한 고엽제 등 고도의 기술력을 대량으로, 무차별적으로 사용해서 생활환경과 생활공간을 파괴한 것이 베트남전쟁의 커다란 특징이었던 것이다.

미군은 폭격을 위한 잔학한 무기로서 네이팜탄 외에 새로이 볼 폭탄을 대량으로 사용했다고 한다. 볼 폭탄에는 커다란 용기에 야구공보다 조금 큰 산탄형 자탄이 수백 발 들어 있어 투하되면 용기가 공중에서 폭발해 자탄이 뿌려지고 불발탄은 지뢰로 변한다. "가능한 한 다수의 인간을 한꺼번에 살상하기 위해 개발된" 폭탄이라 할 수 있다(本多勝一, 『本多勝一集11卷: 北爆の下』, 朝日新聞社, 1995). 걸프전쟁에서 사용된 클러스터 폭탄은 바로 그 개량형인데 이에 관해서는 본서의 제6장에서 다룰 것이다. 베트남전쟁 중 미군은 라오스까지 늘어난 북베트남군의 보급로 일대를 폭격했는데, 이때 사용된 폭탄 대부분이 볼 폭탄으로 지금도 다수의 자탄이 남아 있다.

잔학한 무기에 더해 무기를 사용하는 군인들은 인간적인 감정을 박탈당했다. 폭격 기술의 발달로 군인들이 지상에서 벌어지는 참극을 느끼지 못했던 것이다.

1945년 3월 10일의 도쿄 대공습에 참가한 B29의 조종사였던 체스터 마셜(Chester W. Marshall)은 당시의 탑승 일기를 토대로 상황을 적었다. 과거의 공습과는 근본적으로 다른 도쿄 시가지에 대한 소이탄 공격에 대해 들었을 때 대부분의 승무원들은 믿기 어렵다는 반응으로 앉은 채 멍하니 있었다고 한다. 이들은 9일 아침의 브리핑에서 목표에 대한 투하 고도는 5,000피트 내지 7,000피트(1,500미터 내지 2,100미터)라는 것, 각 비행기는 지정된 고도에 단기로 침투한다는 것, 탄환은 꼬리 부분의 총좌에만 탑재하고 사수 3명은 참가하지 않는다는 것을 지시받았다. 이어서 체스터 마셜은 "출격 지시를 받고 오후 동안 모두 침울해했다. 동료들이 르메이를 저주하는 소리도 들었다. 소문에 의하면 막료(幕僚) 중 다수가 우리를 그렇게 자살에 가까운 공습에 내보낸다는 결정에 반대했으며 공습 부대의 75%를 잃을 것이라고 예견했다고 한다."라고 적고 있다. 체스터의 비행기는 그날 오후 6시 반에 이륙해 도쿄로 향했다.

(도쿄가 가까워짐에 따라) 전방에서는 불이 번져 도시의 목표지역이 화염지옥으로 변했다. 불과 가스가 수천 피트나 피어오르고 연기가 검은 구름이 되어 2만 피트(약 6,000미터)까지 올라왔다. 비행기가 투하 구역에 진입하자 그 일대는 대낮처럼 밝아졌다. 불바다가 가까워지자 지정된 구역 전체가 음울한 오렌지 빛으로 변했다. 나는 전방의 비행기에서 투하된 소이탄이 지면에 부딪히는 광경을 보고 놀라서 숨을 멈추었다.

소이탄이 지면에 닿는 순간 많은 성냥에 한꺼번에 불이 켜진 것 같았고 몇 초도 안 되어 그 작은 불길이 모여서 하나의 큰 불덩어리가 되었다. 우리는 불길이 타오르는 끝 부분에 싣고 온 짐(소이탄)을 단숨에 떨어뜨리고 치솟는 연기구름 속으로 돌진해 들어갔다. …… 맹렬하게 타오르는 불길로 인해 생긴 밑에서 올라오는 열풍이 강렬한 상승기류를 만들어 기체를 들어 올렸고, 극도로 커다란 G(가중력)가 좌석으로 몸을 끌어당겨서 전혀 움직일 수가 없었다. 무슨 일이 일어났는지 생각할 여유가 생겼을 때에는 고도 5,000피트(1,500미터) 이상으로 올라가고 있었다. 그러자 갑자기 몸이 가벼워졌다. 여기서 우리는 겨우 화염지옥의 끄트머리에서 빠져나올 수 있었던 것이다.

불에 탄 인육, 잿더미 속의 이상한 냄새로 우리는 숨이 막힐 것 같았고, 나중에 연기에서 탈출한 뒤에야 비로소 한숨을 크게 내쉴 수 있었다(チェスター・マーシャル著・高木晃治訳, 『B29 日本爆撃30回の実録』, ネコ・パブリッシング, 2001).

베트남전쟁의 경우 지상전은 비참한 양상을 보이는, 영웅이 없는 전쟁이었다. 그 때문에 "유일한 영웅으로서 군용기 조종사들을 추켜세우려는 풍조"가 생겨났다고 이쿠이 에이코(生井英考)는 지적하고 있다. 군용기 조종사는 "불과 1분도 안돼서 수천 피트 고도에 도달할 수 있는 초음속 전투기를 타고 계기판이 가득한 단조로운 조종석을 자신들만의 세계와 전장으로 삼았다. 그들은 지상의 군인들이 넘을 수 없는 북위 17도선을 가볍게 날아서 넘어갔고, 북폭을 가리켜 '시내로 놀러나간다'고 부르며 기분전환으로 받아들이기까지 했다(生井英考, 『ジャングル・クルーズにうってつけの日』, ちくま学芸文庫, 1993)"고 한다.

북폭에 투입된 미군 조종사들은 시내에 쇼핑가는 것처럼 홀가분한 마음으로 목표를 폭격했다. 인육이 타는 이상한 냄새에 숨 막혀 하면서 도쿄에 소이탄을 투하했던 B29의 비행사들이, 자신들이 지상의 많은 사람들을 죽이고 있다는 것을 실감했던 것과는 큰 차이가 있었다. 폭격 기술의 발달이 "새의 눈으로 전쟁터를 조망할 수 있었던(이쿠이 에이코)" 비행사들의 인간적인 감정을 무디게 했던 것이다.

무차별적인 폭격 – 남베트남 폭격의 기억

국제연구학회(International Studies Association) 2008년 대회에서 발표했던 3명의 역사가의 추산에 따르면 제2차 세계대전 후 2008년까지 세계적으로 165회의 내전이 발생했다. 51회가 게릴라전이었는데, 그중 24회에서 주민들을 상대로 한 대량 학살이 이루어졌다(M. A. Kocher, T. B. Pepinsky and S.N. Kalyvas, Into the Arm of Rebels? Aerial Bombardment, Indiscriminate Violence, and Territorial Control in the Vietnam War).

제2차 세계대전에서 나치스 독일은 광범위한 홀로코스트를 자행했고 일본은 난징대학살을 저질렀는데 이러한 것들은 문명국으로서는 예외적인 현상으로 간주되었다. 그러나 제2차 세계대전 후에는 탈식민지화와 제국의 해체에 따른 내전에서 제3세계의 민족해방운동 세력이 게릴라전으로 식민지주의에 저항했고, 이에 대해 식민지주의의 옛 권력은 '반란'을 진압하는 평정(平定) 작전에서 주민들에게 무차별적인 폭력을 행사했다. 또한 최근에는 아프가니스탄, 이라크, 코소보(세르비아), 수단(다르푸르) 등에서 비(非)무장한 민중에 대해 대규모 공격이 이루어진 바 있다.

베트남전쟁의 폭격에 관해서 지금까지는 북폭이 강조되었는데, 그 이유는 미국의 군사사가나 정치학자들이 남베트남 폭격에 대해서 별로 주목하지 않았기 때문이다. 남베트남에서는 미국의 괴뢰적인 성격을 지닌 사이공 정권에 대항해서, 북베트남과 연대한 남베트남 민족해방전선(베트콩)이 게릴라전으로 저항하고 있었다. 미군은 '반란'을 진압하기 위한 평정 작전의 일환으로 베트콩의 세력하에 있다고 판단되는 촌락에 대해 격렬한 폭격을 퍼부었다.

1969년까지 남베트남은 역사상 가장 격렬한 폭격을 받은 나라가 되었다. 전쟁 기간 중 인도차이나 상공으로 출격한 군용기 중 75%가 남베트남으로 향했다. 남베트남 폭격은 대부분 베트콩의 지배하에 있다고 생각되는 촌락에 대한 무차별폭격이었다. 주민들 중에는 중립적인 입장을 취하는 사람도, 베트콩 반대파도 있었을 것이다. 폭격 시에 이러한 사람들을 구별하는 것은 불가능했으며 미국의 지도층도 그 점을 이해하고 있었다. 그럼에도 불구하고 굳이 주민을 무차별적으로 폭격한 것은 하늘로부터 내려오는 갑작스러운 죽음의 공포가 주민들로 하여금 베트콩을 등지게 하거나, 집을 버리고 정부 지배 지역의 난민촌으로 이동하게 할 것이라고 믿었기 때문이다.

1946년 미 공군의 아놀드 장군이 설립한 랜드연구소(RAND corporation)란 군의 싱크탱크가 있다. 이 연구소는 1965년의 조사 결과로서, 폭격은 베트콩이 주민들을 보호할 능력이 없다는 점을 알게 해주기 때문에 주민들을 반(反)베트콩파로 만들 것이라는 예측을 발표했다. 폭격을, 공포와 위협을 통해 "주민을 적으로부터 분리하는(베트남 파견군 사령관 웨스트멀랜드〔William Childs Westmoreland〕)" 결정적인 정치 수단이라고 믿은 것이다. 앞에서 언급한 국제연구학회의 발표는 남베트남 촌락을 폭격한 결과, 주민들이 더욱 강하게 베트콩을 지지하게 되었다는 것을 다양한 각도에서 밝히고 있다.

남베트남 폭격은 주민에 대한 무차별적인 공격이었는데, 주목할 것은 미군이 그 사실을 처음부터 인정했다는 사실이다. 미군은 무차별적인 폭격으로 공포와 위협을 전달하고 그것들을 통해 주민의 정치적 지지의 변화를 유도한다는 것이 폭격의 목적이라고 공공연하게 밝혔다. 북폭의 경우에는 어느 정도 합리적인 이유가 설명되기도 했지만 남폭의 경우에는 흐릿한 정치적인 계산에서 무차별적인 폭격이 이루어졌다. 북폭의 경우 적국을 굴복시킨다는 전략폭격의 계보로서 설명될 수 있는데 반해, 남폭의 경우 식민지 시대의 '징벌 작전'과 유사하며 그 계보로서 이해될 수 있다.

미 공군대학의 제프리 레코드(Jeffrey Record)는 "세계 유일의 초강대국으로서 미군은 본질적으로 영국군이 대영제국에서 행한 것과 같은 제국적인 경찰 활동을 현재 세계에서 실시하고 있다"고 지적한 바 있다(Jeffrey Record, Failed States and Casuality Phobia, *Occasional Paper*, No. 18, September 2000). 폭격이 현재 미국 외교정책의 주요한 수단이 되고 있는 것도 이와 무관하지 않다. 그러한 목적으로 폭격을 실시하는 경우, 국가 간 전쟁과는 달리 무엇을 폭격 목표로 선정할지는 전략적인 중심 문제가 아니며 전술적인 문제에 불과하다. 후세인 정권 타도 이후 이라크에서 나타나는 바와 같이 전략적으로 중요한 문제는 '주민(민중)의 동향을 어떤 방향으로 이끌 것인가'이기 때문이다. 이 과정에서 반정부 세력의 진압을 이유로 폭격이 시행되기도 하는데 평정 작전의 성격상 일반 주민도 무차별적인 폭력 행사에 피해를 입을 수밖에 없다. 더구나 징벌적인 폭격은 그 자체만으로도 주민에게 위협과 공포를 심어주기도 한다.

이와 같이 현대 세계에서 나타나는 폭격의 현실은 남베트남에서의 폭격을 다시금 떠올리게 하고 있으며, 당시의 실태를 규명하는 일은 연구자에게 남겨진 오늘날의 과제일 것이다.

|제6장|

'대테러 전쟁'의 그늘
———————— 국제 현실과 폭격의 규제

도쿄 료코쿠(両国)에 있는 도쿄도(東京都) 위령당(慰靈堂)(위)과
도쿄 공습희생자 기념비(아래)
촬영: 이와나미신서(岩波新書) 편집부

1. 무차별폭격에 대한 침묵과 규제를 위한 행보

국제법과 미군의 해석상의 차이

영국 역사가인 그레이링(Grayling)은 독일과 일본에 대한 무차별폭격의 도덕성을 고찰한 최근 저서에서 자신은 전승국에 속한 사람의 입장에서 이 책을 썼다고 기술했다. 확실히 자신은 전승이라는 혜택을 입었지만 지금은 승리를 쟁취하기 위한 과정에서 행해진 연합국 측의 악(惡)을 솔직하게 인정한다고 말하며, 그 이유를 2가지 들었다. 첫째, 나치즘·일본의 전쟁범죄와 규모가 다를지언정 무서운 전쟁 속에서 자국도 범죄를 저질렀음을 솔직하게 인정하고 또한 받아들일 수 있는 문명만이 과거로부터 배우고 미래를 향해 올바른 길을 걸어갈 수 있기를 기대할 수 있다는 것이다(Grayling, 2007).

폭격의 역사

둘째, 과거의 범죄를 눈감는다면 같은 행위를 되풀이할 위험이 있기 때문이다. 그녀가 이 점을 특히 우려한 것은 국제인도법(1949년 제네바협약 및 1977년 추가의정서)의 문민 보호에 대한 미군의 최근 해석에서 문제점을 감지했기 때문이다. 제2차 세계대전 중 연합군의 지역폭격을 '도덕적 범죄(moral crimes)'라고 인정하는 그녀의 입장에서는 미군의 해석을 인정할 수 없다고 말한다.

전후의 제네바 제4협약에 대해서는 앞 장에서 언급한 바 있다. 그러나 전후에는 알제리전쟁, 베트남전쟁 등 강대국의 군사력과 민중을 기반으로 한 게릴라가 직접 대치하는 새로운 국면이 전개되었지만 이와 관련해서는 국제법의 정비가 제대로 이루어지지 않았다. 그래서 이제까지 보아온 것처럼 근대 무기의 무차별 사용으로 인한 막대한 희생을 막지 못했다. 새로운 양상의 무력 분쟁이 국제인도법의 미비를 통감하게 했던 것이다.

국제적십자위원회(ICRC: International Committee of the Red Cross)는 1956년 「전시에 일반 주민이 겪는 위험을 제한하기 위한 규칙안」을 작성했다. 국제법학회(IDI: Institute of International Law)도 1969년 '대량살상무기의 존재가 초래하는 각종 문제 및 일반적인 군사목표와 비(非)군사목표의 구별'을 결의했다. 이것들을 집대성한 것이 1977년의 제네바협약 추가의정서인 「국제적 무력 충돌의 희생자 보호에 관한 제네바협약 추가의정서」(제1추가의정서)다. 의정서는 제52조에서 다시금 민용물(民用物)에 대한 공격을 금지하고 군사목표주의를 표방하는 동시에 관련 규정을 세밀하게 규정했다. 그리고 군사목표 외의 모든 것을 민용물이라고 간결하게 규정하는 한편 공격이 허용된 군사목표를 엄밀하게 정의했다. 즉, "군사목표가 되는 사물은 그 성질, 위치, 용도 또는 사용이 군사 활동에 효과적으로 공헌하는 것으로서 그 전면적 또는 부분적인 파괴, 탈취 또는 무효화가 그 시점의 상황에서 명확한 군사적 이익을 가져오는 것에 한한다"고 정의한 것이다.

문민에 대한 공격에 대해서는 제85조에서 위반 행위 중 ① 문민인 주민을 공격 대상으로 하는 것, ② 과도한 공격이 사망·문민의 장애 또는 민용물의 손상을 야기할 것을 알면서도 문민인 주민 또는 민용물에 영향을 미치는 무차별공격을 가하는 것, ③ 비전투원을 공격 대상으로 하는 것으로 규정하며 모두 금지했다. 이들 규제가 충분히 지켜진다면 폭격으로 인한 피해는 매우 제한적이 될 것이다. 그러나 같은 시기에 미 공군의 공식 교범(*Air Force Doctrine Document: Air Force Basic Doctrine*, 1997)은 "일반 주민의 전의는 그 자체를 합법적인 목표로 삼을 수 있다. 전쟁 의욕을 약화시키는 것이 군사적인 이익이 되기 때문이다."라는 포괄적인 해석을 제시하고 있다. 이 차이가 무서운 것이다.

그레이링은 이 밖에 해군의 지휘관을 대상으로 한 작전 용법 핸드북에서 "간접적이라 하더라도 적 전투 능력의 지원 및 보유에 도움이 되는 경제목표를 공격해도 된다."라는 말을 인용하며 다음과 같은 취지를 기술하고 있다. 미국의 해군과 공군은 '주민의 전의'라든가 '경제적 목표'라는 제2차 세계대전 당시의 용어를 사용하면서 거기에 대한 공격을 합법적이라고 생각하고 있다. '경제적 목표'란 전쟁 산업, 석유, 전력, 수송, 수도 이외에도 수많은 항목을 포괄하는 용어다. 제네바협약(추가의정서 포함)에 대한 미군의 해석은 제2차 세계대전 중의 지역폭격을 도의적 범죄로 간주하는 관점에서 도저히 받아들일 수 없는 것이다(Grayling, 2007).

무차별폭격을 인정하는 '침묵의 구조'

무차별폭격에 대해 관용적인 군의 논리가 전후의 여러 사건을 거쳐 계승되고 있는 것은 미국의 국가 수뇌들이 정치적 필요성이란 명목으로 그 비인도성을 눈감고 있기 때문이다. 그 한 예로 오키나와의 역사가인 오타 마사히데(大田昌秀)는 무차별폭격에 대한 일본 정부의 항의를 둘러싼 미국 정부의 대응을 밝혔다(大田昌秀, 『那覇10・10大空襲－日米資料で明かす全容』, 久米書房, 1984).

1944년 10월 10일 미 함재기 199대가 대낮에 5회에 걸쳐 오키나와 제도를 공격했다. 주로 군사목표를 겨냥한 공격이었지만 "4회와 5회째 공격에서는 학교, 병원, 사원 그리고 나하(那覇) 시가의 민간인 주거지 등 비(非)군사목표에 대해 맹폭을 가해 그것들을 잿더미로 만들었다. 동시에 미군기는 저공에서 무차별폭격과 기총소사로 다수의 시민을 살상"했다(일본 정부 각서). 12월 11일 일본 정부는 이것이 "오늘날 국가 간에 합의된 국제법과 인도의 원칙에 대한 가장 심각하고도 중대한 위반임을 지적"하고 스페인 정부를 통해 미국 정부에 대해 엄중히 항의했다고 한다. 처음에 미 국무성은 항의를 묵살하는 태도를 보였다. 그러나 연합군 포로에 대한 일본 측의 보복을 우려해 합동참모본부(JCS)에 검토를 의뢰했다. 그 결과 JCS의 합동병참위원회 소위원회에 의해

「오키나와 제도의 비군사시설에 대한 폭격과 관련한 일본 정부의 항의에 대해서」라는 보고서가 작성되었다. 오타는 이 보고서에 대해 "중요한 것은 미국 측이 나하 대공습에 관한 일본 정부의 주장을 거의 전면적으로 인정했다는 점이다."라고 했다. 실제로 보고서는 "일본 정부가 항의하고 있는 공격은 아마도 사실에 근거한 것일 것이다."라는 말투로 기본적으로 나하 공습이 무차별폭격이었다는 사실을 인정했다. 그러나 미국 정부는 그것이 국제법 위반이라는 점에 대해서는 침묵했다. 그 이유는 2가지였다.

먼저 국제법 위반이란 점을 부정한다면 일본군이 행하는 중국 도시에 대한 폭격 등과 관련해 미국 정부가 이제껏 고수해왔던 견해와 모순되게 된다.

더욱 중요한 이유는 "국제법 위반이라는 점을 일본 측 주장대로 인정할 경우, 적의 영토 내에 강제 착륙하게 되는 모든 탑승원을 위험에 빠트릴 수 있고 전쟁범죄인으로 처벌받게 할 수 있다(「육군장관 및 해군장관이 국무장관에게 보내는 편지의 각서」)"는 우려 때문이었다. 실제로 일본군이 군율법정을 설치하고 무차별폭격을 이유로 B29 탑승원을 처벌했다는 것은 앞에서 언급했다.

이러한 이유에서 미국은 최종적으로 일본의 항의에 회답하지 않기로 했다. 이는 무차별폭격에 대한 '침묵의 구조'를 의미한다. 이러한 침묵 구조는 제2차 세계대전에서의 지역폭격을 범죄로 여기는 관점을 도입하는 것을 방해했으며 전후 오랫동안 미 공군의 실제 행동과 변화하는 국제법 사이에 커다란 괴리를 만드는 데 기여했다.

원폭 피해와 공습 피해

일본 정부는 히로시마에 대한 원폭 투하에 대해서도 그 직후인 8월 10일 미국에 항의했다. 원폭이 노인, 어린이, 부녀자를 무차별적으로 잔학하게 죽인 것은 국제법 위반이라고 지적하며 인류와 문명의 이름으로 이를 규탄하는 내용이었다. 이미 같은 날 일본은 조건부로 포츠담선언을 수락하기로 연합국에 통지한 상태였기 때문에 항의는 그 이상 확대되지 않았다.

1963년 12월 7일 도쿄지방재판소는 피폭자의 손해배상청구에 대한 판결에서 히로시마, 나가사키에 대한 원폭 투하가 당시 실정국제법에 따르더라도 위법임을 인정했다. 후지타 히사카즈(藤田久一)의 요약에 따르면 그것은 다음과 같은 취지에서였다(広島平和文化センター編, 『平和事典』, 「原爆判決」 부분).

우선 공습의 군사목표주의, 무방비 도시에 대한 무차별폭격의 금지에 비추어 원폭은 그 거대한 파괴력으로 인해 맹렬한 폭격과 같은 결과를 가져오기 때문에 지상 병력에 의한 점령 기도에 저항하지 않는 무방비 도시(히로시마·나가사키)에 대한 무차별폭격으로서 위법한 전투행위로 해석하는 것이 마땅하다. 또한 해적수단(害敵手段)에 관한 원칙에 비추어도 원폭 투하로 인해 다수의 시민이 생명을 잃었고 살아남은 사람들도 방사능의 영향으로 생명의 위협을 받고 있다는 점에서 원폭으로 인한 고통은 법에 위반되는 독, 독가스 이상의 것이라고 해도 과언이 아니다.

판결은 손해배상청구에 관해서는 원고의 주장을 기각했지만, 피폭자의 구제에 관해 "피고가 이를 감안해 충분한 구제책을 취해야 한다는 점은 두말할 나위가 없다. 그것은 입법부와 내각의 책무다. 정치 빈곤을 개탄하지 않을 수 없다"고 하면서 구제책을 입법부와 행정부에 위임했다. 이러한 견해는 정부의 피폭자 원호(援護)행정에 영향을 미쳐 1968년 5월 원폭특별조치법(原爆特別措置法)이 시행되었다.

폭격 피해의 '수인론'

1976년에는 미군의 나고야 공습(1944년 12월~1945년 7월)으로 인해 전쟁에서 부상당한 민간인 2명이 손해배상을 요구하며 소송을 제기했다. 그러나 1987년 일본 최고재판소(最高裁判所)는 "전쟁의 희생 내지 전쟁의 피해는 국가의 존망과 관련된 비상사태하에서는 국민도 동일하게 인내하지 않으면 안 된다"며 청구를 기각하고 원고 패소를 확정했다.

재판에서의 쟁점은 3가지였다. 첫째는 '신분 관계론'으로 군인·군속[1] 등 정부와 계약 관계에 있었던 사람이 전쟁에서 부상을 입거나 병에 걸린 경우에는 일종의 고용자 책임이란 관점에서 국가가 보상한다. 여기에 기초해 전후에 만들어진 전상병자전몰자유족등원호법(戰傷病者戰沒者遺族等援護法)에서는 민간인을 보상 대상에서 제외했다. 나고야

---

1 군인은 아니지만 군에 속하는 공무원. 군무원과 같은 의미다.

재판의 원고는 폭격으로 손을 잃은 전상자에 해당하지만 일반적인 사회보장의 틀 안에서 장애인연금을 받고 있었다. 당시 받은 연금은 연간 약 14만 엔이었다. 전상병자전몰자유족등원호법 대상이 된 동일한 장애인의 경우 수급액이 약 180만 엔이 된다. 이러한 차별적인 구제가 문제가 된 것이다. 그러나 1심, 2심 판결은 전상병자전몰자유족등원호법 대상자와 민간 이재민과의 격차에는 합리적인 이유가 있다는 이유로 청구를 기각했다.

두 번째 쟁점은 그와 같은 차별적인 구제 자체가 허용되는지의 여부였다. 이러한 태도는 "모든 국민은 법 앞에서 평등하고 …… 차별받지 않는다."라는 헌법 제14조 제1항의 규정에 위배된다고도 볼 수도 있다.

세 번째 쟁점은 '수인론(受忍論)'이었다. 국가의 피폭자 대책을 검토했던 후생대신(厚生大臣)의 자문기관인 '원폭피해자대책기본문제간담회'가 1980년 12월에 제출한 「원폭 피해자 대책의 기본이념 및 기본방침에 대하여」라는 답신에서는 전쟁으로 인한 국민의 희생은 "모든 국민이 동일하게 인내하지 않으면 안 된다"고 기술했다. 재판에서는 수인론이 옳은지의 여부가 문제시되었는데, 최고재판소는 앞에서 언급한 바와 같이 수인론을 받아들였다. 그러나 이것은 군인·군속만이 전쟁으로 인한 보상을 받는다고 하는 신분 관계론과 모순되며 논리적으로 대립할 수밖에 없다. 그 점만으로도 수인론은 설득력을 잃는다.

1942년 일본에서는 본토에 대한 폭격을 상정하고 일반 전재민을 "응급적 또는 일정 기간 계속해서 보호하고 갱생을 돕는다"는 것을 목적으로 전재보호법(戰災保護法)이 제정된 사례가 있다. 해당 법률은 1942년 4월 18일 미군의 일본 본토 공습(둘리틀 공습)부터 적용되었는데, 예를 들어 유족은 500엔, 장애인의 경우 '일생 자신의 일을 할 수 없는 자'에게 700엔, '일생 업무를 볼 수 없는 자'에게 500엔을 지급하도록 규정하고 있다. 그 밖에 이재민에 대한 구조, 전쟁으로 생활이 곤란하게 된 사람에 대한 부조 등도 규정하고 있어서 공습이 절정에 달한 1945년도에는 해당 법률로 인한 지출액이 7억 8,559만 엔에 달했다(赤沢史朗, 「戰時災害保護法小論」, 『立命館法学』 第225-226号).

나고야 재판은 1심 판결에서 원고의 주장을 기각했지만 동시에 구조를 위해 필요한 입법조치를 취해야만 한다고 판결했다. 2심인 고등법원 판결에서는 국민이 동일하게 인내해야만 했던 것이라고 사실을 기술하는 데 그쳤다. 그러나 최고재판소 판결에서는 "동일하게 인내하지 않으면 안 된다"며 국민에게 책임을 떠넘기는 태도가 노골적으로 드러났다.

2. 기억의 재생과 위령의 정치학

공습 피해의 다양성

1970년대에 비참한 공습 체험을 다음 세대에 전하자는 시민운동으로 「도쿄 공습을 기록하는 모임」(이하 「기록하는 모임」이라 함)이 발족했다. 10만 명 이상의 사망자를 낸 도쿄 대공습은 본토 공습의 역사에서 커다란 전환점이었다. 미국의 전략공군이 도시의 광대한 인구 밀집 지역을 단번에 불살라 버리는 대규모 소이탄 공격을 실시한 최초의 폭격이었기 때문이다. 또한 도쿄 대공습은 시민의 무차별적인 대량살상을 주목적으로 했다는 점, 비전투원을 잔학하게 죽이는 것에 대한 인간적인 감각을 마비시켰다는 점에서 훗날의 원폭 투하에 직결되는 폭격이었다. 「기록하는 모임」이 시작된 1970년 전후는 베트남전쟁의 시대였다. 그러한 점이 전략폭격의 역사와 비인도성을 다시금 되돌아보자는 움직임을 낳았다. 또한 당시 일본에서는 주민 운동과 연결되어 이른바 혁신 자치체가 연달아 생겨나는 상황이었다. 전쟁과 평화의 문제를 지역 주민의 문제로 생각하자는 움직임도 그 일환이었다.

공습을 기록하는 운동은 전국적으로 반향을 일으켜 수십 개 도시에서 같은 운동이 시작됐다. 이들 운동의 성과는 후일 마쓰우라 소조(松浦総三), 사오토메 가쓰모토(早乙女勝元), 이마이 세이이치(今井清一) 등에 의한 일본 공습편찬위원회의 『일본의 공습』[2]과 자치체들의 『전재기(戦災記)』, 『공습지(空襲誌)』와 같은 기록 형태로 정리되었다. 또한 지방의 백화점 등에서 개최된 공습 전시회 등에서는 생생한 증언과 함께 전재(戦災) 자료가 전시되었다. 또 센다이(仙台), 하마마쓰(浜松)에서는 1980년대에 전재 부흥기념관이 만들어졌다.

특정 지역 전체를 불태워 버리는 공습은 역사적·사회적으로 형성된 지역 그 자체에 대한 무차별적인 파괴이며 지역 문화에 대한 공격이기도 하다. 따라서 지역의 문제로서 공습을 생각한다면 필연적으로 지역사의 다양한 측면과 전쟁과의 관계를 되짚어보게 된다. 공습 전시회는 많은 경우 전쟁 전시회와 평화 전시회로 발전하기도 하며 때로는 지자체와 민간에 의한 전쟁 자료실, 평화 자료관 등 자료 센터로까지 발전하기도 한다.

이렇게 공습을 기록하는 운동은 민중사의 중요한 일환으로서 지역

---

2 日本の空襲編集委員会編, 『日本の空襲』 全10巻, 三省堂, 1980-1981.

사를 발굴해 재검토하는 데까지 발전했다. 그런데 공습 피해자인 지역 민중은 총력전에 동원되어 그 일익을 담당한 존재이기도 하다. 그래서 민중 동원을 위한 도나리구미(隣組), 조나이카이(町内会) 등의 활동, 방공훈련과 교육, 전쟁과 군대에 대한 의식, 반전염전(反戦厭戦)의 움직임과 탄압 등이 지역의 문제가 되기도 한다.

1982년 일본 문부성(文部省)이 검정을 통해 침략전쟁과 식민지 지배에 관한 역사교과서의 기술을 왜곡한 것은 국제적으로 커다란 비판을 받았다. 일본 정부는 "우리나라의 행위가 한국·중국을 포함한 아시아 국민에게 큰 고통과 피해를 준 점"을 확인하고 교과서 기술의 '시정'을 약속했다. 이것이 계기가 되어 아시아 여러 민족에 대한 일본의 침략과 가해 사실을 발굴해야 할 필요가 다시금 강조되었다. 이러한 가운데 일본 내에서도 중국인과 조선인의 강제 연행, 연합군 포로의 강제 노동이 이루어졌다는 사실이 차례로 밝혀지기도 했다. 또한 원폭 피해를 입은 사람들의 국적은 22개국에 이르고, 10만 명이 넘는 도쿄 대공습의 사망자 중 1만 명 이상이 조선인이었다고 추정되고 있다.

도쿄도 위령당

도쿄 료코쿠(両国)의 고쿠기칸(国技館) 근처의 요코아미초(横網町) 공원에는 도쿄도의 위령당(慰霊堂)이 있다. 1923년 관동대지진 당시 이곳은 육군의 피복창 자리로 빈터였다. 사람들은 지진과 함께 발생한 큰 불을 피해 이곳으로 피난했고, 그중 5만 8,000명이 불에 타 숨졌다. 희생당한 이들을 공양하기 위해 시민의 기부금으로 이곳에 진재위령당

(震災慰靈堂)이 설립된 것은 1930년의 일이다. 내부에는 죽은 사람들의 이름을 기록한 영명부(靈名簿)가 보관되어 있다. 옆에는 부흥기념관이 세워져 있으며 대지진의 각종 피해 물품 및 그림, 사진, 지진에 관한 학술자료 2,000점이 보관·전시되고 있다.

1945년 3월 10일의 대공습을 전후로 도쿄에 모인 전재 희생자의 유골이 우선 급한 대로 진재위령당에 보관되었고, 명칭도 도쿄도 위령당으로 변경되었다. 현재 위령당의 후실에는 전재 사망자의 유골이 보관되어 있다. "석유통 정도 크기의 백자로 된 유골 항아리에는 약 300개의 유골이 담겨 있으며, 약 470개 정도가 천정까지 높이 쌓여 있습니다. 10만 5,400구 중 이름이 판명된 사람은 7,157구(7%)입니다. 이들은 한 구씩 유골 항아리에 담겨 인수자에게 인도되고 있지만, 현재 약 3,000구의 유골이 인수되지 않고 있습니다."라는 것이 현재의 상황이다(金田茉莉, 『東京大空襲と戦災孤児—隠蔽された真実を追って』, 影書房, 2002).

지진 희생자의 경우에는 '영명부'가 작성되었지만 공습 희생자의 경우에는 많은 유골이 신원불명인 채 오랫동안 방치되었다. 초기 명부의 작성이 끝난 것은 아마도 전후의 고도성장이 시작된 1955년경이라고 생각된다. 고도 성장기에 도쿄도는 부흥 정책을 우선시했고 눈부신 전후 부흥의 그늘에서 공습 사망자에 대한 기억은 봉인되었다.

공습 피해자들의 요구에 떠밀려 도쿄도가 공습 사망자의 추도, 기억 수집과 보존 문제를 다시금 다루게 된 것은 1990년대 이후다. 경과는 생략하지만 1997년 6월 도쿄도 지사의 의뢰에 응해 설치된 도쿄도 평화기념관 기본구상 간담회(東京都平和祈念館基本構想懇談会, 진행자 나가

이 미치오〔長井道雄〕)는 평화기념관의 설치에 대한 보고서를 제출했다. 보고서는 기념관의 기본적인 성격을 도쿄 공습의 희생자를 추도하고 도민(都民)의 전쟁 체험을 계승할 것, 평화를 배우고 생각할 것, 21세기를 향한 도쿄의 평화 상징으로 할 것, 평화에 관한 정보센터로 할 것으로 규정했다. 그래서 도쿄도 평화기념관 건설위원회가 설치되어 구체화를 도모했다. 그 결과, 1998년 7월에 건설위원회 보고서가 제출되었다.

보고서는 설치 장소, 시설 내용, 사업 내용, 상설 전시의 내용과 전시 공간, 기념비에 대한 구체적인 안을 제시하고 도민의 의견을 공모했다. 공모된 의견은 공개되지 않았지만 확인 가능한 역사학 관계 학회의 의견, 요망을 보면 위의 기본적 성격과 커다란 차이는 보이지 않는다. 전시 내용에 관해서는 "도쿄 공습이 미국의 전쟁범죄였다는 점을 알 수 있도록 할 것, 도쿄 공습을 이해하기 위해서는 전쟁 그 자체의 역사를 이해하도록 하는 것이 중요(역사학연구회)", "(무차별폭격) 전술이 채택된 경과를 충칭 공습 등 일본군의 행위를 포함해 명확히 할 필요가 있음(도쿄역사과학연구회)" 등이 강조되었다.

의견이 가장 갈렸던 것은 설치 장소였다. 건설위원회에서는 도쿄도의 원안으로서 요코아미초 공원을 장소로 제시했는데, 현재 위치한 부흥기념관을 일부 개장해 평화기념관을 지하에 만들려고 했다. 위원회 보고(건설위원회, 『도쿄도 평화기념관〔가칭〕건설위원회 보고』, 1987년 7월 15일)에 따르면 여기에 찬성하는 측은 요코아미초 공원이 전재의 중심지였던 시타마치(下町)[3]의 상징적인 장소이며 시타마치 사람들에게는 전쟁도, 지진도 친지들이 많이 죽었다는 점에서 같다고 주장했다.

하지만 전쟁 피해자이기도 했던 한 위원은 이에 크게 반발했다. "저는 어린아이들을 데리고 슬픔의 장소를 찾아와 명복을 빕니다. 그리고 관동대지진 사당 앞에서 꽃을 받치고 향을 피우며 어린이들에게 전쟁의 무서움·어리석음을 가르치기도 합니다. 하지만 사당 안은 온통 대지진 벽화만 있기 때문에 지진에만 눈과 마음이 쏠려서 어른조차도 착각하기 쉽습니다(에비나 가요코〔海老名香葉子〕)." "저는 천재와 인재를 같은 장소에 전시하는 것을 납득할 수 없으며 입지의 재검토를 요구하며 발언을 해 왔습니다. 원래 요코아미초 공원은 …… '관동대지진 희생자를 위한 성지'로서 위령당의 후실에는 전쟁 사망자의 유골이 반세기 이상 임시로 안치된 채로 있습니다. 그러나 추도비 하나 세워지지 않았습니다. 도쿄도와 도민이 오랫동안 전쟁 사망자를 돌아보지 않았다는 것은 명백합니다(하시모토 요시코〔橋本代志子〕)."

원래 기념관의 건설 용지로는 기바(木場) 공원, 사루에(猿江) 공원 등 복수의 후보지가 있었지만 도쿄도는 요코아미초 공원을 고집했다. 공원 내 도쿄도 위령당 등의 시설은 도쿄도 외곽 단체이면서 도쿄도 건설국 퇴직자의 낙하산 인사가 벌어지는 곳 중 하나인 위령협회(慰靈協會)가 관리하고 있다. 그래서 도쿄도가 요코아미초 공원을 고집하는 이유가 위령협회의 존재 때문이 아닌가 하는 추측도 있다.

---

3 서민적인 정취의 번화가.

기념비의 경우 건설위원회 보고는 "도쿄 공습 희생자를 추도하고 평화를 기원하는 것을 지상에 건설한다."라고 하면서 위원들의 의견을 열거하는 데 그치고 있다. 도쿄도의 재정상의 문제 등을 이유로 이시하라 신타로(石原慎太郎) 도지사에 의해 평화기념관 건설이 동결된 후 요코아미초 공원에 만들어진 것은 '도쿄 공습희생자 기념비'가 전부다. 제작자에 따르면 "사람이 조용히 과거의 기억을 대면하고 조용히 생각에 잠길 수 있는 공간"이라고 한다. 화분 형태의 화단이 대부분을 차지하고 있는, 성격이 불분명한 건조물이다.

가네다 마리(金田菜莉)는 이러한 현재 상황에 대해 "(도쿄도 관료들은) 전재자의 유골을 넘겨줄 의사가 없으며, 요코아미초 공원에 기념비만이라도 만든다면 이제까지와 조금도 변함없이 위령협회도 안심할 것이고, 전쟁 유족이 납부하는 돈으로 지진과 전쟁 사망자의 합동위령제를 지낼 수 있다고 생각했을 것입니다. 이제까지의 경위를 생각해 볼 때 처음부터 요코아미초 공원에서 전쟁 사망자의 유골을 옮기지 않을 계획을 궁리했다고 생각합니다."라고 요약했다(金田菜莉, 앞의 책).

건설위원회로부터 공습 사망자의 추도 명부를 만들어야 한다는 의견이 제시됨에 따라 마침내 방치되었던 사망자 명부 작성이 시작되었고, 그 명부는 기념비 지하에 보관되어 있다. 매년 새롭게 판명되는 사망자의 성명이 명부에 추가되고 있는데, 이 작업만이 공습 사망자와 생존자를 이어주는 끈이 되고 있다. 대지진을 기념하고 있는 부흥기념관에는 공습 피해를 보여주는 유물과 사진, 그림 등 209점의 자료도 전시되어 있지만 이것들은 지진 자료 사이에 두서없이 배치된 측면이 강하고, 지진과 전쟁의 구별도 애매하게 되어 있다는 느낌을 받는다. 도쿄도가 한시라도 빨리 동결을 해제하고 평화기념관 건립에 본격적으로 나서기를 기대한다.

3. 은폐되는 일반 주민의 희생

비대칭 전쟁과 주민의 희생

냉전이 끝난 1990년대 이후 전쟁을 보면 전력의 '비대칭성 (asymmetry)'이 두드러진다. 냉전 시대에는 미·소의 전력 대칭성이 본격적인 핵전쟁을 주저하게 만드는 한 요인이었다. 미·소 모두 전략 핵무기에 의한 보복을 각오하지 않는 이상 핵전쟁을 시작할 수 없었다. 그러나 냉전 종결 후 미국과 유럽 국가들이 관여한 전쟁, 즉 걸프 만, 코소보, 아프가니스탄, 이라크에서의 전쟁은 모두 전력의 비대칭성이 뚜렷한 전쟁이었다. 전력뿐만 아니라 전쟁으로 인한 사상자 수도 비대칭성이 뚜렷하다. 예를 들어 아프간전쟁의 경우 미군 부대의 파병 규

모는 6만 명이라고 했지만, 사망자는 41명(CIA 요원 1명을 포함), 부상자는 약 220명이었다(「検証 アフガン攻撃1年」, 『아사히 신문〔朝日新聞〕』, 2002년 10월 7일 자).

한편 아프가니스탄 측 사상자는 불분명하지만 민간인 사상자만 해도 개전 후 반년 이내에 이미 미군 사상자의 10배~20배에 달한 것으로 보인다. 방위 문제 전문가인 칼 코네타는 개전 이후 4개월간의 민간인 사상자를 1,000명에서 3,000명으로 보고 있다. 또한 뉴햄프셔대학의 마크 해롤드 교수는 3,767명(『뉴욕타임스』, 2004년 2월 10일 자), 『워싱턴포스트』(2004년 4월 2일 자)는 4,000명 이상이라는 수치를 들었다. 어느 쪽이든 반년도 안 되는 사이에 약 4,000명 전후의 민간인이 죽거나 부상당한 것을 말해준다. 또한 직접적인 공격 대상이 된 탈레반 병사 등 전투원의 사상은 이를 훨씬 웃돌 것으로 생각된다. 사상자 비교에서도 이 전쟁이 상당히 비대칭적인 전쟁이었다는 점을 알 수 있다. 사상자가 비대칭적인 이유는 전쟁의 주역이 비행기·미사일 등이 된, 하늘로부터의 일방적인 전쟁이었기 때문이다. 베트남전쟁에서 미국은 6만에 가까운 병사를 희생했음에도 불구하고 패배했는데, 이는 미국의 군 지도자와 여론에 자국 병사의 사상 공포증(casualty phobia)이라는 후유증을 남겼다(Record, September 2000). 이 점도 공군과 폭격에 대한 의존이 높아진 이유였다.

2001년 10월 7일에 시작된 아프간전쟁에서는 불과 2개월간(11월, 12월)에 집중된 폭격으로 2만 2,434발의 폭탄(미사일을 포함)이 투하되었는데, 이는 하루에 약 400발에 해당하는 양이다. 2003년의 이라크전쟁(1월~5월)에서 사용된 폭탄(미사일을 포함)은 미군과 영국군을 합쳐 2만 9,199발(이중 하이테크 폭탄은 1만 9,948발)로 실제 전투 기간이 40일이라는 것을 고려하면 하루에 약 700발, 아프간전쟁의 2배에 근접한다. 이 중 정밀유도탄의 비율은 68%였다. 이라크전쟁 초기 미군 관계자는 민간인의 피해를 막기 위해, "정밀유도무기가 전체의 80~90%를 차지한다"고 말했지만 민병 조직의 저항 등으로 공군의 출격 횟수가 늘어나면서 비(非)정밀 무기에 의존하는 비율이 높아졌다(『아사히 신문』, 2003년 5월 29일 자). 정밀유도무기의 비율이 당초 예상보다 적다는 것이 그만큼 민간인 피해를 증가시켰다고 추정할 수 있다.

　　AP 통신의 조사에 의하면 2003년 4월 20일까지 확인된 민간인 사망자는 이라크 전역에서 3,240명, 이중 바그다드에서만 1,896명 이상이었다(CNN.Com, July 11, 2003). 전쟁이 끝나고 점령 중에도 민간인 사망자는 크게 증가했다. 영국의 의학지인 『란셋(Lancet)』지(2004년 10월호)의 조사에 의하면 점령 초기 18개월간 10만 명에서 28만 명의 민간인이 살해됐다고 한다. 각종 싱크탱크의 조사를 분석한 미국의 정치 저널리스트인 데보라 화이트(Deborah White)는 2006년 7월 24일을 기준으로 이라크 민간인 사망자를 4만 8,100명에서 9만 8,000이라는 수치를 제시했다. 화이트는 그 이외에 살해된 '반란자' 약 5만 5,000명을 들었는데, 또한 빠트릴 수 없는 사실은 생존한 어린이의 25%가 만성적인 영양실조로 고통받고 있다는 것이다. 한편 이라크 내의 의사는 개전 이래 2,000명이 살해되고, 3만 4,000명이 국외로 도망쳤다고 한다. 개전 당시에 이미 전체 의사 중 약 40%가 없어졌다. 이러한 사정을 고려

한다면 넓은 의미의 전쟁 희생자 수는 어느 정도인지 가늠조차 할 수 없다(Deborah White, Iraq War Result & Statistics as of July 24, 2006.08.16).

　최근 발표에 따르면 전쟁 이후 이라크 민간인 사망자 수는 약 8만 9,000명에서 16만 명이다. 이를 미군 병사 사망자 수 3,975명(2008년 3월 12일 기준)과 비교하면 비대칭성은 더욱 커진다. 미군의 점령하에서 이라크 내부의 부족적·종파적 대립으로 인한 사망자가 증가하고 있는 것도 민간인 희생을 가속화시키고 있다.

━━ 아프간전쟁에서 사용된 것으로 보이는 미군의 정밀유도무기인 토마호크 순항미사일
사진 제공: 교도통신사

　아프간전쟁에서의 민간인 희생에 대해 미국 측은 "문제는 없다. 이 따금 죄 없는 사람들, 의심할 여지가 없는 비전투원이 죽기도 하지만 이는 늘 있는 불행한 일이다(럼스펠드〔Donald Rumsfeld〕 국방장관)."라고 하고 있다. 죄 없는 사람이 희생될지 모르겠지만 그것은 어쩔 수 없는 일이라는 식의, 전혀 문제가 되지 않는다는 태도인 것이다. 또 이라크

전쟁에서 군은 민간인 살상을 줄이려는 노력을 하고 있지만 민간인 사망자를 세고 있지는 않다고 답변함으로써 사실상 민간인 희생에 무관심한 태도를 보이기도 했다.

'정밀폭격'이란 허구

군의 변명 중 더욱 특징적인 것은 정밀폭격, 폭격의 정밀도 향상을 강조하고 있다는 점이다. "이 전쟁은 우리나라 역사상 가장 정밀한 전쟁이다(프랭크스 미 중부군 사령관)." 걸프전 당시 텔레비전 보도에서 인상적이었던 것은 아주 작은 목표도 정확하게 명중시키는 핀포인트 폭격이었다. 그리고 정확하게 목표에 명중시켰기 때문에 필요 이상의 살상은 일어나지 않을 것이라고 선전했다.

아프가니스탄 폭격에 대해서 미 해군은 해군 및 해병대 항공기의 명중률은 75~80%로서 걸프전 당시의 45~50%보다 향상됐다고 말했으며 국방성 측 설명도 전체 무기의 60%가 정밀유도장치가 장착되어 있어 명중률이 90%라고 말하고 있다. 유도장치가 없는 나머지 40%의 명중률은 어떨까? 일단 국방성 스스로도 이동 목표, 동굴 또는 지하호 속에 있는 목표의 공격에는 한계가 있으며 정보 부족 등으로 인해 오폭, 폭탄의 불완전한 작동, 전과(戰果) 불명 등이 전체의 4분의 1에 달한다고 밝히고 있다. 따라서 정밀폭격이 인도적이라는 군의 선전은 상당 부분 걸러서 들을 필요가 있다. 가령, 전략국제연구센터의 선임연구원 앤서니 코즈먼(Anthony Cordesman)은 "걸프전보다 현재의 전쟁이 조준 기술은 훨씬 향상된 것이 틀림없지만 이런 종류(군의 발표하고 있는)의 숫자를 신뢰할 수 있는가 한다면 '아니요'다(『뉴욕타임스』, 2004년 4월 2일 자)."라고 단언한다. 목표 선택과 전과 확인에 필요한 현지 정보가 절대적으로 부족한 상황에서 지상 관측병의 유도, 즉 인력에 의존하고 있다는 문제도 있다. 또한 성과를 과장하는 경향도 군의 수치를 신용할 수 없는 요인 중 하나다. 그 실례로 오늘날에는 걸프전에서 군이 발표한 성과의 30%가 과장이었다는 것이 확인되고 있다.

비대칭 전쟁의 성격이 폭격의 형태로 많이 나타난 것은 1990년대 이후다. 9·11 동시다발 테러의 경우, 민간 항공기 그 자체를 폭탄으로 바꾼 자살 공격을 감행해서 비대칭성의 한 극단을 드러냈다. 한편, 고도화·정밀화된 폭격 기술과 이라크 등에서 일상화된 '자폭 테러'는 서로 동전의 양면과 같은 관계이기도 하다. 전형적인 비대칭 전쟁에서 선진공업국은 주변 국가 또는 개발도상국을 폭격으로 공격하기 때문이다. 그리고 이와 같은 폭격은 결과적으로 인종주의를 더욱 조장한다. 자국 군인이 안전하게, 최대한의 폭격 효과를 거둔다면 상대 민간인이 얼마가 희생되더라도 무관심한 군의 태도가 그 전형적인 예다. 결국 양쪽의 모토는 "우리 편의 손해는 최소한으로! 적의 손해는 최대한으로!"가 된다.

'보이지 않는 전쟁'과 '사상자 제로' 독트린

1999년 코소보전쟁에서 NATO군의 비행기는 2만 회 출격했지만 전투 중 격추된 것은 불과 2대였다. 조종사 사망자는 1명도 없었다. 코

소보전쟁 때 NATO군이 채택한 '사망자 제로'라는 방침은 인원뿐만 아니라 무기에도 적용됐다. NATO군 사령관은 폭격을 준비하면서 "항공기를 1대라도 잃어서는 안 된다"고 지시했다. 또한 이 전쟁에서 처음으로 미국은 최신예 초중(超重)폭격기 B2를 출동시켰다. B2는 적의 레이더에 좀처럼 탐지되지 않는 '보이지 않는 비행기', 즉 스텔스기다. 미국 본토에서 출격한 B2 2대는 13시간에 걸쳐 대서양을 횡단해 유고슬라비아의 목표 지점을 폭격한 후 본토 기지까지 일직선으로 되돌아왔고, 승무원들은 그대로 귀가했다고 한다. 이를 두고 후나바시 요이치(船橋洋一)는 "꼭 출근 같다"고 평하기도 했다(船橋洋一, 『船橋洋一の世界を読み解く事典』, 岩波書店, 2000).

아프간전쟁의 경우에도 지상 병력은 오히려 보조적인 역할을 했을 뿐 하늘로부터의 공격이 결정적인 요인으로 작용했다. 이는 비대칭성과 함께 '보이지 않는 전쟁'의 양상을 강화시켰다.

예를 들어 『뉴욕타임스』(2001년 12월 24일 자)는 아프가니스탄 북부의 요충지인 쿤두즈(Kunduz) 공방전의 한 장면을 보도했다. 11월 말 반(反)탈레반 정부군의 북부동맹 사령관은 시에서 1마일 이상 떨어진 능선에 밀집한 수백 명의 탈레반 병사와 전차를 발견하고 24시간 이내에 폭격해줄 것을 미군에 요청했다. 현지에 파견되어 있던 특수부대의 관측병은 즉시 사우디아라비아에 있는 미군 사령부에 정확한 목표를 무선으로 연락했다. 사령부는 부근의 B52 전략폭격기에 클러스터 폭탄을 떨어뜨리라고 명령했다. 1,000미터의 저공으로 비행해도 폭격기는 목표를 눈으로 확인할 수 없었다. 그래서 지상의 관측병은 레이더 장치로 폭탄을 유도했고, 그 결과 폭격기는 클러스터 폭탄에 내장된 자탄을 높은 정밀도로 뿌릴 수 있었다. 폭탄에는 역풍이 불어도 정해진 경로로 날아갈 수 있는 신형 유도장치가 부착되어 있었다. 탈레반 병사들은 24시간은 고사하고 불과 19분 만에 폭격으로 전멸했다.

전쟁 초기에 고조된 분위기에서 쓰인 이 기사는 미국의 최신 공군 전력의 신속성과 정확성을 과시하며 "제2차 세계대전이 핵의 시대를 열었고 걸프전이 스텔스 기술을 도입한 것처럼 아프간전쟁은 진정한 의미의 스마트 폭탄 전쟁(smart-bomb war)으로 기억될 것이다."라고까지 기술했다. 또한 럼스펠드 국방장관은 "미국만이 이런 종류의 항공 전력을 집행할 수 있으며 그것을 세계 어느 곳에나 배치할 수 있다"고 말하며 하늘로부터 세계를 제패할 자신을 보였다.

그러나 레이더로 발견하기 힘든 스텔스 기술, 유도 기술의 개발이 공격자 측의 안전을 높이는 반면, 클러스터 폭탄처럼 군사목표와 사람을 마구 파괴하고 한 번에 넓은 지역을 제압하는 잔학한 무기가 폭격 당하는 측의 피해를 무차별로 확산시키는 것 또한 사실이다. 이 점 또한 직시해야 하는 현실이다.

클러스터 폭탄의 비인도성

1996년 국제연합 인권소위원회는 핵무기 등의 대량살상무기 이외에 네이팜탄, 열화우라늄탄[4]과 함께 클러스터 폭탄을 거론하며 이들

---

4 원자력 발전의 연료 제조 과정에서 생기는 열화우라늄을 사용하여 전차나 탱크 등의 두꺼운 장

무기의 사용과 사용 위협이 "국제인권법 및 국제인도법과 양립하기 어렵다"고 확인하고 아울러 작업 보고서의 작성을 결의했다. 작업 보고서는 2002년 6월 소위원회에 제출되고 그 요약본이 국제연합총회에 배부되었다. "작년과 올해 초 탈레반과의 싸움에서 미국은 아프가니스탄에 클러스터 폭탄(CBs)을 투하했다. 투하 후 곧 폭발해야 마땅한 대인(對人)용 자탄은 미국이 그 전에 공중 투하한 식량 팩과 같은 색의 밝은 황색 포장이었다", "CBs가 무차

클러스터 폭탄(투하형의 일례)

고공에서 본체(용기)를 투하
길이 2.3미터, 무게 430킬로그램. 자탄 약 200개가 들어 있음

상공 100~1,000미터에서 살포된 자탄 내부에 있는 철편(약 300개)이 흩어져서 넓은 범위의 지역을 파괴

지표나 지중 등에 불발탄이 남음

자탄

민가 등에도 피해

━━ 클러스터 폭탄(투하형의 일례)
출처: 『아사히 신문』 석간, 2008년 5월 29일 자

별적이며 따라서 국제인도법과 국제인권법에 위반된다는 것은 의심할 여지가 없다"고 하면서 클러스터 폭탄을 국제법에 반하는 비인도적인 무기라고 단정했다.

보고서는 클러스터 폭탄 자체의 무차별적인 폭력성과 함께 대량의 불발탄을 비인도성의 증거로 꼽았다. 베트남전쟁 당시 라오스에서 사용된 클러스터 폭탄은 폭탄 1발에 자탄이 700발 들어 있었는데, 공중

갑을 뚫을 수 있도록 고안된 포탄이다. 가격이 저렴하고 관통력이 우수하기 때문에 미국, 영국 등 일부 국가에서 전차, 기관포의 포탄으로 쓰이고 있다. 그러나 이 과정에서 인체에 치명적일 수 있는 산화우라늄 입자를 생성하기 때문에 인체와 주변 환경을 오염시킨다는 의혹을 받고 있다.

에서 폭탄 케이스가 열리면 자탄이 광범위하게 뿌려졌다. 자탄은 폭발 시 장갑차를 파괴할 수 있을 정도로 강력하며, 10~40%는 불발탄으로 남아 어떤 자극이 있으면 지뢰처럼 폭발한다.

미군 항공기는 1964년부터 1973년에 걸쳐 58만 회 출격해 라오스에 200만 톤의 폭탄을 떨어뜨렸다. 자탄의 총수는 2억 7,700만 개였다. 불발탄 비율을 30%로 잡는다면 8,310만 개라는 엄청난 자탄이 지상에 남은 셈이다. 전쟁 종결 이후 자탄의 폭발로 현재까지 4,847명이 사망했는데, 그 절반이 어린이였다. 라오스에서는 40년 전에 떨어진 클러스터 폭탄이 지금도 주민을 살상하고 있다("A deadly harvest of cluster bombs in Raos", *Times Online*, April 26, 2008).

코소보전쟁과 불발탄으로 인한 피해

다민족 국가인 유고슬라비아가 붕괴된 후 코소보 지방에서는 1998년 2월경부터 세르비아 치안부대와 알바니아계 군사조직인 코소보 해방군의 무력 충돌이 격화되었다. 이듬해인 1999년에는 NATO군이 개입해 3월 말까지 폭격을 실시했다. 이후 폭격은 세르비아 전역으로 확대되었고, 6월 정전이 성립되어 코소보는 국제평화유지군의 관리하에 놓이게 되었다. 그리고 2개월이 경과한 8월, 코소보에 남아 있는 지뢰와 불발탄이 당초의 예상보다 훨씬 위험하며, 대규모의 사상자를 내고 있다는 사실이 알려졌다. 세계보건기구(WHO)의 수치로는 6월 13일부터 7월 12일까지 한 달간 폭탄 및 지뢰로 인한 사상자는 130명에서 170명, 주민 1만 명 당 1명의 비율이었다고 한다. 지뢰는 오랜 내전 기간 동안 유고슬라비아군과 알바니아인 게릴라 양쪽에서 부설한 것이지만 폭탄은 NATO군이 떨어뜨린 것이었다.

　　NATO 측의 설명에 의하면, 코소보에서는 2개월간 1,500발이 사용되었고, 각각의 폭탄에는 150~200발의 자탄이 내장되어 있었다. 자탄의 캡슐은 장착된 낙하산이나 금속제 날개로 공중을 떠다니다가 지표면에 착지한다. 캡슐은 작지만 치사성이 있는 폭발을 일으킨다. NATO 측은 불발률을 10%라고 밝혔는데, 코소보에서 발견된 대부분의 폭탄은 보증기간이 지났으며(대부분은 1998년 2월까지) 착지해도 폭발하지 않아 실제 불발률은 30%에 달했을 것으로 보고 있다. 그러나 불발탄이라 할지라도 주워들면 폭발할 수 있기에 위험성은 높다. 1년 후 영국의 『가디언(The Guardian)』지는 영국의 NGO, 지뢰 작업팀이 제시한 숫자를 들어 클러스터 폭탄이 1년간 세르비아 영토 내에서 50명(거의 1주일에 1명의 비율)을 죽이고 150명에게 부상을 입혔다고 보도했다. "불발된 자탄은 지표면에 머물러 지뢰와 같은 효과를 발휘하며 전후에도 장기간에 걸쳐 민간인 살상을 초래한다. 대부분 폭탄은 밝은색에 음료수 캔 정도의 크기라서 특히 어린이들의 눈길을 끈다." 영국 국방성은 코소보전쟁에서 영국 공군이 떨어뜨린 클러스터 폭탄은 531발이라고 발표하고, 불발률은 5%(제조사에서 주장하는 수치)라고 발표했다. 그러나 국방성에 의하면 포클랜드전쟁(1982년) 당시 실제 불발률은 제조사 측 주장의 거의 2배인 9.6%였다. 코소보의 국제연합 지뢰행동(UN Mine Action) 조사팀은 영국 공군이 사용한 클러스터 폭탄(RBL 531)의 불발률은 11~12%라고 추정했다.

9월 5일 국제적십자위원회(ICRC)는 50페이지의 보고서를 공표했다. 78일간의 코소보 폭격이 전후에 남긴 후유증을 조사한 보고서였다. ICRC는 국제협정이 체결될 때까지 클러스터 폭탄의 사용을 중지하도록 각국 정부에 요청했다.

ICRC의 조사에 따르면 클러스터 폭탄은 코소보에서 전후 1년간 50명을 죽이고 101명에게 부상을 입혔다. 이와 비교해 지뢰(주로 세르비아군이 매설)는 30명을 죽이고 169명에게 부상을 입혔다. 지뢰 희생자는 손발을 잃기는 해도 종종 살아남지만, 클러스터 폭탄은 폭발할 때 부근에 있는 모든 것을 죽인다. 즉, 클러스터 폭탄은 지뢰 이상으로 민간인에게 과도한 상해와 불필요한 고통을 주는 무기다. 불발탄은 수십 년에 걸쳐, 날씨 변화와 같은 사소한 자극에도 폭발할 가능성이 있으며 이를 제거하는 것은 지뢰를 제거하는 것보다도 위험한 작업이다. 실제로 작업반이 사용하는 쌍방향의 무선 신호로도 자탄이 반응할 가능성이 있다고 보고되고 있다.

ICRC 보고는 코소보전쟁 후 3만 개의 자탄이 남았지만 국제연합이 감독하는 작업으로 2000년 5월까지 제거된 것은 4,069발에 불과하다고 추정하고 있다. ICRC는 인구 밀집 지역 내의 군사목표에 대해 클러스터 폭탄의 사용을 금지할 것과 사용한 경우에는 사후에 제거할 것을 요구했다(Alexander G. Higgins, *Red Cross Urges Cluster Bomb Halt*, Associated Press, September 5, 2000).

국제연합 인권위원회와 클러스터 폭탄

미국은 이라크전쟁에서도 클러스터 폭탄을 대량으로 사용했다. 미군 자료에 따르면 이라크에 투하된 클러스터 폭탄은 정밀 유도 개량형 908발, 통상형 300발이라고 한다. 이 밖에 영국군이 투하한 124발의 폭탄에도 다수의 클러스터 폭탄이 포함되어 있다. 클러스터 폭탄 1개에 자탄 200발이 있다고 치더라도 대략 30만 발 정도의 자탄이 뿌려진 셈이 된다. 또한 클러스터 폭탄은 바그다드, 바스라(Basrah)와 같은 인구가 밀집된 대도시에서도 사용되었는데, 미군과 영국군은 "넓은 범위를 공격할 수 있는 유효한 무기(미 중부군 소프 대변인)", "우리 군의 손해를 미연에 방지하는 합법적인 무기(영국의 제프 훈 국방장관)"라고 태도를 바꾸며 완고한 태도로 일관했고 부끄러워하는 기색도 없었다.

2006년 여름 이스라엘은 자국 병사를 납치했다는 이유로 레바논을 폭격했다. 34일간의 폭격 기간 동안 레바논 남부에 투하된 클러스터 폭탄의 자탄은 400만 발에 이르렀다. 불발탄으로 남는 것은 1%라고 하지만 실제로는 10%라고 한다(*Times Online*, April 26, 2008). 레바논에서 불발탄 처리를 담당하고 있던 NGO, 국제연합 지뢰행동조정센터의 담당관 크리스 클락은 정전 1년째를 맞이하는 2007년 7월, 1년간 처리한 불발탄 수가 13만 1,000발이라고 발표했다. 그중 대다수가 1970년대부터 1980년대에 미국에서 제조된 구형이었다. 최신 이스라엘제 클러스터 유도폭탄(M85)은 주로 레바논군과 이스라엘군의 분계선 부근에 뿌려졌다. 이는 퇴각하는 이스라엘군을 레바논군의 추격으로부터 보호하기 위해서였다.

국제연합의 예측으로는 남부 레바논에 있는 불발탄을 처리하려면 10년이 걸린다고 한다. 유니세프(국제연합 아동기금)의 발표로는 불발탄으로 인한 사상자는 정전 후 1년간만 보더라도 240명이었으며, 그중 70명 이상이 어린이였다. 또한 가을에 내리기 시작한 우박으로 인해 다수의 불발탄이 폭발한 예도 보고되어 이스라엘과 클러스터 폭탄을 제공한 미국, 영국 등이 국제적 비난의 대상이 되기도 했다.

오슬로 프로세스와 클러스터 폭탄 금지회의

폭격 시에 투하되는 재래식 무기[5] 중 소이탄에 대해서는 1983년에 발효된 특정 재래식 무기의 사용금지 및 제한에 관한 협약(CCW) 제3의정서인 「소이 무기 사용금지 또는 제한에 관한 의정서」에 의해 문민에 대한 사용이 금지되었다. 의정서 제2조는 문민인 주민 전체·개개의 문민 또는 민용물을 소이 무기의 공격 대상으로 삼는 것, 인구가 조밀한 지역 내에 위치한 군사목표를 하늘에서 투사하는 소이 무기로 공격하는 것을 어떠한 상황에서도 금지했다. 그 후 이미 언급한 바와 같이 클러스터 폭탄, 열화우라늄탄 등 비인도적 무기의 금지가 문제로 떠올랐다. 이라크의 바그다드를 공격할 당시 미군의 한 사령관은 부하에게 클러스터 폭탄 사용을 금지했다. 무차별적인 무기 사용이 불법일 뿐만 아니라 나중에 부대가 통과할 때 부하들이 자탄의 피해를

---

5 여기서 말하는 재래식 무기(在來式武器, conventional weapons)란 핵무기·화학 무기·생물학 무기·방사선 무기 등 대량 살상 무기를 제외한 모든 무기, 즉 전통적인 의미의 무기를 가리킨다.

입는 것을 우려했기 때문이었다(『보스턴 글로브』, 2008년 5월 24일).

위법성, 위험성에 대한 인식이 지상전에서 클러스터 폭탄 사용을 주저하게 만든 예다. 이처럼 클러스터 폭탄이 일반 주민뿐만 아니라 미군 병사에게도 위험하다는 점이 인식되었음에도 불구하고 미국은 군사적 유용성을 주장하며 금지를 강하게 반대하고 있다.

그러나 중소국과 NGO의 주도로 1997년 대인지뢰금지협약[6]이 성립함으로써 하나의 전기가 마련되었다. 여기에 이스라엘·레바논 분쟁이 클러스터 폭탄 금지의 여론을 더욱 고조시켰다. 세계의 약 250개 NGO가 집결해 '클러스터 무기 연합(CMC: Cluster Munition Coalition)'을 결성하고, 2007년 노르웨이 등 찬성국과 함께 금지조약을 목표로 한 협의를 시작했다(오슬로 프로세스). 오슬로 프로세스 참가국은 처음에는 49개국이었지만, 2008년 5월 18일~30일에 아일랜드의 수도 더블린(Dublin)에서 열린 금지회의에는 약 110개국이 참가했다. 미국, 중국, 러시아 등의 대규모 보유국은 참가하지 않았지만 클러스터 폭탄 보유국 40개국이 추가로 더해졌다.

더블린 회의는 '어떤 상황에서도 클러스터 폭탄의 사용, 개발, 제조, 조달, 비축, 이전(수출입)을 금지'하는 조약안을 만장일치로 채택했다. 그리고 2008년 12월 3일에 오슬로에서 서명식이 열릴 예정이고, 비준 국가가 30개국이 되는 반년 후에 조약이 발효될 예정이라고 한

---

6 대인지뢰 사용 전면 금지를 주요 내용으로 하여 1997년 12월 캐나다 오타와(Ottawa)에서 121개 국의 서명으로 채택된 협약으로 '오타와협약'이라고도 한다. 모든 대인지뢰의 사용, 개발, 생산, 비축, 이전을 포괄적으로 금지하는 것을 내용으로 한다.

다.[7] 조약은 "자탄 10개 이내, 목표를 향하는 유도장치, 전자식 자폭장치 등의 기능을 모두 갖추고 있는 것"은 금지 대상에서 제외했다. 사실상 클러스터 폭탄의 전면 금지에 가까운 것으로 평가할 수 있지만 고성능 폭탄을 금지 대상에서 제외한 것은 인권단체로부터 "빠져나갈 길을 만들었다"고 비판받기도 했다(『아사히 신문』, 2008년 5월 31일 자). '빠져나갈 길'은 영국, 독일, 프랑스, 일본 등 소극적이었던 참가국을 배려한 결과라고 한다. 그러나 필자는 오슬로 프로세스의 성과를 기반으로, '빠져나갈 길'을 무효화하고 열화우라늄탄 등의 전면 금지와 비인도적인 폭격 금지를 포함할 때까지 세계 여론을 강화해 나가는 편이 중요하다고 생각한다.

일본, 클러스터 폭탄의 폐기를 결정

클러스터 폭탄 금지조약에 대해 미국은 시종일관 강한 압력을 행사했다. 『보스턴 글로브』(2008년 5월 24일 자)의 기사에 따르면 "미국은 자국의 이익을 위해 조약을 약화시킬 목적으로 동맹국에 대해 공공연하게 압력을 가했다. 최근 한 고위 관리는 조약과 관련해 110개 이상의 국가를 혼내주었다고 자랑했다. 또 조약이 만들어져도 군의 방침, 편성, 배치를 바꿀 의향이 없음을 동맹국에 전했고, 조약 체결국 내에 비축된 미국의 클러스터 무기를 이동시킬 생각도 없다고 위협했다"고 한다.

---

7 예정대로 회의가 열렸고 조약은 2010년 8월 1일에 발효되었다.

미국이 특히 반대한 것은 금지조약을 위반하는 비체결국의 행동을 체결국 정부가 "원조하고 유발하며 장려하는 것"을 금지하는 조항이었다. 그래서 채택된 조약안에서는 이 조항이 변경되어 미국과 동맹관계에 있는 일본과 영국의 대미 군사관계를 방해하지 않도록 조약 가맹국은 비가맹국과의 '군사협력 및 작전'이 가능하다고 규정되었다(『아사히신문』, 2008년 5월 31일 자).

한편 일본 정부는 금지조약안을 받아들일 것을 정식으로 표명했다. 마치무라 노부타카(町村信孝) 관방장관(官房長官)[8]은 2008년 12월에 정식으로 서명하는 것도 구체적으로 생각하겠다고 했다. 그리고 이와 동시에 신형 고성능 폭탄 도입을 검토하겠다고 밝혔다. 일본 정부가 금지 조약안을 받아들인 것은 후쿠다 야스오(福田康夫) 수상의 결단에 따른 것이었다. 물론 고성능 폭탄의 제외, 미일 합동 군사협력·작전의 가능성을 남겨둔 것이 수상의 결단을 용이하게 한 면도 있다.

자위대와 클러스터 폭탄

조약안이 발효되면 일본은 자위대가 보유한 클러스터 폭탄을 폐기해야 한다. 자위대는 1987년~2002년까지 16년간 총액 148억 엔의 클러스터 폭탄을 구입했고, 2003년 이후 수천 발을 배치하고 있는 것으

---

8 일본 정부의 내각에서 국가 기밀 사항, 인사, 관인 보관, 문서, 회계, 통계 등의 총괄적 사무를 담당하는 내각관방의 장을 말한다. 내각의 주요 결정 사항을 조정하고, 주요 사항을 보고하며, 정부의 공식 견해를 발표하는 등 수상을 보좌하는 중요한 역할을 수행한다. 국무대신(장관급)에 속한다.

로 보인다. 구입은 개발자인 미국 기업과 제휴한 일본 기업으로부터 이루어졌다고 한다. 구입한 폭탄은 폐기 대상이 되는 구형이다(『마이니치 신문』, 2003년 4월 17일 자). 이외에 "(미 국방성은) 오래되거나 불필요하게 된 CBU-87 클러스터 폭탄을 여러 나라에 매각했다(*Human Rights Watch*)"는 보고도 있어 일본이 중고 클러스터 폭탄을 구입했다는 것을 뒷받침한다.

현재 항공자위대는 CBU-87/B형 클러스터 폭탄을 보유하고 있다. 미국과학자연맹(FAS)의 자료에 따르면 이 폭탄은 주로 소프트 표적(인간이나 목조 건축 등) 공격용의 공중 투하형 1,000파운드 복합 폭탄으로 대인 효과, 대물 효과, 소이 기능을 가지고 있다. 또 220발의 자탄을 수납하며 1발로 여러 목표와 광범위한 지역을 공격할 수 있다. 공격 가능 범위는 거의 200미터 × 400미터다(FAS: Military Analysis Network, Cluster Bombs, http://www.fas.org/man/dod-101/sys/dumb/cluster.htm).

제품 사양서에 따르면 유도장치, 자동 조종장치, 추진장치 모두가 장착되어 있지 않다. 따라서 중고도에서 투하되는 경우 자탄은 공중을 떠다니며 바람 부는 쪽으로 엉뚱한 지점이나 먼 곳에 착지할 가능성이 크다. 불발률이 5%라지만 이러한 경우 불발탄을 발견하기란 어렵다.

일본의 NGO, 피스보트(Peace Boat)[9]의 공개 질문서에 대해 당시 방

---

9 일본에서 설립된 국제적인 시민단체다. 1983년 일본의 젊은이들이 아시아 각국을 직접 방문해 침략과 식민지 지배의 역사를 배운다는 취지로 설립했다. 이후 활동 범위가 더욱 확대되어 오늘날에는 세계 평화와 인권 증진, 지구 환경의 보호를 위한 운동을 전개하고 있다. 회원들은 배를 타고 외국을 방문하며, 선상에서 세계의 주요 현안과 문제점·대안 등을 토론하고 현지에서는 관련 현장을 찾아다니며 현장 활동을 벌인다.

위청[10]은 "클러스터 폭탄을 우리 영토 밖에서 사용하는 것은 상정하고 있지 않으며 우리나라의 방위를 위한 적 상륙 저지를 위해 보유하고 있다"고 대답했다. 전수방위(專守防衛)[11]의 원칙상 그렇게 대답할 수밖에 없었겠지만, 일본처럼 인구가 조밀한 국토에서 클러스터 폭탄을 사용하는 것에는 많은 문제가 있다.

불발탄의 처리도 문제다. 당시 방위청은 "개개의 불발탄 처리는 불발탄 처리 기능을 보유한 전문 요원이 폭파를 실시할 것으로 생각된다"고 말했지만 코소보의 경우, 숙달된 국제연합의 제거반이 노력했어도 1년간 제거된 것은 3만 발 중 약 4,000발이었다. 자위대가 사용하는 클러스터 폭탄을 아주 낮게 1,000발로 추정해도 자탄은 22만 발이나 되며 그 중 불발탄은 5%인 1만 1,000발이 된다. 이렇게 많은 자탄이 복잡한 지형에 인구가 밀집된 지역에 살포될 경우, 방위청의 회답(방위청의 회답은 2003년 6월 18일 및 9월 19일)처럼 불발탄은 말끔하게 제거될 수 있을까?

현재 자위대가 클러스터 폭탄을 얼마나 보유하고 있는지는 모르지만 그것을 폐기하는 데는 200억 엔이 소요될 것이라고 하니 상당한 양을 보유하고 있는 것은 확실하다. 물론 이것은 주일미군이 일본에 비축하고 있는 클러스터 폭탄을 제외한 수치다. 일본의 긴 해안선을 방어해야 한다는 이유로 폐기를 반대하는 목소리도 있다. 그러나 실제로

---

10 현재는 방위청(廳)이 아니라 방위성(省)이다.

11 일본 자위대의 기본적인 방위 정책이다. 상대로부터 무력 공격을 받을 경우에 한해 방위력을 행사하고 그 태세와 준비도 스스로 방위하기 위한 최소한의 것으로 한정한다는 것이다.

어떤 나라가 일본 땅에 상륙해 들어온다는 말인가? 현재 그런 능력을 갖춘 나라는 미국뿐이다. 물론 중국과 북한을 상정하고 있을 수도 있겠지만, 현실과 동떨어진 계획으로 국민의 생명을 위험에 노출시키며 거액을 소모하기보다는 일본국 헌법의 정신을 살려 비인도적인 전쟁 방식을 폐기하고 평화로운 국제환경을 만들어 나가는 쪽이 더욱 현실적인 안전보장이 아닐까 생각한다.

저자 후기

　일본 육군의 첫 폭격연대는 1925년에 신설된 비행 제7연대였다. 장거리를 날아서 폭격할 수 있는 중폭격기 대대가 포함되어 있었다. 연대가 이주했던 시즈오카(静岡) 현의 하마마쓰(浜松)에서는 시민이 참가한 유치운동이나 일본악기(日本樂器) 등 현지 기업의 노력이 활발하게 행해졌다. 일본악기는 비행정의 플로트(float), 육군기의 목제 프로펠러 제작 등 필요한 군용자재의 생산으로 사업 확장을 도모하고 있었다.

　이러한 움직임을 규명했던 시즈오카대학의 아라카와 쇼지(荒川章二)는 비행연대 유치 운동을 기존의 군대 유치 운동과는 질적으로 다른 '총력전식 운동'이라고 평가했다. 중폭격기의 용도와 관련해 『하마마쓰 신문(浜松新聞)』(1929년 11월 3일 자)은 "멀리 전장의 후방에 있는 병참 기지, 군수품 집적소, 여러 공장 및 도시를 폭격해 피해를 입히고, 동시에 이로 인해 야기되는 민중의 공포로 직접행동 이외의 효과를 거두는 것이 그 임무 중 하나"라고 해설하며 '민중의 공포'를 통해 적을 항복으

로 몰아넣는 전략폭격의 사상에 대해 설명하고 있다. 이를 통해 총력전과 관련해 주민에게 공포를 주는 폭격 사상이 힘을 얻어가는 상황을 엿볼 수 있다(荒川章二, 『軍隊と地域 シリーズ日本近代からの問い⑥』, 青木書店, 2001).

연대가 참가한 첫 실전은 만주사변이었는데 중일전쟁이 시작되자 중국에 파견된 비행 제6대대(비행 제60전대로 개칭)는 해군항공대와 협력해 충칭을 시작으로 쓰촨성 각지를 겨냥해 오지 폭격을 실시했다. 산시성(山西省)이나 이창에서는 독가스를 투하한 기록도 있다. 현재 하마마쓰에는 항공자위대의 하마마쓰 기지가 있으며 부속 기지자료관도 있다. 자료관 입구에는 옛 비행 제7연대의 정문에 위치한 '육군 폭격대 발상지(發祥地)' 기념비가 세워져 있다. 비문에는 육군 폭격대의 만주, 노몬한(Nomonhan), 중국 각지, 미얀마, 말레이시아, 싱가포르, 뉴기니, 필리핀, 오키나와, 사이판 등 각 지역에서의 '전력(戰歷)'이 긍정적으로 쓰여 있어서 침략 확대와 함께 아시아·태평양 각지를 전전한 폭격대의 전적을 자랑하는 것 같은 느낌이 든다.

하마마쓰는 태평양전쟁 말기에 폭격뿐만 아니라 격렬한 함포사격까지 받았고 시민 사망자가 3,000명을 넘었다. 가해와 피해가 적나라하게 교차했던 지역이건만 항공자위대의 기념비에서는 침략전쟁에 대한 반성도, 폭격으로 희생된 무고한 사람들에 대한 애도도 느낄 수 없다. 자위대의 해외 파병이 문제가 되고 있는 요즘, 기념비에서 나타나는 식의 태도가 만에 하나 지금의 항공자위대에 있다고 한다면 이는 매우 우려할 만한 일이다. 여기서 떠오르는 것이 하나 있다. 2008년

5월 쓰촨성 대지진 당시 일본 정부는 구호물자 수송을 위해 자위대 소속 항공기를 현지에 파견하려 했지만 국민 정서를 고려한 중국 당국자에 의해 거절당했다. 구호 활동이야말로 중국 국민의 대일 감정을 개선할 수 있는 절호의 기회였던 만큼 아쉬운 일이다.

2006년 3월에는 일본군의 충칭 대폭격의 피해자가 일본을 방문해 일본 정부에 손해배상을 요구하는 소송을 제기했다. 이에 앞서 변호인단(단장 쓰치야 고겐〔土屋公献〕)의 요청으로 연구자, 변호사, 지원자들은 '전쟁과 폭격 문제 연구회'를 만들어 사실관계의 해명을 중심으로 측면에서 재판을 지원하게 되었다. 의장으로서 연구회 일을 맡은 것이 필자가 폭격을 연구하게 된 직접적인 계기였다.

같은 시기, 사오토메 가쓰모토가 주최하는 도쿄 대공습·전재(戰災) 자료센터가 개편되어 전재연구실(실장 요시다 유타카〔吉田裕〕)이 설치되었고 도쿄 대공습의 피해 실태의 규명과 체험 기록의 편집, 전쟁 전시(展示)의 연구 등을 시작했다. 필자도 연구회와 심포지엄에 참가해 귀중한 의견을 얻을 수 있었다.

전쟁과 폭격 문제 연구회에는 최근 중국인 연구자인 도쿄여자대학의 니에 리리(聶莉莉), 베이징대학의 수난(徐男)이 참가했다. 또 두 연구회의 주요 멤버가 충칭 대폭격에 관해 충칭에 위치한 시난대학(西南大學)의 국제 심포지엄에서 발표하고 쓰촨성에서 현지 조사를 하는 등 중국과의 연구 교류 체제도 점차 발전해서 성과를 거두고 있다. 그리고 충칭 재판의 원고들과 원폭 피폭자, 도쿄 대공습 소송 원고들과의 교류도 회를 거듭하고 있다. 이제는 일반 주민을 표적으로 한 폭격의 비인도성과 불법성에 대한 인식을 공유하며 평화롭고 안전한 동아시아의 미래를 여는 것이 공통의 과제가 되어가고 있다. 전후보상재판의 새로운 국면이라고 할 수 있다.

두 연구회에 참여하지 않았다면 이 책의 집필은 실현될 수 없었을 것이다. 그러한 의미에서 함께 연구하는 동료들 모두에게 깊이 감사한다. 또한 두 소송(충칭 폭격에 대한 소송, 도쿄 대공습에 대한 소송)의 당사자들에게도 무언가 공헌할 수 있으면 좋겠다는 마음도 있다. 마지막으로 본서의 담당자인 이와나미신서 편집부 다나카 히로유키(田中宏幸)씨에게도 깊은 감사의 마음을 전하고 싶다.

2008년 7월
아라이 신이치

폭격의 역사

역자 후기

이 책을 집필한 아라이 신이치 교수는 일본의 전쟁 책임을 입증하며, 역사 화해를 모색하고 있는 일본의 대표적인 지식인이다. 아라이 교수 연구의 중심에는 일본의 침략전쟁에 대한 반성과 그 책임 의식이 있는데, 그 때문에 연구 주제도 전쟁과 관련된 것이 많다. 특히 폭격, 원폭, 홀로코스트에 관한 연구는 아라이 교수의 전문적인 영역이며 『폭격의 역사』도 그중 하나다.

이 책은 제목 그대로 폭격의 역사를 다루고 있다. 처음에 폭격은 근대 유럽이 식민지를 제압하기 위해 사용하기 시작했다. 하지만 나중에는 유럽 국가들끼리의 전쟁에도 폭격이 이루어지게 되었고 그에 따라 폭격의 규모와 잔혹함도 더해갔다. 그 결과, 폭격은 전쟁의 중요한 방식이 되어 거대한 홀로코스트를 일으키게 되었다. 아라이 교수는 그러한 폭격의 흐름을 피해자의 입장에서 서술했다.

전쟁과 관련해 폭격에 대한 견해는 폭격을 어떤 관점에서 바라보는가에 따라 큰 차이가 있다. 즉, 전쟁에서 승리하기 위한 수단으로서 그 효율성에 주목하느냐, 또는 사람을 죽이는 무기로서 그 끔찍함에 주목하느냐인 것이다. 물론 아라이 교수는 후자의 입장에서 폭격을 바라본다. 폭격에 대한 여러 가지 입장에도 불구하고 이 책에서 전제가 되고 있는 다음과 같은 입장은 보편적으로 공감할 만하다. 그것은 첫째, 아무리 전쟁 중이라고 해도 사람을 지나치게 잔인하게 죽이는 전쟁 방식은 지양해야 한다는 것이고, 둘째, 전쟁 중에 어린아이나 부녀자, 노약자와 같은 약자는 일반 전투원과 달리 보호되어야 한다는 것이다. 따라서 대량학살을 일으키는 방식으로서 폭격을 바라보는 아라이 교수의 관점은 현실에서 충분히 설득력이 있다.

하지만 이 책이 가진 가치는 위와 같은 설득력에 그치지 않는다. 『폭격의 역사』는 폭격을 매개로 유럽의 식민지 전쟁, 인종주의의 실태를 밝히고 있으며, 제2차 세계대전의 전개와 종결, 전후의 세계 질서와 오늘날의 중동 정세에 이르기까지 근현대사를 폭넓게 서술하고 있다. 또한 폭격에 대한 이해는 오늘날의 국제문제를 이해하는 데 있어서도 유용하다. 기술의 발달과 더불어 정치적·군사적으로 폭격의 중요성이 날로 높아지고 있기 때문이다. 더욱이 피해자의 입장을 중심으로 하면서도 군사적인 설명이 충실한 점 또한 이 책의 매력이다.

참고로 폭격과 관련해서 역자의 입장이 아라이 교수의 입장과 완전히 일치하는 것은 아니다. 하지만 이 책에서 전제가 되고 있는 2가지 입장에는 기꺼이 공감하며, 폭격의 사회적 의미를 설득력 있게 제시한 연구라는 점에서도 이 책의 가치를 높게 평가한다. 현대사의 흐름을 이해하고자 하는 분들께 일독을 권하고 싶다.

이 책을 번역하면서 많은 분들의 도움을 받았다. 먼저 책의 출판을 선뜻 허락해주신 어문학사 윤석전 대표님과 원고를 한 권의 깔끔한 책으로 완성해주신 어문학사의 편집부 및 디자인팀에도 감사의 말씀을 드리고 싶다. 그리고 바쁘신 와중에도 역자의 질문에 친절히 대답해주시고, 한국어판 서문까지 작성해주신 아라이 신이치 교수님께도 감사드린다. 또한 연구소 일로 바쁜 와중에도 공동 번역에 응해주신 이승혁 선생님께도 감사드린다.

2015년 4월
역자를 대표해서 윤현명

참고문헌

荒井信一,「空襲の世紀の思想－戦略爆撃と人種主義」,『歴史評論』, 2001年
　　8月号.

　　　　　,「空襲の世紀の法理と日本」,『季刊戦争責任研究』第53号(2006年
　　秋季号).

　　　　　,「空襲の歴史を見直す－植民地主義の遺産」,『季刊戦争責任研究』
　　第58号(2007年冬季号).

　　　　　,『原爆投下への道』, 東京大学出版会, 1985.

　　　　　,『戦争責任論－現代史からの問い』, 岩波現代文庫, 2005.

伊香俊哉,「戦略爆撃から原爆へ－拡大する『軍事目標主義』の虚妄」,『岩波
　　講座 アジア太平洋戦争5 戦場の諸相』, 2006.

生井英考,『空の帝国 アメリカの20世紀(攻防の世界史19)』, 講談社, 2006.

シンポジウム,「無差別爆撃の源流－ゲルニカ・中国都市爆撃を検証する」,
　　東京大空襲・戦災資料センター戦争災害研究室, 2008.

戦略研究会編集,『戦略論大系ドゥーエ』, 芙蓉書房出版, 2001.

田中利幸,『空の戦争史』, 講談社現代新書, 2008.

ハーバード・P.ビックス(中野聡訳),「二次的損害－米国における大量破壊と
　　残虐行為の修辞法」,『歴史学研究』, 2008年4月号.

藤田久一,『新版 国際人道法』, 有信堂, 1993.

防衛庁防衛研究所戦史室編,『戦史叢書』(朝雲新聞社)の関係各巻.

前田哲男,『新訂版 戦略爆撃の思想 ゲルニカ・重慶・広島』, 凱風社, 2006.

横浜の空襲を記録する会,『横浜の空襲と戦災4 外国資料編』, 1977.

吉田敏浩,『反空爆の思想』, NHKブックス, 2006.

A. C. Grayling, *Among the Dead Cities: The History and Moral Legacy
　　of the WW II Bombing of Civilians in Germany and Japan*, Walker &
　　Company, 2006.

Conrad C. Crane, *Bombs, Cities, & Civilians: American Airpower
　　Strategy in World War II*, University Press of Kansas, 1993.

David Markusen and David Kopf, *The Holocaust and Strategic Bombing:
　　Genocide and Total War in the 20th Century*, Westview Press, 1995.

Geoffrey Best, *War and Law since 1945*, Clarendon Press, 1994.

Giulio Douhet(translated by Dino Ferrari), *The Command of Air*, New York,
　　1942.

H. Lauterpacht, "The Problem of the Revision of the Law of War", *British
　　Yearbook of International Law*, Vol. 29, pp.360~382.

Hans Blix, "Area Bombardment: Rules and Reasons", *British Yearbook of
　　International Law*, Vol. 49, 1978, pp.31~69.

Hermann Knell, *To Destroy A City: Strategic Bombing and its Human
　　Consequences in World War II*, Da Capo Press, 2003.

James S. Corum and Wray R. Johnson, *Airpower in Small War: Fighting Insurgents and Terrorists*, University Press of Kansas, 2003.

James S. Corum, *Inflated Perceptions of Civilian Casualties from Bombing*, Research report submitted to the Air War College, Maxwell Air Force Base, Alabama, April 1998.

Jeremy Noaks (ed.), *The Civilian in War: The Home Frontin Europe, Japan and USA in World War II*, University of Exter Press, 1992.

Judith Gail Gardam, "Proportionality and Force in International Law", *The American Journal of International Law*, Vol. 87, pp.391~413.

Kenneth R. Ritzer, "Bombing Dual—Use Targets: Legal, Ethical and Doctrinal Perspectives", *Air & Space Power Journal*(Chronicles Online Journal), 1 May, 2001.

Mark Connelly, *Reaching for the Stars: A New History of Bomber Command in World War II*, L. B. Tauris Publishers, 2001.

Mark Selden, *A Forgotten Holocaust: US Bombing Strategy, the Destruction of Japanese Cities and the American Way of War from the Pacific War to Iraq*, Japan Focus, 2007/05/12.

Michael Bess, *Choices under Fire: Moral Dimension of World War II*, Alfred Knopf, 2006.

Michael Howard, George Andreopoulos, and Mark R. Shulman (ed.), *The Laws of War: Constraints on War in the Western World*, Yale University Press, 1994.

Nina Tannenwald, *The Nuclear Taboo: The United States and the Non—Use of Nuclear Weapons since 1945*, Cambridge University Press. 2007.

폭격의 역사

Richard G. Davis, *Bombing the European Axis Powers: A Historical Digest of the Combined Bomber Offensive, 1939—1945*, Air University Press, April 2006.

Richard Norman, *Ethics, Killing and War*, Cambridge University Press, 1992.

Robert A. Pape, *Bombing to Win: Air Power and Coercion in War*, Cornell University Press, 1996.

Robert Ferrell (ed.), *Off the Record: The Private Papers of Harry S. Truman*, Harper & Row, 1980.

Ronald Schaffer, *Wings of Judgment: American Bombing in World War II*, Oxford University Press, 1985.

Stewart Halsey Ross, *Strategic Bombing by the United States in World War II, The Miths and Facts*, McFarland & Company, 2003.

Sven Lindqvist(translated by Linda Haveerty Rugg), *A History of Bombing*, The New Press, 2001.

Tami Davis Biddle, *Rhetoric and Reality in Air Warfare: The Evolution of British and American Ideas about Strategic Bombing, 1914—1945*, Princeton University Press, 2002.

색인

폭격의 역사

폭격의 역사

끝나지 않는 대량 학살

초판 1쇄 발행일 2015년 5월 21일

지은이 아라이 신이치(荒井信一)
옮긴이 윤현명·이승혁
펴낸이 박영희
편집 배정옥·유태선
디자인 김미령·박희경
마케팅 임자연
인쇄·제본 태광 인쇄
펴낸곳 도서출판 어문학사
　　　　서울특별시 도봉구 쌍문동 523-21 나너울 카운티 1층
　　　　대표전화: 02-998-0094/편집부1: 02-998-2267, 편집부2: 02-998-2269
　　　　홈페이지: www.amhbook.com
　　　　트위터: @with_amhbook
　　　　페이스북: https://www.facebook.com/amhbook
　　　　블로그: 네이버 http://blog.naver.com/amhbook
　　　　　　　다음 http://blog.daum.net/amhbook
　　　　e-mail: am@amhbook.com
　　　　등록: 2004년 4월 6일 제7-276호

ISBN 978-89-6184-372-0 93910
정가 17,000원

이 도서의 국립중앙도서관 출판시도서목록(CIP)은 e-CIP홈페이지(http://www.nl.go.kr/eci와
국가자료공동목록시스템(http://www.nl.go.kr/kolisnet)에서 이용하실 수 있습니다.
(CIP제어번호: CIP2015011917)